本书系教育部人文社科研究项目
"他者伦理视野中的道德教育研究"(13YJA720018)最终成果

他者伦理视野中的道德教育

吴先伍 著

上海三联书店

前　言

对于中国人来说，道德构成了人的本质规定性，是人区分于世间万物的重要标志。像荀子就说"水火有气而无生，草木有生而无知，禽兽有知而无义，人有气、有生、有知，亦且有义，故最为天下贵"（《荀子·王制》），明确地肯定，人正是借助于"义"（道德）才迥超于万物之上，才获得了人之为人的尊严与价值。在现实生活中，人们经常会将一个不讲道德的人说成禽兽不如。因此，在中国具有一个非常强劲的道德传统，道德成了至高无上的追求目标，上至达官贵人，下至黎民百姓，皆以修身立德为本。也正因如此，在世界上，中国享有"道德中国"之美名，虽然有些西方学者对中国是否存在哲学持怀疑态度，但都高度肯定中国具有绵延不绝的道德传统。正是因为中国人高度重视道德，所以，中国人特别重视道德教育。像孟子讲"谨庠序之教，申之以孝悌之义"（《孟子·梁惠王上》），"庠序"是商周时代的教学机构，这句话就明确地告诉人们，早在商周时代，学校中就已经把"孝悌"之类的道德列为主要的教学内容。即使到了现代，道德教育在中国依然受到高度重视，它不仅贯穿于学校教育始终，而且渗透于社会生活的方方面面，职业培训、影视传媒、社区建设当中都蕴含着丰富的道德教化的内容。虽然我们在道德教育方面付出了巨大的努力，确实也取得了一些显著的成效，但是毋庸讳言，道德教育所取得的效果并不总是令人满意。放眼我们的生活世界，不道德现象时有发生，不仅有人见义不为,见死不救,置道德于不顾,而且有人甚至公然违反道德,强迫让座、扶人被讹之类的事件频繁见之于媒体报端。因此,如何提高道德教育的实效性,是我们亟需面对、亟待解决的一个问题,否则,不仅影响道德教育本身,也影响社会的和谐稳定。

一

虽然道德教育的效果并不理想,没有达到人们的预期,但是我们并不能因此而否定前人在道德教育上所做出的努力,我们对中国的道德教育应当持一种比较公允的态度:既不全盘肯定,也不一味否定。实际上,在建国后,尤其在是在改革开放后,我国在道德教育上进行了大量探索,取得了一些积极的成果,推动了道德教育的发展,当然,其中也存在一些不足,需要我们客观地加以分析。

道德涉及人与人、人与世间万物之间的关系,它要在人与人、人与世间万物之间建立起一种友好和谐的关系,因此,道德教育的首要内容就是教会人如何处理与他人、与世间万物之间的关系,从而与他们友好和谐地相处。不过需要注意的是,道德不仅是理论性的,更是实践性的,道德是一种实践智慧,如果一个人只有道德理论而没有道德实践,那么,他就谈不上道德,算不上一个道德的人。因此,道德教育不能只是纯粹的理论说教,必须具有道德实践的内容,这不仅是指要将道德教育与道德实践活动联系起来,而且更是指道德教育本身就应该是一个道德实践活动。既然道德教育要建构起人与人、人与世间万物之间的和谐关系,那么,我们首先就要建构起教师与学生之间的友好和谐关系,通过师生之间的和谐相处来为学生树立起一个道德实践的典范。在传统的道德教育中,由于受到哲学的本体论、主客体理论的影响,师生之间的关系主要是一种同一性的关系,是一种主客体之间的关系。

所谓本体论,是一种还原论、化约论,讲究大道至简。在本体论的指引下,人们要删繁就简、摄多归一,将纷繁复杂的世间万物归结为"一",只要人们把握了这个"一",就能够做到纲举目张,全面地掌握世界万物。虽然在历史上,"本体"具有理念、存在、绝对精神等不同的名称,但实际上都离不开自我。因为本体论在将世间万物还原、化约的过程中,始终都离不开自我,都离不开笛卡尔所说的"我思"的力量,这也就是康德所说的"人为世界立法",所以,本体背后始终闪烁着自我的身影,自我构成了本体论的拱心石,这就必然导致本体对于自我的依赖,就像海德格尔所说的那样,"存在"始终无法离开能够对自身存在进行领会的"此在",这也就是普罗提诺所说的"知己则知其源"。本体论摄多归一就是强调世间万物的同一化,强调世间万物最终在其根基上都是同一的,虽然事物在现实中具有各不相同的表现形式,但在本质上都是高度同一的,最终都要归结为同一的本体。由于本体背后所站立的是自我,这也就意味着,世间万物同一于本体,实际上就是同一于自我。这样一来,自我从世间万物中开始脱离出来,成为世界万物之根。在这样一种本体论当中,自我对于世间万物享有至高无上的特权,世间万物必须与自我保持高度同一,世间万物必须服从自我安排,与自我保持一致;一旦世间万物不愿服从自我安排,不愿与自我保持一致,我们就会对其进行惩罚。当我们在这种本体论哲学的指导下开展道德教育的时候,师生之间的关系必然是一种主客体的关系:教师是道德教育的主体,学生是道德教育的客体。既然师生之间存在着主客体的差异,那么,教师就享有至高无上的特权,教师向学生发号施令,将自己的所思所想强加给学生,要求学生与自己保持高度同一,对学生开展灌输式教育,从而将学生变成了一个道德知识的容器,机械地接受教师所传授的一切。

按照保罗·弗莱雷的说法,建立在主客体关系基础上的教育学是一种压迫者教育学,因此,教师与学生之间的这种关系在高度重视民主与平等的现代社会中必然会难以为继,现代师生关系必然要走向变革,尤其是在具有高度实践性的道德教育中必须进行变革。自从上世纪80年代后期开始,中国积极地引进西方的主体间性教育理论,建构师生之间的双主体关系,从而寻求师生之间的独立与平等。这相对于过去的主客体师生关系,是一个巨大的进步。因为,在这种双主体关系中,教师不再以一种真理握有者的姿态向学生灌输真理,而是将学生看作平等的主体,与学生平等地进行交流对话,从而使得学生在一定程度上得到了教师的尊重,学生可以在教学过程中自由地发表自己的不同观点,而不再像过去那样唯教师的马首是瞻,从而将学生纳入到课堂教学活动之中,使学生真正参与真理的发现过程,这对于调动学生的积极性与创造性无疑大有裨益。当然,双主体理论的提出,本身是反思过去主客体理论的一个积极成果,是为了扭转学生在道德教育过程中的被动地位,发挥学生的主动性,从而强化学生接受道德教化的自觉自愿性,使行道德之事、做道德之人都变成学生的内在自觉自愿,真正使道德教育不再是植根于外在的理论灌输,而是建基于"化理论为方法,化理论为德性"的内在需求,从而使得道德教育真正能够化人。不过,需要指出的是,这种强调民主平等的双主体道德教育,在现实中并未达到人们所预期的良好效果。究其原因,这种理论实际上不但没有抛弃主客体之间对立的思维模式,反而强化了教师与学生之间的对立。既然教师与学生之间是平等的主体,那么,教师与学生之间就应该享有平等的权利义务,不管是教师还是学生,他的付出都应该与他的获得之间具有严格的对应关系,我们不能要求任何一个人无私地付出。然而问题在于,道德恰恰是一种无私的付出,如果我们一味地强调权利与义务的对等,强调教师与学生之间的平等,那么,师生之间实际上就是公平交易市场上的双方,只能是一种利益交换关系,我们又有什么理由要求师生之间互相讲道德,要求教师为学生无私地付出呢?我们又如何给学生开展道德教育呢?譬如,在现实生活中,当有人指责年轻人不给老人让座、见到跌倒老人不扶的时候,年轻人就会理直气壮地反驳,"我没有这个法律义务。"对于大多数现代人来说,做一个遵纪守法的公民是自己合法的权利,我们没有必要把自己变成一个道德高尚的人,而这不能说不是双主体道德教育理论的一个不足。正是为了应对传统道德教育的不足,我们需要走向他者伦理,从他者伦理中汲取智慧,推动道德教育进一步向前发展,从而提高道德教育的实效性。

二

我们在道德教育中所提倡的双主体,其最初的来源是胡塞尔。1931年,胡塞尔在《笛卡尔式的沉思》一书中首次提出了"交互主体性"(又译作主体间性、主体际性等)概念,"无论如何,在我之内,在我的先验地还原了的纯粹的意识生活领域之内,我所经验到的这个世界连同他人在内,按照经验的意义,可以说,并不是我个人综合的产物,而只是一个外在于我的世界,一个交互主体性的世界,是每个人在此存在着的世界,是每个人都能理解其客观对象的世界"。① 因此,胡塞尔认为只有这样的世界才是本真的世界,在这个世界上,人们是"共同在此"。后来海德格尔继承了他的这一思想,"共在"成了《存在与时间》当中的一个重要概念。后来中国学术界讲双主体、讲主体间性,虽然也会涉及马丁·布伯、雅斯贝尔斯、舍勒、伽达默尔等其他思想家,但是,胡塞尔与海德格尔无疑是两个最重要的思想来源。在20世纪当中,现象学与存在主义是西方哲学中两股重要的潮流,无论是国内还

---

① 胡塞尔:《笛卡尔式的沉思》,张廷国译,北京:中国城市出版社2002年版,第125页。

是国外，思想家们都希望追随这两股潮流而乘风破浪，扬帆前行，因此，人们对于这两股思潮鲜有批评之声，即使有些批评声音，也会因为欢呼喝彩的音浪过于强大而显得静默无闻，不会引起人们的过多关注，列维纳斯正是这样一个被忽视了人物。列维纳斯是胡塞尔的学生，也是海德格尔的积极追随者，他虽然在哲学上卓有建树，但他以海德格尔批评者的面目示人，这导致他静默了将近半个世纪。

列维纳斯是犹太人。在纳粹所开展的针对犹太人的疯狂大屠杀中，除了妻儿因为受到布朗肖的救助而得以幸存之外，列维纳斯的其他亲人全部遇难，这不仅使他非常拒斥纳粹分子及其思想学说，同时也使他对曾经的恩师海德格尔非常反感，因为海德格尔与纳粹进行过短暂的合作。虽然列维纳斯曾经是海德格尔积极的追随者，并宣称《存在与时间》是哲学史上五部最重要的哲学著作之一，但是后来他与海德格尔划清了界线，宣称海德格尔是他无法原谅的人。在列维纳斯看来，海德格尔之所以会与纳粹合作，并不是出于偶然，而是具有其哲学的根据，是其理论使然。胡塞尔在自己的著作中明确指出，虽然从表面上看，这个世界是不同主体共同存在的世界，但是他又说"人有一个世界在"，这个世界一定是相对于每个特殊的自我而言的，这也就是说，这个世界一定是"我的"世界，因为这个世界是带有我的意向性的，是在我的意向支配下显现出来的世界，所以，这个世界中的他人乃至世间万物都依赖于自我而存在，他者从自我获得了合法存在的根据，"在意向性中，他人的存在就'成了'我的存在，并且按照它的合法内容，它在其充实的内容中就得到了解释"。[①] 后来海德格尔讲存在主义，强调存在，认为存在者在世界上共在，与胡塞尔的哲学之间呈现出明显的承继关系。不过这种共在就像胡塞尔所说的那样，实际上是建

---

① 胡塞尔：《笛卡尔式的沉思》，张廷国译，北京：中国城市出版社2002年版，第125页。

立在自我中心主义基础上的。虽然存在者共同存在于世,但是对于存在而言,此在具有特殊的意义,因为唯有此在才是能够对自身存在加以领会的特殊的存在者,而这个此在就是人类自身,就是自我。这也就是列维纳斯所批评的,当我在此时,就意味着对他者的排斥,"在一此,不就是已经占据了别人的位置了吗?此在的此就已经是一个伦理问题了"。① 因此,所谓主体间性、共在理论并不能保证他者获得自身的独立性,获得自我的尊重,我与他者并不能真正建构起两个独立平等的主体之间的关系,其背后的主客体观念始终在伺机而动,只要一有机会,所谓的双主体关系就会悄然变成主客体关系。实际上,在道德教育当中,存在同样的问题。当我们讲双主体的时候,实际上我们仍然在某种程度上肯定了教师在道德教育中的主体地位,我们仍然是将自己心目中的道德规范作为教条强加给学生,排斥学生在道德教育中的重要地位,从而使道德教育仍然保持为一种外在的强加,而无法真正发挥出"化民成俗"的重要作用。这也就是在现实生活中,虽然对话教学开展得如火如荼,但是其效果仍然不尽如人意的原因之所在。

列维纳斯的重要贡献在于,他改变了传统的对于哲学的理解方式,从而为我们的道德教育提供了一种新的理论根基。在列维纳斯看来,传统哲学都是本体论或存在论哲学,就是将世间万物归结为本体或存在,而存在最终又归结于自我,因此,哲学从古至今都是"自我学",一部哲学发展史就是自我不断扩展权力范围的历史。要想改变这种状况,我们就不能继续将本体论或存在论当作"第一哲学",因为这只会加剧自我与他者之间的独立与冲突关系,我们必须将协调自我与他者之间关系的伦理学提升到"第一哲学"的地位,从而使得哲学不再是"本体论形而上学",而是"伦理学形而上学"。在伦理当中,人们

---

① Levinas, *Outside the Subject*, Translated by Michael B. Smith. London: The Athlone Press 1993, P48.

不再坚持自我中心,而是开始打破自我封闭的圆圈,突破自身而走向他者。一个道德的人肯定是心胸宽广之人,他心中不能仅仅装着自己,也不能仅仅装着自己的亲人,而是要装着所有的他者,就像冯友兰所说的那样,处于道德境界中的人,他知道这个世界上不仅有自己,而且还有他人,他不仅要为自己着想,也要为他人着想。当然,这不是说本体论不考虑他者,而是说,本体论在思考他者的时候,是将他者纳入自我当中来思考,是将他者当作"另外一个我"来进行思考,这样一来,他者就丧失了自身。因此,在本体论当中,他者并不是作为他者自身而存在的,而是作为"另外一个我"而存在的,这样一来,本体论实际上就是将自我凌驾于他者自身,迫使他者与自我保持同一。伦理学强调的是自我与他者的相遇关系。与他者相遇,就意味着自我就已经走出了自我,就已经打破了自我封闭的状态。在相遇的过程中,我们遇见谁以及以何种方式相遇,都不是自我所能决定的,因此相遇是一个纯粹的意外事件,不是经由自我预先筹划好的,他者不是我的筹划所能决定的,他者完全以其自身的出场方式与自我相遇。相遇就是"碰面","面"或"面貌"具有自我呈现的功能,人们都将自己的喜怒哀乐写在自己的脸上,因此,当他者与自我相遇、碰面的时候,实际上他者就已经将自己的一切都毫无保留地呈现给了自我;对于他者的这种呈现,我们只能全部接纳,全盘承受,我们没有选择的机会,因为这不是自我所能控制的。在这种毫无保留的呈现过程中,他者实际上将自身全部托付给了自我,因为他者自身从外在到内在已经赤身裸体,一无所有,因此,他者是一个贫弱者,他者已经失去了保护自身的可能性,当他者向自我呈现的同时,就已经在呼吁自我担当起保护他的责任。面对他者的吁求,自我必须要做出回应,也就是要承担起保护他者的责任,避免他者因为贫弱而走向死亡。因此,列维纳斯的伦理学形而上学实际上是一种责任伦理学,强调自我对于他者责任的承担。

列维纳斯的这种责任伦理学对于当前的道德教育尤为重要。道德本身就与责任密切相关,就是强调自我为他者承担责任,而道德教育实际上就是要唤醒人们心中沉睡的道德意识、责任担当意识。在当今时代,道德所面临的最大问题就是人们缺乏责任担当意识,本着"事不关己,高高挂起"的原则,对他者的艰难处境不闻不顾,放任他者遭受不幸、遭受伤害。列维纳斯的他者伦理学就高度强调自我对于他者的责任,而且这种责任不是一种法律上的义务,我们承担责任,不是因为我享受了权利,或者我做错了什么事情,我们所承担的是一种"无端的责任",即使我没有做错任何事情,即使我没有享受任何权利,但我同样对他者的生死存亡需要承担责任。就像我们看到老人跌倒,我们都有搀扶的责任,看见老人站在公交车上,我们都有让座的责任,这并不是因为我享受了什么权利,或者做错了什么事情。道德的责任是与生俱来的,只要我们是人,我们就对他者负有责任;而且这种责任与人类相伴始终,就像曾子所说的那样,道德责任的承担对于人类来说任重道远,死而后已。因此,在当今的道德教育中,我们要让学生了解:我们不仅享有法律所赋予我们的权利,同样也负有道德所赋予我们的责任,我们要对自己、对家人、对社会、对自然等等负责任。

更为重要的是,我们唯有通过承担责任,才能获得自身的身份定位,才能真正完成、实现自身。责任与权利不同,责任具有唯一性与排他性。虽然我们说"我的权利",但是,我的权利可以让渡,可以放弃。譬如,按照我国的法律,每个人都享有受教育的权利。边远山区的有些家庭非常贫困,无法供养几个孩子同时读书,往往就会有人主动放弃自己受教育的权利,把受教育的机会留给其他的家庭成员。因此,权利是可以让渡的,我的权利也可以成为别人的权利,我们不能通过享受权利来获得自身的身份定位。与权利不同,责任是不能让渡的,责任只能是我的责任,我们不能将责任转嫁给他人。就像我们有孝敬父母的责任,我们就不能把孝敬父母的责任让渡给我的兄弟姐妹,让他们取代我来承担孝敬父母。每一份责任下面所对应的都是特定的个人,"我的责任"与"你的责任"是不相同的,不能互相转移,互相让渡,更不能放弃。我们正是通过孝敬父母实现了我们作为子女的独特身份,否则,我们就称不上是父母的孩子,甚至就不能算作一个真正的人。因此,当我们面对他者遭遇困难,需要我们伸出援助之手的时候,我们不应该指使别人来进行救助,而是应该说"我来帮助你",从而主动地承担起对他者的责任,只有这样我们才真正成就了自我,使得自我作为一个特定的自我挺立于天地之间。

对于道德教育者来说,责任的承担尤为重要。在权利意识高度发达的今天,教师与学生之间的冲突时有发生,学生状告教师侵犯自身的权利案件也屡见不鲜。因此,很多教师为了自保,为了避免招惹不必要的麻烦,往往采取"多一事不如少一事"的策略,主动放松对学生的管束,对学生所犯的错误不闻不问,任由学生在错误的道路上越走越远。这必将对中国的教育造成深深的伤害。学生走近校园,实际上就已经向教师发出了承担道德责任的吁求,吁求教师呵护他们的健康成长,吁求教师为他们的健康成长承担起责任来。有些教师可能会将自身的自保行为辩护为宽容,我们应该宽容学生与我们之间的差异性,我们应该宽容学生离经叛道的行为,没有必要强制要求学生遵守我们所熟悉的道德规范。这种说法虽然表面上具有自身的合理性,但是经不起推敲。虽然我们对学生要有宽容精神,但这并不意味着我们要因此而放弃对学生的责任。虽然宽容相对于专制独裁是一个非常大的进步,但是宽容本身也存在不足,因为一味地讲究宽容也可能变成冷漠,变成对他者生死存亡的冷漠。就像有些学生欺负同学,向同学索要钱财,不遵守课堂纪律等等,有些老师害怕自己的管理会激起师生之间的冲突,从而对这些采取一种所谓的宽容精神,对其置之不理。实际上这是一种没有责任心的表现,是对学生健康成长的一种冷漠。一味地放任学生的胡作非为,只能让学生在错误的道路上越走越远,最终会突破道德的底线而走向违法犯罪的深渊。因此,对于教师而言,需要培养对学生负责任的精神,要在内心深处感受到,学生所犯下的任何过错都与自我教育的失职之间存在着某种关联,只有这样,我们才能为了学生的健康成长真正做到鞠躬尽瘁,死而后已,才能真正承担起教书育人的责任,也只有这样,学生才能在我们的培育之下成人成才。

三

从前面的论述中可以看出,我们对于道德教育的思考不仅是经验层面的,更是理论层面的,我们希望找到道德教育现实问题背后的深层理论根源。这也就决定了,本书不是一般性地讨论道德教育具体教学方法和教学模式的论著,而是要从理论上反思当前道德教育的不足以及未来道德教育的发展方向。本书主要分为三个部分:

第一部分,他者伦理原论。这部分主要通过对列维纳斯的他者伦理思想的研究,为后面的道德教育研究提供一个理论的基础。我们首先从整体上介绍了列维纳斯的他者伦理思想的主要内容,从而明确地将列维纳斯的他者伦理界定为一种责任伦理,主要强调自我要为他者承担责任。接着我们从列维纳斯著作中的三个重要概念入手,分析列维纳斯如何展开自我对他者的责任观念。在列维纳斯看来,人们对于自我之外的他者有着一种无穷无尽的欲望,这种欲望驱使自我走向他者,更由于他者处于时间之流之中,他者会随着时间的推移走向死亡,死亡不是纯粹的虚无,而是陌生,我们对于它没有经验,缺乏相关的知识,因而我们对于死亡充满恐惧。正是在时间之流的死亡中,激发了我们对于他者的保护责任意识,我们要为他者的生死存亡承担起责任来。

第二部分,反思与重构。这部分我们主要利用列维纳斯的他者伦理思想对于当前的道德教育展开了系统的反思,并在此基础上勾画出我们心目中理想道德教育的图景。

在当前,人们对于道德教育存在着一个普遍性的误解,以为只要我们从事道德教育活动,那么我们的教育活动就必然是道德的,这样一来,在道德教育过程中,人们要么只关注道德教育的动机,要么只关注道德教育的后果,认为只要有好的动机或好的后果,我们的道德教育就肯定是道德的。实际上,道德教育是一个漫长的过程,这其间不仅有动机和后果,更有由动机通往后果的漫长过程,只有动机、后果、过程都是道德的,我们的道德教育才真正称得上是道德的教育。从动机与结果上看,我们实际上以一种园丁的姿态在开展道德教育活动,道德教育是要为国家和社会培育花草苗木,从而将国家与社会建构成一座井然有序的园林。无论是从动机还是从结果来说,这都是一种美好的道德愿望。然而问题在于,园林的设计是设计师从自己的主观意志出发,按照自己对于美的理解,对于园林中的花草树木进行安排,而不是按照花草树木的自然本性进行安排。因此,园林设计师在园林设计过程中必然会按照自己的想法将花草树木进行分类,将那些符合自己设计蓝图的作物看作有用之物——香花,将那些不符合自己设计需要的作物看作无用之物——毒草,我们对香花要加以保留培植,对毒草要毫不留情地加以铲除。然而问题在于,那些作物为什么要无条件地接受园林设计师的安排呢?实际上,设计师眼中所谓的毒草可能在园林设计师开展园林建造之前,已经在此位置上生长了千年之久,它在此生长一定具有自身的合理性。因此,对于道德教育而言,我们往往按照自己的主观意志对学生开展道德教育,认为什么对学生是好的,什么对学生是不好的,什么样的学生是好学生,什么样的学生是坏学生,实际上,这都没有考虑学生自身的实际情况,将自己主观想法中的目标和后果强加给学生,从而对学生开展了一种不道德的道德教育。

由于受到功利主义的影响,知识技能的实效性受到人们的高度关注,教育变成了单纯的成才教育,接受教育,学得知识技能,是为了获得一种谋生的手段。在这样一种背景下,学校不再是过去的象牙塔,不再能够也不愿再坚持发挥对于社会的引领作用,而是主动适应社会的需要,变成了一种职业培训机构,学校成了知识技能的贩卖场所。受到这样一种整体氛围的影响,道德教育同样变成了一种知识教育、技能教育,接受道德教育仅仅是为了获取考试成绩和与人相处的技巧,从而为走向社会、协调人际关系打下必要的基础,因此,道德教育变成了一种成才教育,或者用孔子的话说就成了一种"为人"的教育,而与自己的成人无关,或者说不再是孔子所讲的"为己"的教育。从本质上说,道德是人与动物相互区别,是人超越世间万物的一个重要标志,因此接受道德教育实际上是要帮助人们实现超越,从动物世界当中超越出来脱身为人。因此,我们的道德教育不应仅仅关注人类自身的生存,更要关心人之为人的本质,帮助人类实现对于现实的超越。正是因为道德教育是帮助人们实现自我本质,所以,我们没有必要害怕道德教育,没有必要谈道德而色变,因为道德不仅仅只有道德规范,接受道德教育不是让我们接受约束自我的条条框框,接受道德教育恰恰帮助我们认识自身的本质,从而帮助人们从无关本质的现实处境、肉体等外在约束中超越出来,实现自身的本质,因而,道德教育对于人们来说,不仅不是约束,反而是一种解放。当然,讲解放、讲超越,人们比较容易联想到未来,认为道德教育本身就是一个过程,因而,教育的目标必须在未来得以实现,教育是要帮助人们在未来过上真正作为人的幸福生活。实际上,这是一种错误的理解,在这种理解之下,教师认为学生现在所承受的痛苦在未来都会获得补偿,因而并不关注学生现在的幸福,甚至为了学生所谓未来的幸福而牺牲学生当下的幸福,从而制造了学生现在的痛苦,从而在道德教育中发生了许多不道德的事情。实际上,道德教育更应该关注现在的幸福,一方面,现在所遭受痛苦不但不会在未来获得补偿,反而有可能降低我们未来对幸福的感受;另一方面,只有我们现在幸福、未来幸福,我们的幸福总量才会更多。

为了让道德教育回归道德的教育,让道德教育真正变成一种幸福的教育,我们的道德教育必须进行变革。正如前文所言,道德教育本质上是一种自我与他者关系的建构,是要教会人们如何处理自我与他者的关系,因此,道德教育中的师生关系具有很好的示范作用。为了建构起道德的师生关系,师生关系就必须突破法律的权利义务关系和市场交易中的知识买卖关系,建构起一种非对称的责任关系,教师必须以身作则,为学生做好一个勇于承担道德责任的榜样,从而让学生在言传身教中将道德责任内在化。与这种师生关系相应的就是教学表达方式的改变,我们在独白式灌输教育、对话式研讨教育的基础上,进一步走向回应式责任教育,这不仅是一种理论的呼吁,同时也是一种历史发展的要求,因为回应式道德教育已经慢慢地在历史的发展中初露端倪。当然,由于道德是具体的、实践的,所以,我们的道德教育不能成为空洞的理论说教,我们需要将道德教育回归具体的现实情境当中,同时也要高度关注受教育者的真情实感,只有这样,我们的道德教育才能真正打动人心,才能真正发挥润物无声的教化作用,从而真正让学生在接受教育的过程中做到"化理论为方法,化理论为德性"。

第三部分,儒家的回应。这个部分虽然从表面上看,与他者伦理的关系并不密切,但实际上是利用儒家道德教育作为他者伦理视野中道德教育的一个具体例证。在以往的研究中,由于在现代道德教育理论中对话教育占据着绝对的话语权,因此,人们都将儒家的道德教育看作是一种对话式教育,并将孔子与苏格拉底并列为中西方对话教育的代表。不过在笔者看来,讲苏格拉底是对话式教育是没有问题的,但是讲孔子是对话式教育却是成问题的。因为对话式道德教育中的共同参与、共同得出结论等,都是孔子的道德教育中所不具备的。孔子的道德教育应该是一种不同于对话教育的回应式道德教育,孔子不仅在言说方式上重视对于学生问题的回应,而且在行为实践上更加重视对于责任的承担。像孔子不论是讲"君子不器",还是讲"从心所欲不逾矩",实际上都是高度强调对于道德责任的担当,而且这种责任担当不受身份地位等外在条件的限制。

以上简单地概括了一下本书的主要内容,当然,由于作者主要从事的是理论研究,因此本书也主要从理论上探讨了道德教育发展过程中所存在的一些根本性的理论问题,而对于道德教育的一些具体方法并未展开论述,这不能说不是一个遗憾,这个遗憾只能留待以后慢慢解决了。

目　录

前　言 …………………………………………………… 1

上篇　他者伦理原论

"我为他人负责"——列维纳斯的伦理学形而上学 ……… 3
列维纳斯哲学中的"欲望"概念 ………………………… 17
共时·历时·悖时——列维纳斯的时间观念 ………… 29
虚无抑或陌生？——列维纳斯死亡思想研究 ………… 43

中篇　反思与重构

"道德教育"与"道德的教育" ………………………… 59
园艺文化背景下的道德教育反思 ……………………… 70
成人：道德教育的使命 ………………………………… 84
生存与超越——道德教育的人本意蕴 ………………… 98
从"约束"到"解放"——道德教育的必要转向 ……… 109

未来抑或现在?——列维纳斯时间视野中的教育指向研究 …… 120
反思与重构——他者伦理视野中的师生关系 …………… 133
独白·对话·回应——历史视野中的道德教育走向 ………… 147
面貌伦理与情景化道德教育 ……………………………… 159
大学生道德教育要关注情感 ……………………………… 169

下篇 儒家的回应

对话抑或回应?——比较视野中的孔子道德教育正名 ………… 183
孔子回应道德教育论析 ……………………………………… 196
通才·义务·责任——"君子不器"的三重教育意蕴 ………… 208
"从心所欲,不逾矩"的道德教育意蕴 ……………………… 220

后 记 …………………………………………………………… 232

上篇 他者伦理原论

"我为他人负责"

——列维纳斯的伦理学形而上学

在 20 世纪著名哲学家的行列当中,列维纳斯无疑是一位非常具有独创性的哲学家,其"伦理学是第一哲学"的独特思想为他赢得了 20 世纪最后一个道德学家的美誉,其哲学也因此而被称为伦理学形而上学。本文将通过论述列维纳斯的"我为他人负责"的思想,来展现其伦理学形而上学的独特内涵。

一、他人:逃离孤独自我的出口

列维纳斯的伦理学形而上学是针对主体性形而上学而提出来的,而主体性形而上学正是在现代的西方发展成熟的,在现代社会中可为主体性形而上学之代表的,首推笛卡尔。笛卡尔指出,世界上的一切都是可以怀疑的,但自我存在自身却是不能怀疑的,也就是说,一切怀疑的前提是肯定作为怀疑主体的"我"的存在,否则怀疑活动就无法进行。正是从"我在"这个自明的前提出发,笛卡尔推出了世间万物的存在。这样一来,"我"被提升到空前崇高的地位,"我"不但成了世间万物的衡量尺度,而且成了世间万物存在的内在根据。然而问题的关键在于,主体性形而上学发展的结果却是人类主体地位的空前跌落:"我"在充任世界主人的同时,却又沦落为供人驱使的奴隶;我在操控世间万物生杀予夺大权的同时,却无法保全自己;我在谋杀上帝、窃取上帝的权能之后,却没想到我会落于无权境地,因而在现代社会中,我始终处于一种异化状态,主体自身受到了前所未有的威胁。

正是有见于西方主体性形而上学的困局,列维纳斯像现代西方的许多思想家一样,与主体性形而上学进行着不屈不挠的抗争。不过需要指出的是,列维纳斯的抗争是与海德格尔联系在一起的。在现代哲学史上,海德格尔所撰写的《存在与时间》堪称反主体性形而上学的经典之作。正是海德格尔在此著中所显露出来的创造性,使得列维纳斯对其推崇备至,并深受影响,"每次读海德格尔的著作时,尤其是重读这本书时,我都体会到他所分析的超人之处,至今我仍为此折服",并尊海氏为"历史上最伟大的哲学家之一"。① 列维纳斯虽然深受海氏的影响,但他并未成为海氏的盲目崇拜者,而是不断地对其进行批判与超越。因为在列维纳斯看来,海氏虽然发现了主体性形而上学的问题,但他最终没能从中摆脱出来,而在不知不觉之中又重新陷入了主体性形而上学的泥潭。因此,海德格尔仅仅构成了列维纳斯由主体性形而上学走向伦理学形而上学的一个过渡环节,"如果在开始的时候,我们的反省在很大程度上是由马丁·海德格尔的哲学所激发的话——在那里我们找到了本体的概念以及人维系其与存在的关系的概念——那么这种反省也未摆脱那种哲学其后的深刻要求所支配"。② 所以,对于海氏哲学的批判与对于传统形而上学的批判具有内在的统一性。

海德格尔对于主体性形而上学的批判是与存在问题紧密联系在一起的,因为在他看来,一部西方哲学的发展史就是存在的遗忘史,所

---

① 港道隆:《列维纳斯:法外的思想》,张杰、李勇华译,石家庄:河北教育出版社2002年版,第33页。
② 列维纳斯:《生存及生存者》,顾建光、张乐天译,杭州:浙江人民出版社1987年版,第4页。

以,其哲学运思的中心,就是要重新恢复存在的核心地位。按照海氏的说法,"存在"既是一个"自明的"概念,又是一个"最普遍"的概念。说它"自明"、"普遍"是因为它是所有存在者对于其自身存在的经验,是所有存在者对于自身存在的占有,因而所有的一切都关系着"存在(是)"。存在最普遍的品格决定了"存在地地道道是超越",是"一"。"一"必须通过"多"来显现自身,也就是说,存在必须通过诸多的存在者来达乎自身。不过在海氏看来,最能作为通达存在之通道的当属人,必须从人出发来接近存在的意义。这是因为,人不但是诸多存在者中之一种,而且是能够领会存在,并就存在提出疑问的存在者,与存在之间具有一种"向来我属"性,"人是这样一种存在,对他来说,在他的生存中,关系到他的存在本身,他必须要抓住他的存在。因此,他不是被表示为 Daseiende,而是表示为此在(Dasein),领会存在,即必须存在,因此,他的存在与需领会的存在,几乎是同一种存在"。[①] 此在在存在论上的优先地位,也就意味着"自我"在存在论上具有优先地位,因为所谓此在乃是指"我在此"、"我在这儿"。此在或自我的优先性,决定了一切存在者存在之领会都源于此在的存在之领会,一切存在者的存在意义都是由此在赋予的。这即是说,对于世界之领会,是在自我内部完成的,我虽然"存在于世",但这个世界又是在我之中的,唯其如此,我才能与世界成为亲密无间之一体。这样一来,海德格尔通过存在以克服主体性形而上学最终又与主体性形而上学殊途同归,二者在此在那里又开始交织在一起:自我或自我的存在又成了一切存在者的意义之源,他人不是别的,只不过是另外一个我,是一个可以通过同情来推知的他我,或者说是我通过回到自身而得知的他我。

列维纳斯这样评价存在的普遍性,存在"就像是一个力场、一个不

[①] 勒维纳斯:《上帝·死亡和时间》,余中先译,北京:生活·读书·新知三联书店1997年版,第23页。

属于谁的沉重的大气层、像全称的命题",①存在的普遍性决定了存在是无限的,然而此在却是有限的,"在此在中,总是缺少什么东西——确切地说,是它可能是或成为的东西"。② 只要我生存在此,那么我就不是我所可能是的东西,就永远都是有限,我拼命地奔跑在通向无限的路上,追求无限的梦想在现实中实现的不可能性,也就决定我承受着无尽的"烦""忧"。为了摆脱"烦""忧",我们只好面向死亡,"向死而生",希望通过死亡使自己变得圆满,通达无限,因为唯有一死才能"了"之,唯有死后才能盖棺定论。如果说此在即是"该存在"的话,那么,"该存在"最终就变成了"该死亡"。然而悖论在于,我始终是"垂"而不"死"的,因为,我在此就意味着我不可能经历死:当死亡在此时,我就不可能在此,否则我也就不在,所以,死亡对于我来说就只能是一种"不可能的可能性",一切都实现,一切都完成,但一切都在别处。我痛不欲生但又求死不能的尴尬处境,就决定了我永远都无法从自身的存在中逃离出来,"自我是一定要回到它自身的;自我可以在睡眠中忘却自己,但总是要醒来的。在开始的紧张和疲劳中,人们由于必须承担生存而紧张得出了一身冷汗。所接受的存在是一种负担"。③

由海德格尔所开创的存在主义哲学之所以会导致自我的"烦""忧",是因为他将目光全部集中在此在或我的存在上,从而忽视了他者,使自我成了一个没有通向外界出口的封闭的孤独的存在者。要改变这一状况,就必须打破自我孤立,走向与他人之间的关系,面向他人,为他人负责,因为正是"责任心解放了厌烦的主体,把它从无味的

---

① 勒维纳斯:《生存及生存者》,顾建光、张乐天译,杭州:浙江人民出版社1987年版,第52页。

② 勒维纳斯:《上帝·死亡和时间》,余中先译,北京:生活·读书·新知三联书店1997年版,第35页。

③ 勒维纳斯:《生存及生存者》,顾建光、张乐天译,杭州:浙江人民出版社1987年版,第79页。

同语反复和本质的单调中解脱出来,或者说,从'自我在其自身中窒息'的锁链中解放出来"。① 列维纳斯对于存在论、对于主体形而上学的批判,实际上就是对于同一哲学的批判,因为他讲面向他人、为他人负责,是要否定"一"而要承认"多",也就是说,他人与我是异质的,不可归结为"另一个自我",所以,我们对待他人要真正地将其作为他人来对待,而不可以我之小人之心度他人之君子之腹。而在列维纳斯看来,这种有关质的哲学、探讨与他人关系的哲学,就是伦理学,因为"伦理学是与他人、下一来者的关系"。②

二、自我:所有他人的人质

有人曾将列维纳斯的哲学与海德格尔的哲学加以比较,认为二者是城市哲学与乡村哲学的区别,③其意是说,列维纳斯的哲学与海德格尔的哲学相比,自我与他人的联系更加密切。

城市乃是一个人员汇聚的场所,当我们迈出家门的时候,我们就会遇到各种各样的人。与人相遇,也就意味着我将与各种各样的人碰面、照面,也就是说,我所遇见的他人是作为面貌(visage,也译为脸、脸孔、容貌等)而呈现在我面前的他人,"人就是作为邻人而能被接近:作为脸孔"。④ 他人正是通过面貌强行与我发生了关系,当我与他人碰面的时候,无论我是否愿意,我都无法进行选择,因为我根本就没有选择的机会,在我作出选择之前就已经与其会面,与其发生了关系,即使

---

① 勒维纳斯:《上帝·死亡和时间》,余中先译,北京:生活·读书·新知三联书店1997年版,第218页。
② 勒维纳斯:《上帝·死亡和时间》,余中先译,北京:生活·读书·新知三联书店1997年版,第158页。
③ B. C. Hutchens, *Levinas: A Guide for the Perplexed*, New York, London, 2004, p.132.
④ 倪梁康主编:《面对实事本身——现象学经典文选》,北京:东方出版社2000年版,第686页。

我想拒绝这种关系,但也只有在此之后,才能将其赶出我的内在世界之外。何谓面貌、何谓脸孔?按照《朗文当代英汉双解词典》的解释,visage 更加注重 face 的"外观"(appearance)与"表现"(expression)。正是根据面貌的这种意义,列维纳斯说:"所谓脸是存在者作为存在者的显示、存在者人格的显示。脸既不显示出存在者,也不加以遮掩。超逾了各种各样的形态的特征暴露、隐蔽,就是脸的露出,一个实体,一个人其实体的存在。"① 由于面貌剥离了一切外在的形式,它没有防御、没有遮体的衣服,也没有假面,它成了自身极端、彻底的裸露,他人在一瞬之间失去了所有的保护,成了一个一无所有的、赤贫的悲惨者,因而列维纳斯经常用"悲惨"、"饥饿"、"寡妇"、"孤儿"等词来形容他人的"面貌"。正是由于他人通过面貌所显示出来的一无所有、软弱无力,才使我感受到自己的坚强有力,才意识到我被赋予了保护他人的责任,我应该为他人负责,"在裸露——面貌——中表达自己的某个人,是一个这样的人,他已经在依赖于我,已经置身于我的责任心之下"。② 所以,他人是通过面貌被强加于我的,不管我是否愿意,他人都在裸露的面貌中盯着我,将我拉入与他的关系中,迫使我对他负责,面貌的软弱在我面前却成了一种强力,我无法拒绝他向我发出的请求,我为他负责也就意味着我不得不为他负责。

众所周知,在近现代西方,他人一直都是作为强者、甚至作为强权而出现在人们面前的,如霍布斯讲"人对人像狼",萨特讲"他人即地狱",都是强调他者的强势地位,为什么到了列维纳斯这里,作为面貌出现在我们面前的他人就摇身一变而成了一无所有的悲惨者,成了依

---

① 孙传钊编:《〈耶路撒冷的艾希曼〉:伦理的现代困境》,长春:吉林人民出版社 2003 年版,第 309 页。
② 勒维纳斯:《上帝·死亡和时间》,余中先译,北京:生活·读书·新知三联书店 1997 年版,第 8 页。

赖于我、需要我为之负责的贫弱者了呢？这是因为，"我们在他人的面貌中遇到死亡"。①

按照传统的看法，死亡乃是行为的停止，是被具有表达性的运动所包裹和掩盖的生理学运动和进程的停止。由于面貌也因为生理运动的支持而具有表达性，所以，它也随着人的死亡而发生变化，面貌随着表情的消失而成了面具，丧失了它的表达功能。在这种传统的观念当中，死亡被当成了一个彻底的否定性的事件，被当成了存在的终结，所以，死亡所造成的结果是存在向非存在的过渡，是纯粹的虚无。然而终结也就意味着完成，我们在现实生活中所讲的"盖棺定论"正是此意，所以，海德格尔将死亡当成自我的彻底实现，死亡标志着此在的完成，正是由于死亡，此在才是它所是者的全体性，才确实在那里。然而列维纳斯认为，死亡不仅仅是终结、是完成、是纯粹否定性的虚无，由于死亡是"故去"、"去世"（pass away），所以，死亡同时又是"出发"。但这种"出发"是一个神秘事件，人们对于死亡是无知的，因为活着的人对于死亡始终只具有二手的经验，没有人经历过死亡，谁也无法准确地预知自己的死亡时间，更没有人知道人死后将前往何方、去往何处。正因为对于死亡的无经验、无知识，所以死亡对于人来说，是一个没有已知条件的问题，是一个纯粹的疑问号，"死亡又是出发：它是去世。向着陌生出发，毫不复返的出发，'不留地址的出发'"。② 这样一来，列维纳斯颠覆了包括海德格尔在内的传统的死亡理论，和死亡一起展开的不再是虚无，而是陌生。既然死亡不存在于任何视域中，不可预见，无法把握，是一个神秘地接近我们、威胁着我们的看不见的敌

---

① 勒维纳斯：《上帝·死亡和时间》，余中先译，北京：生活·读书·新知三联书店 1997 年版，第 119 页。

② 勒维纳斯：《上帝·死亡和时间》，余中先译，北京：生活·读书·新知三联书店 1997 年版，第 4 页。

人,是一种绝对的他异性、陌生性,所以,人类在与死亡的搏斗中,绝无获胜的希望,人总是要死的,虽然人类孜孜不倦地探求着长生不老的灵丹妙药,但都被死亡的残酷事实证明其不过是永无实现之日的空想。正因为死亡的神秘性和不可战胜性,所以对于人类来说,"死亡是丑闻般的轰动,是危机",[①]人类始终被笼罩在死亡的阴影之下,充满着对于死亡的不安和恐惧。

然而,死亡对于我来说始终是外在的,因为尽管我要经历死亡,但到目前为止,我还"未曾"经历死亡,死亡始终是他者的死亡,有人死了,但不是我,不是现在,我的死在未知的将来,我是死亡事件中的幸存者。因而我对于死亡的知识都是来自对他人经历的观察,来自垂死者和致命者的行为,我和死亡之间的关系,同样也是由他人之死的经验在情感上和智力上的影响造成的,所以死亡对于我来说,永远是他人的死亡,他人是濒死者,"我们缺少死亡本身。人们在死亡中看不到最本真的可能性;死亡并不作为最本真的可能性来纠缠每个人"。[②] 由于死亡的陌生性,所以人们对于死亡充满着不安与恐惧,没有人愿意被死亡击中,因而濒临死亡的他者通过其悲惨的面貌,打动我的同情之心、怜悯之心,以期求得我的保护和帮助,最终能够避免一死,这样一来,无论我是否愿意,我似乎都已经掌握了他人的生杀予夺大权。如果我无视他人的求救,对于他人的死亡无动于衷,坐视他人去死,那么,在他人去世以后,我必将受到良心的谴责,仿佛我就是杀死他人的凶手,虽然即使我向他人伸出了援助之手,也未必能使他人免于死亡,"应该在死亡中想到任何与谋害有关的事:任何的死亡都是谋害,都

[①] 勒维纳斯:《上帝·死亡和时间》,余中先译,北京:生活·读书·新知三联书店1997年版,第11页。

[②] 勒维纳斯:《上帝·死亡和时间》,余中先译,北京:生活·读书·新知三联书店1997年版,第40页。

是夭折,幸存者有其责任"。① 所以,我们完全有理由将他人的面貌,解读为他人对我的哀求:"汝勿犯杀"。一旦我对他人的面貌视而不见,对他人的求救充耳不闻,而他人又果真死了,那么我就追悔莫及了,即使此时我为他人做得再多,也已经没有任何意义和价值,因为毕竟人死不能复生。此时我们将把自己视为杀死他人的罪恶的凶手,我们是"作为有罪之人苟活下来",因为正是我们没有尽到自己的责任,放弃了挽救他人的最佳时机,才导致了他人走向死亡。为了防止受到良心的谴责,为了避免承担起压往心头的负罪感、愧疚感,我必须勇敢地承担起为他人的责任,仿佛他人之死就是我的事情,"'因为他人是会死的,我对他人才负有责任。'他人之死,在此是第一位的死"。② 不过需要指出的是,列维纳斯此处所讲的责任不是有限的责任,而是无限的责任。这首先表现在我对他人的一切行为负责,我们不但对他人的正确行为负责,甚至也要为他的错误行为负责。其次,为了对他人负责,我们不但可以捐出身外之物,甚至可以献出自己的生命,为他人去死,"我正是对他人之死负有责任,以至我也投入到死亡之中"。③ 虽然我现在还没死,但总有一天我会死的,也正因为我必然要死,所有我在世界上所拥有的一切都变得毫无意义,他人占据了我的心,我仿佛已经被他人所劫持,以至我的自在、自为都成了问题,而这也使得我对他人的责任心是单向的、不求回报的,我为他人负责是倾其所有的,没有任何保留的。列维纳斯正是从我彻底地、无条件地、全身心地为他者负责出发,形象地将我称为他者的人质,"从我到我自己终极的内在,在

---

① 勒维纳斯:《上帝·死亡和时间》,余中先译,北京:生活·读书·新知三联书店1997年版,第79页。
② 勒维纳斯:《上帝·死亡和时间》,余中先译,北京:生活·读书·新知三联书店1997年版,第44页。
③ 勒维纳斯:《上帝·死亡和时间》,余中先译,北京:生活·读书·新知三联书店1997年版,第44页。

于时时刻刻都为所有的他人负责,我是所有他人的人质。我能够为非我所犯的过错负责,也能够承受不是我的苦难"。①

三、责任:先于自由

一讲到责任的问题,就必然会涉及到自由的问题,因为在人们的思想观念当中,责任是与自由联系在一起的,正是自由构成了责任的前提。有关这点,我们可以在现代的法律中得到证明,现代法律强调,我们只对在自由的情况下所实施的行为负责,而不对在自由受到限制的情况下所实施的行为负责。而列维纳斯的伦理学形而上学,我为他人负责的思想,不但颠覆了主体性形而上学,同时也颠覆了自由与责任之间的约定俗成的关系。他批评传统自由观念所宣称的自由,是一种自私的自由,是暴君的自由,而对于绝大多数人来说,是奴役,"自由在自由的名义下,约束着自由"。②

法国的启蒙主义者卢梭说,"人是生而自由的,但却无往而不在枷锁之中"。"生而自由"就意味着自由乃是天赋人权,是人类不可避免的宿命,一切都是围绕着自由展开的。正因为在现代社会中,自由是天赋人权,所以自由是与权利联系在一起的,人与人之间订立契约的最终目的就是为了保护人类的自由权利。所以,在各种现代的英文字典中,freedom 和 liberty 当中都蕴含有"权利"(right)的含义。正是因为有了自由权利,我们才能像萨特所说的那样,在行动之前进行自由地抉择,自由地决定行动或不行动、采取这种行动还是那种行动。然而在现代社会中,天赋人权的观念又告诉我们,人与人之间是平等的,每个人都拥有平等的权利,都可以按照自己的自由意志行事,而这就

---

① 勒维纳斯:《塔木德四讲》,关宝艳译,北京:商务印书馆2005年版,第121页。
② 孙传钊编:《〈耶路撒冷的艾希曼〉:伦理的现代困境》,长春:吉林人民出版社2003年版,第305页。

必然会导致人与人之间自由权利的互相冲突,他人构成了我的"枷锁""地狱",使我的自由权利无法得到充分发挥。然而自由之为自由,就在于摆脱了各种各样的束缚,能够自我作主,使权利的发挥不受任何阻碍,所以,现代的自由观念又被赋予了"解放、解脱"的含义,譬如 freedom 就是 free from,意思是指,自由就是要将我从各种各样的外在"枷锁"中解放、摆脱出来。由于现代自由观念当中所隐含的唯我论、自我中心论,使得我将他人看作我的自由实现道路上的障碍,我在追求自由的时候,就必须肯定我对于他者的权力,我为了自由可以对他者行使暴力、直至进行屠杀。这样一来,极少数人的自由权利逐渐演化为一种权力,变成极少数人对于绝大多数人的暴力行为,变成一种不负责任的行为。这种自由观念的影响非常深远,直至当代社会,仍然以各种方式继续着,以至海德格尔、芬克、让娜·德罗姆这些为列维纳斯纳斯所推崇的思想家,也无法摆脱近代自由观念的阴影,"他们提出的是一种没有责任心的自由,一种纯粹游戏的自由"。① 也正因如此,海德格尔才会效力于与自由对立的专制主义的纳粹政权。

为了避免无限地追求自由所导致的权利、权力的泛滥,为了克服由自由所导致的独断与奴役,列维纳斯指出,自由不是一种无限的自由,而是一种有限的自由,"自由并非第一位的",自由是在不自由中开始的,是在各种强制性的表现中开始的。自由之所以不是第一位的,那是因为,我在进行自由地抉择之前,就已经具有为他人负责的善良品性,就已经是一个负责任的人,自我是先于自由的责任者,"在善良中成为责任者,就是在自由之内或者之外成为责任者。伦理先于自由而潜入到自我之中。在善与恶的双极性之前,自我就已经在承受的消

---

① 勒维纳斯:《上帝·死亡和时间》,余中先译,北京:生活·读书·新知三联书店 1997 年版,第 212 页。

极性中与善为伍了。自我在选择善之前就与善为伍了"。① 或者换种说法,如果说时间是一个由过去、现在与未来所构成的时间之流的话,那么,无限者、绝对的他者,也就是神,在我无法记忆的过去,在自我以及我的意识之前,就已经选定我为"善",选定我为他人负责,"在自我的前历史中,自我是完全彻底的人质——它比自我还要更早产生",②所以,一旦我面对他者、面对他者的面貌,我就再次觉悟到我的善,意识到我对他人所负有的无限责任。如果有人坚持,自由是第一位的,个人开始于自由,那么,他就否定了我与过去之间的关联,废弃了我与上帝之间的立约。因而在列维纳斯的伦理学当中,自我具有强烈的宗教性,前—原始地与他人紧密相连,也唯其如此,我才能无条件地宽恕、怜悯和同情他人,甚至为他人去死。

既然在自我之前,我就已经是他者的人质,需要为他人负责,那么我就是不自由的;但我在不自由的同时又是自由的,所以,这种自由是一种有限的自由,"它有限,因为它是与另一人的关系;它是自由,因为这另一人是他人"。③ 当他人被带到我的面前,我与他人照面的时候,我的自由就体现出来了,因为他人的面貌在与我照面的时候,就已经向我发出呼喊,向我求救,此时,我就有了选择的自由,我既可以选择为他人负责,也可以选择不对他人负责。当然按照列维纳斯的伦理学,我必将选择为他人负责,但这种选择的单一性,并不意味着我不自由。这是因为,在我还未选择之前,善就已经选择了我,对他人负责是除我之外任何人都无法做的事情,所以,我对他人负责乃是自我的独

---

① 勒维纳斯:《上帝·死亡和时间》,余中先译,北京:生活·读书·新知三联书店1997年版,第215页。
② 勒维纳斯:《上帝·死亡和时间》,余中先译,北京:生活·读书·新知三联书店1997年版,第213页。
③ 勒维纳斯:《上帝·死亡和时间》,余中先译,北京:生活·读书·新知三联书店1997年版,第218页。

特性、唯一性和不可替代性的体现。既然我对他人负责乃是我的独特性、唯一性的体现,那么也就意味着它是我的一种独特本性,我为他人负责也就不再是他者对我的一种外在强迫,而是我的内在本性的一种自然流露,就是我的存在方式,所以,"尽管被他人限制,它仍然是自由。因为,它是来自一种他律,他律启发了它——这一启发就像是心理现象的普纽玛本身"。①

自由是以自我为中心的,责任是以他人为中心的,一旦自由由无限的自由变成了有限的自由,责任开始先于自由,那么也就意味着他人与我相比,就具有了一种优先性。在现代社会中,自由所预设的一个重要内容,就是人与人之间的相互平等,然而在自由的旗帜下,平等极有可能演变成不平等,从而反过来也导致自由的消逝,造成人对人的奴役,而列维纳斯责任先于自由的思想,就是要破除这样一个没有出口的魔圈,促成人与人之间的和谐相处。因为按照列维纳斯的观点,人与人之间并不平等,"责任心确实意味着一种与自我的不平等,它存在于超越了自己的承受能力的敏感性的承受"。② 也就是说,我是绝对为他人的,我的付出是不求任何回报的,所以,我与他人之间并不存在一种互惠互利的关系。然而正是这种单向的责任关系,使得人与人之间的冲突有可能得以避免,因为此时我的自由就不再是对于限制的解除,而是博爱,是对于他人的无私的爱,一旦我一无所求,那么他者就不会对我有所阻碍,我也就无需对他者施以暴力。

结　语

列维纳斯的思想,可以说是褒贬不一,长期的冷落与世纪末的追

---

① 勒维纳斯:《上帝·死亡和时间》,余中先译,北京:生活·读书·新知三联书店1997年版,第218页。
② 勒维纳斯:《上帝·死亡和时间》,余中先译,北京:生活·读书·新知三联书店1997年版,第218页。

捧,生动地反映了人们对于他的思想的复杂心情。不过,对于我们来说,列维纳斯的思想至少有两点是值得我们高度关注、深刻反思。第一,在主体形而上学声名日下的今天,列维纳斯加入了批评主体形而上学的行列之中,但他并没有像一般人们所做的那样,将其一扔了之,而是在分析的基础上,肯定了伦理主体的重要地位,从而为主体保留了地盘。第二,在这样一个谈论权利、平等蔚然成潮的时代里,列维纳斯敏锐地觉察到,权利、平等背后所掩藏的乃是人与人之间的不平等、一部分人无视乃至践踏另一部分人的权利,所以,他才反其道而行之,从人的仁爱之心出发,使得我为他人负责由一种外在的强制变成我内在的自动需求。

列维纳斯哲学中的"欲望"概念

现代西方哲学存在着非常明显的生活化趋向，一些日常生活问题开始进入哲学家的视野，一些日常生活语言也陆续进入哲学话语体系之中，从而使哲学呈现出玄远与切近、高蹈与尘俗的统一。现代著名的法国哲学家列维纳斯也不例外，其在自己哲学中也使用了"疲惫"、"失眠"、"享用"、"繁衍"等高度生活化的词汇，而其中尤为值得关注的就是"欲望"（desire）概念。

一、需求

在列维纳斯那里，"欲望"与"需求"（need）是两个相互对立的概念。他经常将"欲望"与"需求"比较着使用，通过分析"需求"来凸显"欲望"的特点与优胜，从而告诫人们，在关注"需求"的同时，更应该关注"欲望"。因此，在了解列维纳斯哲学中的"欲望"概念之前，我们有必要先来了解其哲学中的"需求"概念。

"需求"是与人的身体及其缺陷联系在一起的。早在古希腊时代，柏拉图就已经指出，由于爱比米修斯的过失，人类身体与动物身体相比，缺乏"适宜的力量"，依靠自身就无以为生。对列维纳斯具有重要影响的柏格森也曾指出，"人类所掌握的天然手段不足以抵御敌人、寒冷与饥饿"。① 正是因为人类身体的不足,导致人受制于自己的身体,"作为一个身体,一方面意味着,自己站立起来,成为自身的主人,另一方面意味着,站立在地球上,处在他人之中,因此被自身所阻碍"。② 身体的实在与不足的特性意味着,人是一个有限的存在,每个人都有所缺乏,都无法自给自足,需要依赖外在于自我的他者才能生存繁衍,这也就是列维纳斯所说的"赖……以生存"(live from)。人天生就有各种需求,生理学教导我们,需求是一种缺乏,"需求意味着穷困者的欠缺,它依赖于外在"。③ 譬如,由于人类无法通过自己的身体本身来维持能量的平衡,因而当能量丧失之后如果无法得到及时的补充,身体就会由于能量的缺乏而产生饥饿感,所以,"饥则思食"是人类最基本的生理需求之一。

如果需求就是缺乏,那么,人就彻底处于消极、被动的状态,完全被满足需求之物所奴役,人也就因此而丧失了"宇宙之精华,万物之灵长"的特殊地位。列维纳斯虽然强调需求与缺乏之间的渊源关系,但他反对将需求仅仅理解为"缺乏"、"赖……以生存","我们并不受赖以生存之物的奴役,而是享用它。不管柏拉图所提出的心理需求,需求不能简单地被理解为缺乏;也不管康德的伦理学,需求不能被理解为纯粹的消极性"。④ 实际上,对于人类来说,需求不仅像《圣经》所说的那样,是上帝施与人类的一种惩罚、一种折磨,人必须为了需求而累得"汗流满面",需求同样也是人们奋斗前行的动力、幸福快乐的源泉。人类正是因为需求而不断繁盛,由于需求而感到幸福。如果没有需

---

① 柏格森:《创造进化论》,肖聿译,北京:华夏出版社 2000 年版,第 122 页。
② Levinas, *Totality and Infinity*, translated by AlphonsoLingis, MartinusNijhoff Publishers and Duquesne University Press 1979, p.164.
③ Levinas, *Totality and Infinity*, translated by AlphonsoLingis, MartinusNijhoff Publishers and Duquesne University Press 1979, p.102.
④ Levinas, *Totality and Infinity*, translated by AlphonsoLingis, MartinusNijhoff Publishers and Duquesne University Press 1979, p.114.

求,幸福也就失去了基础,生存也就失去了目标。虽然从表面上看,"赖……以生存"使自我受制于外在的他者,但是,我在依赖他者来满足自身需求、维持自身生存的同时,我也是在掌控和利用他者,是自我统治性、主权性的表现。通过从自然的生理需求到对需求满足的推衍,列维纳斯颠覆了传统的需求理论,把需求变成了一种积极性,因此我们在需求当中看到的,不再是纯粹的不足与匮乏,而是包含着愉悦与幸福,"幸福不是弃绝需求,而是满足所有的需求","需求为人所喜爱,人们乐于拥有需求。一个一无所求者并不比一个一无所有者更幸福,他只是外在于幸福与不幸"。① 幸福与需求之间的关系,我们也可以从"享用"(enjoyment)这个日常用语当中得到验证。我们在享用美味的时候,不仅是在摄取维持身体正常运行所需要的能量,同时也在享受美味所带来的幸福感受。正是由于需求满足所带来的这种幸福感,导致人们逐渐超越了生理的层面,产生了精神上的需求,也就是对于快乐、幸福的追求。

从列维纳斯对需求的分析当中,我们可以清晰地看到,需求主要涉及两个层面:一是自然生理的层面,也就是身体的缺乏;一是精神的层面,也就是需求所带来的快乐、幸福。实际上,这两个层面都离不开"满足",正是因为身体的缺乏,制造了需要被满足的需求,而需求的满足又带来了快乐、幸福,因此,可满足性构成了需求最为重要的特征,"就像虚空可以被填满一样,需求能够被满足"。② 在现实生活中,人类如何来满足自己由于不足或缺乏而引发的需求呢?列维纳斯说:

---

① Levinas, *Totality and Infinity*, translated by AlphonsoLingis, MartinusNijhoff Publishers and Duquesne University Press 1979, p. 114.
② Levinas, *Totality and Infinity*, translated by AlphonsoLingis, MartinusNijhoff Publishers and Duquesne University Press 1979, p. 115.

"在需求中,我们可以将牙齿啮入实在,并同化他者以获得满足"。① 这也就是说,人类通过同化他者的方式来满足自身的需求。由于自身的不足与缺乏,导致人类无法自给自足,必须依赖他者才能生存,所以人类必须走出自我而迈向他者,从而与他者建立起联系。但是,这种联系实际上并不真正是与他者的联系,而是与自我自身的联系,因为他者并不是作为他者而存在的,而是作为我的养料、手段和工具而存在的。我通过劳动、消费、消化、吸收等各种活动,最终将他者变成我的营养,变成我的血肉,变成我身体的构成要素,从而使他者达到与自我生命的高度同一。正是因为在需求的满足当中,他者并不真正存在,他者不过是另外一个我或我的一个组成元素而已,所以,我不但不会因为需求而受到他者的摆布,恰恰相反,我是高度独立自主的,需求与他者都完全处于自我的掌控之中,并最终同一于自我,"身体不仅是主体遭受奴役、依赖于非我的原因,同时也是据有和工作、拥有时间、克服自我赖以生存的他异性的途径"。② 因此,需求是以自我为中心的,或者说,在需求的视野当中,只有自我而没有他者,需求所意欲建构的是纯粹的"自我学"。

二、欲望

虽然人们为了满足需求而被迫走向他者,从而建立起自我与他者之间的关系,但这种关系是一种虚假的关系,这种关系并未通达自我之外,而是始终被局限在自我的内部。因为在需求所建立起来的自我与他者的关系中,他者并不是真正地作为他者被对待,而是作为我的

---

① Levinas, *Totality and Infinity*, translated by AlphonsoLingis, MartinusNijhoff Publishers and Duquesne University Press 1979,p.117.
② Levinas, *Totality and Infinity*, translated by AlphonsoLingis, MartinusNijhoff Publishers and Duquesne University Press 1979,p.117.

营养、我的需求满足之物、作为我的一个构成要素被对待,他者不过是我的变形,是"另外一个我"。因此,在需求中,自我构成了世界的中心,世间万物都是围绕着自我而展开的,一切他者都不过是自我用来满足需求的手段或工具,是自我征服改造的对象或客体,我充分地享有控制、支配、利用他者的特权。一旦人们把满足需求当作一切活动的最高目的,那么,自然就会存在自我残酷地奴役与压迫、甚至是谋害他者的危险,从而导致人与人之间相互为敌、相互为战。为了避免人与人之间的敌对状态,人类必须由低级的需求走向高级的欲望(desire)。

使用"欲望"这个概念,具有一定的风险性,因为在日常生活当中,"欲望"经常与"需求"混同在一起,很难作出严格的区分。譬如,中国人经常讲人有七情六欲,什么是"六欲"呢?一般是指生、死、耳、目、鼻、口,像耳欲美声、目欲美色、、鼻欲芳香、口欲美味等等,这些欲望实际上都与人的生理器官、自然本性联系在一起。如果仅仅从自然本性、生理官能的角度来理解欲望,那么,欲望与需求之间就具有紧密的、不可分割的联系。荀子曾经说过,"人生而有欲,欲而不得,则不能无求",①就已经明确地把欲望看作需求的根据和基础。所以在汉语当中,欲望与需求有时干脆融而为一,变成"欲求",可见二者之间具有高度的相近性。在西方,欲望与需求之间的界限同样十分模糊,二者都与身体、生理密切相关:在古代哲学中,"欲望与基本的生理需求相联,诸如对食物和性的欲求";"在当代哲学中,欲望指涉的是各种需要和兴趣,尤其是与身体的愉快或某种性情需要相关的欲望,它们导致人们去行动以满足它们"。② 在列维纳斯那里,欲望已经摆脱了与生理

---

① 王先谦:《荀子集解》,北京:中华书局1988年版,第346页。
② 尼古拉斯·布宁、余纪元:《西方哲学英汉对照辞典》,王柯平等译,北京:人民出版社2001年版,第251页。

之间的关联,转向了精神的层面,转向了超越的、形而上学的层面。因为在现实当中,欲望不仅是指生理之欲,而且也指意欲,而意欲实际上就强调了欲望与意识、意志这些精神层面之间的关联,而列维纳斯恰恰抓住了欲望的这个方面,对欲望作了一个精神的、超越的理解,"被欲望所欲望的他者又是欲望;超越所指向的超越者也在超越"。① 因此,在列维纳斯那里,欲望与需求不是被简单地混而为一,而是被严格地区分开来。

第一,需求源自于主体自身,欲望源自于他者,"欲望是被可欲之物所激发起来的渴望;它源自于'客体';它是启示——而需求则是灵魂的空虚;它源自于主体。"② 前文已经指出,由于需求和肉体联系在一起,而肉体本身总是有所缺乏,无法自我满足,"欲而不得,则不能无求",因此每个人都有需求,需求的根源在于主体有所欠缺。欲望则与主体的欠缺没有关系,"欲望的模式:什么也不缺者的企求,完全占有自己的存在、超出于其充实性之上、具有无限观念者的渴望"。③ 欲望不是由主体的欠缺所引起的,而是由他者的无限性所激发起来的,"无限性不是认知的'客体',而是可欲的,它引起欲望,也就是说,它能够被每时每刻其思多于所思的思想所达到"。④

世界上真的存在着我们所欲望的无限吗? 为了说明这个问题,列维纳斯以笛卡尔为例。虽然笛卡尔把"我思"奠立为世界万物的根基,但他又肯定世界上存在着一个比自我更加完满之物,正是它把完满这

---

① Levinas, *Time and the Other*, Translated by Richard A. Cohen, Duquesne University Press 1987, p. 269.
② Levinas, *Totality and Infinity*, translated by AlphonsoLingis, Mar-tinusNijhoff Publishers and Duquesne University Press 1979, p. 62.
③ Levinas, *Totality and Infinity*, translated by AlphonsoLingis, MartinusNijhoff Publishers and Duquesne University Press 1979, p. 103.
④ Levinas, *Totality and Infinity*, translated by AlphonsoLingis, MartinusNijhoff Publishers and Duquesne University Press 1979, p. 62.

个观念放到了自我的心里,构成了自我所具有的一切思想观念的来源,从而肯定了无限的存在。正是因为世界上存在着无限,所以自我的中心地位产生了摇撼,自我被迫趋向、欲望他者,"与有限有关系的无限引起有限的不安,或者唤醒着有限;这一切相当于心理现象,就像启迪一样"。①

第二,需求是可以满足的,欲望是不能满足的,"形而上学的欲望具有另外的意向;它所欲望之物超出于一切可以满足它的事物之外。它就像善——所欲之物不能满足它,而是加深了它"。② 需求与人的肉体的欠缺有关,所以就像虚空可以被填满一样,它也可以被满足。但作为欲望的主体,人们已经摆脱了肉体的障碍,不再将头颅伸进现实以填补肉体的空缺,而将自己的目光探向自身之外、现实之外,开始一种真正超越性的追求,因此无所谓满足的问题,"这是不可同化为需要的欲望。没有饥饿——同样也没有终结——的欲望:无限之欲望,在超脱一词中体现出来的存在之外欲望。超验性和善的欲望"。③ 同时,由于欲望又是对无限性的欲望,而无限之为无限,正是因为它是没有终点、没有尽头的,所以,自我只能始终被无限吸引着奔跑在追逐无限的道路上,根本就无法获得满足。不过欲望中的自我并不会因为道路的无限延伸而垂头丧气,反而因此而变得斗志昂扬,"无限中无的否定性挖掘出了一种欲望,它不知自我填充,它不以其自身的增大滋养自己,它作为欲望而激昂,随着它接近可盼望的对象,它就远离了

---

① 勒维纳斯:《上帝·死亡和时间》,余中先译,北京:生活·读书·新知三联书店1997年版,第254页。
② Levinas, *Totality and Infinity*, translated by AlphonsoLingis, MartinusNijhoff Publishers and Duquesne University Press 1979, p.34.
③ 勒维纳斯:《上帝·死亡和时间》,余中先译,北京:生活·读书·新知三联书店1997年版,第270页。

满足"。①

第三,需求最终要回到自身,而欲望却指向纯粹的外在。需求起源于自身的欠缺,所以,需求是以满足为目的的,人们通过劳动、据有他者的方式,将他者变成自身营养的来源,并通过消化和吸收等方式,最终将他者变成我的血和肉,变成我的一个构成要素。因此,虽然起初人们由于需求而迈出自身,走向他者,但是自我最终又回到了自身。列维纳斯形象地将需求比喻为奥德修斯式的乡愁,虽然人们走出了自身,但是他的心中始终隐藏着对于故土、对于自我、对于居家状态的迷恋,最终要带着远征的成果回到家乡,回到自我。欲望则与需求不同,已经完全放下了自身,是对于外在于自我的绝对的他者、无限性的渴望、向往,所以,其不但不会通过吸收消化他者的方式将他者变成自我的一个构成要素,而且还要为他者付出自己的一切,以致可以将自己正在享用的面包送给他者。因此,欲望不是充实自身、回到自身,不是乡愁,而是向着陌生的他者毫无留恋地出发,"形而上学的欲望并不期待回归,因为它所欲望的不是我们的出生地,而是一个在各个方面都不同的地方,它不是我们的故乡"。②

从欲望与需求的比较中,我们可以清楚地看到,欲望逆转了过去的自我中心论,开始以无限的他者作为出发点和目标指向,在欲望中自我被他者所吸引而无限地趋近他者。

三、爱欲

列维纳斯哲学的核心就是要激发起人们对他者的欲望,而在列维

---

① 勒维纳斯:《上帝·死亡和时间》,余中先译,北京:生活·读书·新知三联书店1997年版,第270页。

② Levinas, *Totality and Infinity*, translated by AlphonsoLingis, MartinusNijhoff Publishers and Duquesne University Press 1979, pp. 33 – 34.

纳斯看来,欲望的典型形态就是 Eros,就是爱、爱欲。虽然从比较宽泛的意义上讲,爱有很多种,有父子之爱、夫妻之爱、兄弟之爱、朋友之爱等等,但其中最典型,也最为人所熟知的,就是男女之爱,也就是人们常说的爱情。

在古希腊神话当中,爱神是一位年轻的神,"他是世上最娇嫩的",这就决定了他"宁愿接触柔软的东西而不愿接触坚硬的东西"。① 列维纳斯承袭了古人的这一说法,"被爱者的圣显是一种柔嫩(tender)的状态"。② "柔"是与"弱"(frailty)联系在一起的,或者说,正是因为女人看上去特别"柔",所以女人显得尤其"弱"。因此,在古代,许多让人心仪的女人都有一种非常柔弱的外表,像《红楼梦》中的林黛玉就体弱多病,"娇袭一身之病","病如西子胜三分",以至于"行动处似弱柳扶风"。正是因为女人柔弱,特别容易受到伤害、受到攻击,所以,男人作为一个强者,应该主地动关爱、呵护女人,使她们免遭伤害,"爱指向他者;爱指向柔弱的他者","爱就是为他者担惊受怕,帮助他者摆脱柔弱"。③

当人们以"柔弱"来描述女人的时候,实际上不是揭示了女人的某种缺陷、不足,而是揭示了男女之间的差异性,因为男人所呈现出来的是一种阳刚之气。正是因为男人与女人、爱者与被爱者之间的差异性,导致爱者无法捕获被爱者,将被爱者据为己有,通过对被爱者的消化吸收与被爱者合而为一。所以,在爱抚(caress)当中,尽管有感性参与其中,爱人之间身体相互接触(contact),但是它又超越于感性之上,去追寻那不可触摸者,"爱抚什么也抓不住,它追求一种无休止地逃离

---

① 《柏拉图全集》(第二卷),王晓朝译,北京:人民出版社 2003 年版,第 234 页。
② Levinas, *Totality and Infinity*, translated by AlphonsoLingis, MartinusNijhoff Publishers and Duquesne University Press 1979,p. 256.
③ Levinas, *Totality and Infinity*, translated by AlphonsoLingis, MartinusNijhoff Publishers and Duquesne University Press 1979,p. 256.

形式而趋向比未来还要未来的事物,追求一种似乎是逃到乌有之乡的事物"。① 被爱者之所以无法被捕获,是因为被爱者在其赤身裸体当中,并不是毫无保留地将一切都暴露于光亮之下,而是始终有所藏匿,保留着一份处女地,所以,被爱者在被亵渎的同时又是不能被侵犯的,她始终保留着纯贞,是一个永恒的处女。这样一来,爱人之间的爱抚就不是攫取、据有,而是一个被永远也无法满足的欲望所支配的永无止境的摸索过程,"它寻找,它搜索。它不是揭露的意向性,而是探寻的意向性:一个朝向不可见事物的运动"。②

按照阿里斯托芬的说法,由于爱人之间本来就是连成一体的,只是因为宙斯害怕人类的强大而强行将人一分为二,所以,爱欲本身就是自己要与自己的另一半重新合为一体。③ 在列维纳斯看来,人永远都无法实现这种一体化的梦想,爱抚不行,淫乐(voluptuosity)也不行。在淫乐的过程中,被爱者始终是作为他者而存在的,不是作为对象或客体而存在的。尽管被爱者已经赤身裸体、一览无遗地暴露在爱人面前,但她始终无法被中性化为客观观察的对象或客体,就像横陈在医生面前的赤裸的病人一样。淫乐只亵渎而不观看,淫乐始终是一种纯粹的感觉经验,其间充满着盲目性,它缺乏明确的意义指向和目的计划,只为淫乐这种欲望自身所吸引。因此在淫乐过程中,尽管爱人由于相互接触而有所揭露、有所发现,但它就像茫茫黑夜笼罩下的世界一样,虽然我们能够从窸窣作响当中感受到世间万物的存在,但它之于我始终都是一个无法破解的谜团,爱者始终无法窥出被爱者的

---

① Levinas, *Totality and Infinity*, translated by AlphonsoLingis, MartinusNijhoff Publishers and Duquesne University Press 1979, pp. 257-258.
② Levinas, *Totality and Infinity*, translated by AlphonsoLingis, MartinusNijhoff Publishers and Duquesne University Press 1979, p. 258.
③ 《柏拉图全集》(第二卷),王晓朝译,北京:人民出版社2003年版,第226—231页。

全部秘密。这种被爱者的差异性、神秘性,导致爱人之间根本就不可能合而为一,根本就不可能融为一个整体,"爱的悲怆就在于无法战胜存在者的二元性"。①

爱人之间的差异性、二元性在爱欲展开的过程中,不是被消融,而是被引向了其它的方向——繁衍、生产(fecundity),也就是诞生出爱的结晶——孩子。孩子的产生当然应该归功于父母,正是父母的淫乐导致了孩子的降生,在孩子身上流淌着父母的血脉,在此意义上,就像诗歌、工艺品一样,孩子是父母的劳动成果,是父母的私人财产。但是这样来界定父母与子女之间的关系,显然是不合适的,因为"我并不拥有我的孩子;我就是我的孩子。父子关系是一种陌生者的关系"。② 按照列维纳斯的说法,人的繁衍、生产就是柏格森的生命冲动。生命冲动本身既有过去的沉淀,但又有崭新的创造,因此,它是创造与进化的统一。进化本身又意味着旧生命的延续,其在新生命当中不断复活,但是这种进化本身又是一种创造性的进化,它又意味着一种全新生命的诞生,它逃脱了一切计划与设计,不再隶属于旧生命。既然生产就是生命冲动,那么父子之间的关系就不是一种同一性的关系,而是一种差异性的关系,"父子关系并不仅仅是父亲在儿子身上的复活,与他融为一体,而且也是父亲之于儿子的外在关系,是一个多元的存在"。③ 正是由于孩子与父亲之间的这种差异性的外在关系,决定了孩子对于父亲而言不是可以类推的"另外一个我",而是一个绝对的他者,是一个不可预知与谋划的未来。

---

① Levinas, *Time and the Other*, Translated by Richard A. Cohen, Duquesne University Press 1987, p.86.
② Levinas, *Totality and Infinity*, translated by AlphonsoLingis, MartinusNijhoff Publishers and Duquesne University Press 1979, p.277.
③ Levinas, *Time and the Other*, Translated by Richard A. Cohen, Duquesne University Press 1987, p.92.

通过从爱抚到生产、从爱人到孩子，列维纳斯在爱欲当中为人们展示了一个他者不断被强化、被绝对化的过程。在爱欲当中，自我的中心地位完全被否定、被超越，自我不再是将他者看作用来满足需求的手段和工具，相反，自我完全为他者所吸引，正是他者勾起了我无尽的欲望，所以，我不是因为自我而是因为他者而如痴如狂。

结　语

在列维纳斯的哲学中，欲望概念并非无关紧要，而是地位特殊，甚至事关伦理学形而上学的建构，"我们已经把形而上学当作欲望"。[①]正是通过由需求到欲望的转换，形而上学突破了"自我学"的陷阱限囿，开始走出有限的、封闭的自我，而走向无限的、外在的他者，从而真正实现了其超越化的特性。由于列维纳斯生活的时代，是形而上学饱受质疑、拒斥形而上学成为风潮的时代，列维纳斯以欲望概念来支撑形而上学的无限性、超越性的追求，不仅是对他者的拯救，同时也是对岌岌可危的形而上学的拯救，试图在形而上学江河日下的时代里为形而上学的发展开拓出一个新的方向，虽然褒贬不一，但是后来者必须对它进行认识、作出回应。

---

① Levinas, *Totality and Infinity*, translated by AlphonsoLingis, MartinusNijhoff Publishers and Duquesne University Press 1979, p. 304.

共时·历时·悖时
——列维纳斯的时间观念

在现代西方哲学史上,"时间"是一个非常重要的概念,许多重要哲学家都对它有所涉猎,像柏格森、胡塞尔与海德格尔都曾有这方面的专门著述。列维纳斯作为 20 世纪最为重要的哲学家之一,又曾经是柏格森、胡塞尔与海德格尔的狂热追随者,自然也不会忽视时间问题,可以说时间是他一生关注的一个焦点问题。他曾分别于 1946—1947、1975—1976 年作了两个系列讲座(《时间与他者》、《死亡与时间》),尽管其间相距 30 年之久,但"时间"始终是不变的主题。列维纳斯对于时间问题的思考,已经突破了前人的阈限,为我们揭开了一个全新的他者维度,时间开始变成我为他者负责的伦理关系。

一、共时:传统的时间观念

自从人们懂得日出而作、日落而息开始,时间观念就开始形成。在几千年的历史发展过程中,曾经出现了循环时间、线性时间、物理时间等各种各样的时间观念。在现代社会中,柏格森和海德格尔等又在批判前人思想的基础上,分别提出了绵延的时间观念和存在论的时间观念等。在列维纳斯看来,柏格森和海德格尔的时间观念虽然拥有诸多创新,但他们仍然没有克服传统时间观念的致命缺陷:将时间理解为共时(synchrony)。

"共,同也",所谓共时就是相同的时间、同一的时间。这也就是说,在共时性的时间当中,过去、现在、未来之间没有任何差别,都绝对相同。在日常生活当中,人们的时间观念受到了亚里士多德的强烈影响。亚里士多德说,时间就是运动的数量。由于运动的数量是在空间当中得以测量的,所以,时间同样也必须通过空间加以测量。譬如,钟表就是根据指针在空间中的旋转圈数来计量时间的。然而问题在于,一旦时间被转化成了空间,被转化成了数量之后,时间就摆脱了一切具体的内容而成了抽象的形式,每个时间片断之间就没有了本质的区别,过去、现在与未来都完全相同,没有人能在钟表上看出每个小时之间会有什么本质上的不同。因此,列维纳斯说:"亚里士多德的时间被理解为运动的数量,时间是通过计时器(无论是手表还是漏壶)的空间表现和测量才能达到,也就是说是像空间一样同质的时间,由自身重复的不变的瞬间所构成,所有新鲜事物被还原为那些陈旧的元素。"①正是因为时间是相同的,过去、现在与未来之间没有发展变化,所以,我们完全可以根据现在去推知过去、预测未来。

　　在柏格森看来,空间化的时间由于被高度抽象化和形式化,从而与人彻底决裂,因而是一种非本真的时间,本真的时间应该是一种具体的时间,是内在于人的时间,是绵延(duration)。人与普通物质的不同之处在于人有内在生命冲动,生命携带着它从历史当中所获得的全部能量而不停地向前喷涌,由于每时每刻都有新的能量加入,这种喷涌呈现出绝对自由的状态,所以,生命处于绵延创化之中,"绵延就是纯粹的变化,在这种变化下面找不到同一性的基础"。② 既然绵延乃是

---

　　① Levinas. *Time and the Other [and additional essays]*. Translated by Richard A. Cohen, Duquesne University Press1987, p. 129.
　　② Levinas. *Time and the Other [and additional essays]*. Translated by Richard A. Cohen, Duquesne University Press1987, pp. 129 - 130.

没有同一性基础的纯粹变化,那么,过去、现在、未来之间就没有任何的共同性可言。也正因如此,柏格森特别反对决定论和对未来进行预测。虽然柏格森否定了传统时间观念的同一性思想,但并不意味着他就已经摆脱了共时性时间观念。在柏格森的哲学当中,由于创造是以现在为基础的,所以现在也就被赋予了特殊的意义,"它保留了现在凌驾于未来之上的特权:绵延就是创化"。① 既然在绵延中,现在享有凌驾于未来之上的特权,那么它就保留了将未来与现在同一化的可能,时间作为共时的危险仍然存在。列维纳斯注意到,或许正是意识到这种同一化危险的存在,柏格森在《道德与宗教的两个来源》中,对自己的时间观念作了一些调整。

在海德格尔看来,过去人们是通过衡量时间而进入时间的,就连柏格森也不例外,"自亚里士多德直到柏格森,这种传统时间概念不绝如缕"。② 通过衡量进入时间最大的问题在于,一切都是在场,一切都是此时此地的存在,人们没有办法从现在的束缚当中超越出来,融过去、现在、未来于一身,"'时间性的'过程与'超时间的'永恒者之间有一条'鸿沟'",无法实现真正的超越"。③ 为了实现这一在传统时间概念当中无法完成的超越,海德格尔发掘出此在的时间结构。按照海德格尔的解释,此在就是已经先于自身而作为存在于世(=与万物共在)的存在。从这个界定当中,我们可以清楚地看出,此在当中已经包含了一种时间结构:过去(已经)、现在(共在)和未来(先于)。按照列维纳斯的理解,过去、将来和现在所表示的是一种历时性的时间结构,不

---

① Levinas. *Time and the Other [and additional essays]*. Translated by Richard A. Cohen, Duquesne University Press1987, p.80.
② 海德格尔:《存在与时间》,陈嘉映、王庆节译,北京:生活·读书·新知三联书店1999年版,第21页。
③ 海德格尔:《存在与时间》,陈嘉映、王庆节译,北京:生活·读书·新知三联书店1999年版,第21页。

过在海德格尔那里,它们则是"历时性的悖理的同时性",因为它们是"作为共源(co-originaire),作为从同一本源(Ursprung)、从同一原始冲动中突现出来的东西"。①

此在首先就必须是此时此地之存在,我正是在此进行看听读写,对存在进行领会,所以,我就生活在现在这个世界中,与他人共在。当我在看听读写,进行领会的时候,我不但是正存在着,而且是已经存在,否则,我就无法领会存在。这样一来,在海德格尔的哲学中,时间性也就表现为一种历时性,历史性构成了此在的发生本身。只有现在、过去还不够,现在和过去还不能满足此在的整体性要求,此在还必须将未来包含于自身之中,这其中也包括作为存在之终结的死亡,因为人只有一死才能"了"之,只有盖棺才能"定"论。这也就是说,只有发生于未来的死亡才能穷尽此在的全部可能性,此在的整体性才得以完成。正因如此,列维纳斯说,"在日常时间中,自我的个体只有在每种生命的时间都流逝时才显示出来;此在只有在它的讣告中才是整体的,……在人停止为人的那一刻,全体性才得以完成"。② 当然,这并不是说此在为了真正成为一个整体,就必须去死,相反,此在必须是"垂"而不"死",因为一旦我死了,我就不在此,此在也就不再存在。为了解决这个矛盾,海德格尔提出了"向死而在"这个概念,也就是此在在此时此地就把死亡当作一种必须加以经受和持守的未来。这样一来,时间总是"先行到时",总是对未来的提前经历。通过对未来的提前经历,未来也就被包含在了此在之中。通过此在的时间结构,此在实现了传统时间观念无法实现的超越,此在既在此,又不在此。

---

① 勒维纳斯.:《上帝·死亡和时间》,余中先译,北京:生活·读书·新知三联书店1997年版,第29页。

② 勒维纳斯.:《上帝·死亡和时间》,余中先译,北京:生活·读书·新知三联书店1997年版,第31页。

不管名称如何变化,时间当中的过去、现在与未来都在此时此地的存在当中得到了统一,也就是说,海德格尔的时间观对于传统的时间观念仍然缺乏本质性的超越,他的时间仍然没有从"共时"的阴影中走出来,"同样还是作为前—领会的问题:带已知条件的问题。于是,自始至终,本体论、存在与虚无的领会一直是任何意义的源泉。无限(它也许随着历时性、耐心和时间的长度接近思想)从来不以任何的方式被这一分析所暗示"。①

二、历时:差异的持续

共时最重要的特点,就是所有的时间片断都是相同的,它们通过意识的作用得以形成一个连续的整体,因而时间在意识当中可以被无限地拆分和重构,我们可以在当前自由地回顾(回到)过去、展望(走向)未来。在列维纳斯看来,在这种共时性的时间观念当中,时间实际上并不存在,因为在共时当中,只有现在,没有过去和未来,"在过去与未来当中来理解现在的特性,就是将过去和将来还原和拉回到现在——也就是再现它们"。② 真正的时间应该是一种差异性的持续,过去、现在、未来之间刻刻不同。

在列维纳斯看来,人们对于时间之所以会作同一化的理解,是因为人们忽视了瞬间,或者说人们是从时间出发来研究瞬间的,"现代哲学宣扬着一种对瞬间的蔑视,在它看来,瞬间只是科学时间的一种幻象,被剥夺了所有的活力或变异。瞬间对它来说,似乎只是纯粹的抽象,存在于两个时间的间隙。现实应当由绵延的具体冲动构成,应当

---

① 勒维纳斯:《上帝·死亡和时间》,余中先译,北京:生活·读书·新知三联书店1997年版,第37页。
② Levinas. *Time and the Other [and additional essays]*. Translated by Richard A. Cohen, Duquesne University Press1987, p.99.

始终转向未来,始终攫住未来。之所以能如此贬低瞬间的价值,其根源在于这样一种基本思想,即瞬间本身没有大小,不具有绵延的跨度,本身也不是一种绵延"。① 这种对瞬间的理解,依赖于时间的空间化,瞬间被变成了时间当中相互等价的截点,被高度抽象化、形式化了。实际上,瞬间并不简单地只是一个时间"粒子",也不是一个可以任意加以截取的时间"片断",而是一个"事件","开始、起源、诞生,准确说来,它们提供了一种辩证法,通过这种辩证法,我们就可以感受到瞬间所包含的事件"。② 按照列维纳斯的观点,世界上并没有纯粹的存在,存在总是存在者的存在,而存在者就有一个开始、起源或诞生的问题,也就是说,存在者有一个从不存在、非存在到存在的问题。而瞬间就是存在者从不存在到存在的事件,就是开始、起源或诞生,"瞬间是存在最典型的实现","瞬间作为开始和诞生,是自成一类的一种关系,一种与存在发生的关系,一种朝向存在的启动"。③ 由于存在者开始存在,并不是从一个先行存在的主体那里接受一种寄放或馈赠,而是回缩到自身,因而,一个存在者开始存在是在此瞬间内部完成的,与在它前后的瞬间并无关系,它就是现—在。由于每个存在者都是方生方死的,时时刻刻都会由存在变为不存在,所以,存在者的存在并不能通过一次诞生而完成,它必须不断地在每个瞬间都重新开始存在,"努力之绵延整个都是由中止构成的。正是在这层意义上,它才与它所完成的作品寸步不离。它在绵延中担承瞬间,同时不停扯断再接上时间之

---

① 列维纳斯:《从存在到存在者》,吴惠仪译,南京:江苏教育出版社 2006 年版,第 89 页。

② 列维纳斯:《从存在到存在者》,吴惠仪译,南京:江苏教育出版社 2006 年版,第 2 页。

③ 列维纳斯:《从存在到存在者》,吴惠仪译,南京:江苏教育出版社 2006 年版,第 92 页。

线"。① 这诚如人们所言,在列维纳斯的哲学中,时间化本身就意味着"总是重新开始"(施特拉塞尔语)。

既然瞬间总是转瞬即逝,时间化意味着"总是重新开始",那么,时间就不是一个过去、现在、未来有机结合在一起的绵延之流,而是由无数的瞬间"铰接"而成,每个瞬间之间都有裂缝,每个瞬间与过去之间都没有任何关联,都只是现在,而现在则是纯粹的开始,"现在不受过去的束缚,但却被它自身所禁锢,呼吸着它所介入的存在之重。……现在与过去割断了联系"。② 由于瞬间之间的这种断裂性、不稳定性,现在将前一瞬间驱逐到在其之外的过去,且断绝了过去与现在之间的任何联系,使现在与过去之间无法交通往来,过去总是已经过—去,不再可能变为现—在,同样,我们也不能从现在回到过去,即使我们在我们的记忆当中也无法真正地拥有过去。因为,过去作为已经过—去,它已经由在场变成了不在场,我们就不能在我们的在场当中再现这一过去的事件,即使我们在意识当中回忆过去,但这一回忆本身已经不是过去的再现,而是当前的建构,所以,真正的回忆、记忆是不可能的,"在对源头的怀念之中,在想象之中,过去回来了,但比它自身要时新得多,不过这种时新只是暂时的,很快就会被耗损、变旧"。③ 当然,这并不是说人们记忆力之虚弱,而是说回忆之无能为力,"无能将分裂的时间聚合到现在之中"。④

不但过去不能被现在所包含,未来同样也不能为现在所包含。将

---

① 列维纳斯:《从存在到存在者》,吴惠仪译,南京:江苏教育出版社2006年版,第26页。
② 列维纳斯:《从存在到存在者》,吴惠仪译,南京:江苏教育出版社2006年版,第96页。
③ Levinas. *Time and the Other* [*and additional essays*]. Translated by Richard A. Cohen, Duquesne University Press 1987, p. 121.
④ Levinas. *Otherwise than Being or Beyond Essence*. translated by Alphonso Lingis, Duquesne University Press 1981, p. 38.

来、未来就是将要到来,但现在还尚未到来,且由于现在转瞬即逝的特性,导致"在现在中,时间或永恒的无限被打断,并又重新开始","因此,现在不可能拥有任何意义上的延续性",[①]那么,未来是什么?未来以何种方式在何时到来?这些都是我们无法根据现在作答的问题,未来对于现在的我们是一种纯粹的神秘性,是无法破解的谜。在列维纳斯那里,死亡是未来的一种典型形态,因而他经常借助死亡来说明未来。人虽有贫富贵贱之分,但死亡对于人是公平的,所有的人都终有一死,没有人能逃脱死亡,正是死亡的必然性,导致我们虽然现在还活着,还没有经历死亡,但我们知道死亡总有一天会降临到我们头上,我们总是要死的,死亡对于我们具有某种确实性。这诚如海德格尔所言,我们每天都"向死而在",但与海德格尔不同的地方在于:海德格尔强调"未知死焉知生",所以我要先行经历我的死亡,要从此时此地的存在当中来认识了解死亡;列维纳斯则强调,即使我们"知生",我们也不"知死",死亡是我们永远无法认知的。因为我们缺少死亡的经历,虽然像海德格尔要在此在当中先行经历死亡,但那不过是一种虚假的死亡,不是死亡本身,没有一个此在能在此经历死亡,死亡与此在是彼此外在的,我在此,死亡就必然不在此,否则的话,就会造成一个矛盾:一个死亡了的人正在此领会着他的存在。既然每个在此的人都没有经历自己的死亡,对于死亡都缺乏第一手的经验,那么,我们对于死亡就谈不上有什么切身的体会、如其所是的认知,死亡对于我们就是一种纯粹的陌生性,是一个无法破解的谜团,"死亡是出发,是故去,是消极性,其归宿是陌生的。……死亡如同毫无复归之出发,毫无已

[①] 列维纳斯:《从存在到存在者》,吴惠仪译,南京:江苏教育出版社2006年版,第88页。

知条件的问题,纯粹的疑问号"。① 既然未来与未来的死亡对于我们都是毫无已知条件的问题,那么我们对于未来就没有任何先行的决断,只能消极地等待着未来的到来。而且这种等待必须被诠释为"耐心",因为等待总是等待什么,而对于未来的等待则是没有对象的等待,我们虽然知道总有什么要来,但到底是什么要来以及如何到来,却一无所知。

既然现在与过去、未来之间由于存在根本性的差异,而没有任何内在的统一性,那么过去、现在、未来之间就存在着根本性的断裂,无法进行交通往来。虽然日常生活当中的事件表现为一个不断从过去进入现在、最终走向未来的过程,但这个过程不是一个有机统一的绵延,而是一个差异瞬间的"铰接"。虽然时间总是表现为一个同一性的过程,每个事物都有它的过去、现在与未来,但这种同一是一种虚假的同一,因为我们在这种时间的同一当中每时每刻都会遭遇到与自身完全不同的东西,遭遇到异于自身的另一个,而这恰恰就是真正的时间,真正的历时,"时间的持续是作为与无限、与不可包容者、与有差别者的关系来领会的。有差别者并非无关紧要,在与它的关系里头,历时性如同是'在同一个中的另一个'中的'在……中'——而另一个还尚未能进入到同一个之中"。②

三、悖时:我为他者负责③

就像柏格森的时间分析指向自由意志、海德格尔的时间分析指向

---

① 勒维纳斯:《上帝·死亡和时间》,余中先译,北京:生活·读书·新知三联书店 1997 年版,第 11 页。
② 勒维纳斯:《上帝·死亡和时间》,余中先译,北京:生活·读书·新知三联书店 1997 年版,第 16—17 页。
③ 悖时,这个词原文是 anachronisme,一般的译法是"时代错误"、"时代误置",主要指把一个人、物或一件事放在错误的时代当中,如"凯撒看手表"、"关公战秦琼"等都属于时代错误、时代误置。在列维纳斯的哲学当中,anachronisme 同样也是"时代错误"、"时代误置"的意思,由于考虑到与"共时"、"历时"相对应,故在此译为"悖时"。

存在一样,列维纳斯的时间分析也不指向时间自身,而是指向他者,说到底,列维纳斯哲学中的时间分析,不过是为他者出场所作的必要准备,是为了让人们更好地理解、认识与对待他者,"时间的辩证法就是与他人关系的辩证法,就是一种应当用有别于孤独主体的辩证法语汇进行研究的对话"。① 因此,只有立足于他者,我们才能真正理解,列维纳斯为什么要反对共时而主张历时。

众所周知,在传统哲学中,时间之所以被理解为共时,是因为人们采取了同一性的思维方式,认为过去、未来与现在之间并无本质性的差别,它们都可以被同一化为现在。在同一化的思维方式当中,整个世界都与我的内在意识有关,都同一于我的存在(我在)、我的意识(我思)。这就导致人们认为,整个世界都是我的世界,世界"是被给予我的,它为我而生"。② 既然如此,那么,我在这个世界上就享有至高无上的特权,可以不受约束地役使世间万物,当然,这世间万物当中也包括那些"从来没有和普通物体截然分开过"的他者。因此,在共时所采纳的同一化的思维方式当中,他者是我用来满足需要的工具,是我践踏蹂躏的对象。而历时则逆转了共时的同一性思维,强调差异,强调过去、现在、未来之间的绝对差异。由于时间是作为人与人之间的关系被理解的,所以,在历时的差异性思维方式当中,他者是与我绝对不同的、不能被同一化的他者,他者对于我,是一个永远无法破解的谜团,是纯粹的神秘性,"与他者的关系是与神秘性之间的关系。他者的全部存在是由他的外在性或他异性构成的"。③ 既然在历时性的视野之

---

① 列维纳斯:《从存在到存在者》,吴惠仪译,南京:江苏教育出版社 2006 年版,第 116 页。
② 列维纳斯:《从存在到存在者》,吴惠仪译,南京:江苏教育出版社 2006 年版,第 36 页。
③ Levinas. *Time and the Other* [*and additional essays*]. Translated by Richard A. Cohen, Duquesne University Press 1987, p.75.

中,他者对于我是一个猜不透的谜,是一种纯粹的神秘性,是绝对的无限,那么,无限的他者必然会使有限的自我激动与不安,我对这个无限的他者充满着敬畏之心,不能不去直面他者。当我直面他者的时候,我在他者的面貌当中看到了死亡,他者是会死的。正是因为他者是有死的,所以,他者是一个贫弱者,是寡妇、是孤儿,需要我为他的生死存亡负起责任来。如果我放弃了保护他者的责任,而他者又果真死了,那么,仿佛我就是杀害他者的凶手,我对他者的死亡负有不可推卸的责任,"应该在死亡中想到任何与谋害有关的事:任何的死亡都是谋害,都是夭折,幸存者有其责任"。[①] 正是通过时间由共时向历时的转换,列维纳斯逆转了我与他者之间的关系,使我由对他者践踏蹂躏变成为他者负责。不过,按照列维纳斯的理解,我们要真正地承担起对他者的责任,做到为他者负责,还必须进一步从历时走向悖时。

所谓悖时(时代错误),我们从字面上就可以看出,它与传统时间概念相悖,它将传统时间的先后顺序颠倒,使过去的时间秩序变成无序。按照惯常的理解,责任总是一种事后的责任。只有在我自由地做出一个选择、行动之后,我才对它们以及受到它们消极之损害的人们负有责任。这也就是说,在日常生活时间顺序当中,行为在前,责任在后。但在列维纳斯看来,这种承担责任的方式不过是事后的补偿,它并不能避免悲剧的发生。毕竟生命只有一次,人死不能复生,一旦他者死了,那么,再多的补偿也已经于事无补,"仅仅将泪水拭净或为死者复仇,这是不够的,因为一滴眼泪都不应滚落,任何死亡都不应经由

[①] 勒维纳斯:《上帝·死亡和时间》,余中先译,北京:生活·读书·新知三联书店1997年版,第79页。

死地复活"。① 为了不让悲剧发生,不让眼泪滚落,就必须逆转传统的行为在前、责任在后的时间秩序,使责任的承担发生在行为之前。在列维纳斯看来,我对他者负有责任,并不是因为我的所作所为,也不是因为我主动地选择对他者承担责任,而是没有任何先决条件的,在我与他者发生关系之前,在我决定为他者负责之前,对他者的责任就已经被强加在我的身上,成了我无法卸脱的义务,"成为责任者,就是在作任何的决定之前就成为责任者"。② 我之所以"在作任何的决定之前就成为责任者",是因为我的起源不在我自身之中,而是在我之外的他者之中。正是通过他者的临近对自我的唤醒,在我无条件地为他者负责的过程中,我才真正成为了我,才真正地获得了我的独特本性,因为承担责任的我是独一无二、无可替代的,"为此义务,任何人都不能代替我,这一义务把主体剥得赤裸裸的,直至露出它人质的消极性",因此,"我是唯一的,而我的独特性全在于我躲避的不可能性上"。③ 正是由于无条件地或者先于任何已知条件地为他者负责,导致我丧失了内在性、自律性,我被绑架为他者的人质,是完全受他者支配的。我的全部价值与意义都在他者身上,都在于为他者负责,"为他者负责"成了一个先天被植入到我们内心当中的无法去除的顽念,自我在选择为善之前就已经与善为伍了,"顽念反向地穿越意识,作为一个外来者而写录在意识之中,用以意谓一种他律,一种不平衡,一种打破起源的狂乱,它比起源还更早,它先于 $αρχη$,先于开端,产生于一切意识的光芒之先。这是一种无序,……在临近中,自我无秩序地落在后面,落在它

---

① 列维纳斯:《从存在到存在者》,吴惠仪译,南京:江苏教育出版社2006年版,第112页。

② 勒维纳斯:《上帝·死亡和时间》,余中先译,北京:生活·读书·新知三联书店1997年版,第208—209页。

③ 勒维纳斯:《上帝·死亡和时间》,余中先译,北京:生活·读书·新知三联书店1997年版,第193—194页。

的现时上,并且不可能赶上这一落后"。① 正是这样一种无条件地"为他者负责"、对他者的责任所导致的无序,列维纳斯称之为"悖时"、"时代错误","是一种自我被他人的传讯,使对我们甚至不认识的人们的一种责任心。一种极端紧急的传讯,先于任何的开端:时代错误(anachronisme)"。②

悖时意味着,自我在出生之前,就已经与他者紧密地联系在一起,自我就对他者负有了不可推卸的责任,我与他者是"前—原始"地紧密相连,在没有任何借债行为发生之前,我就已经背上了永远也无法清偿的对他者的债务,③"在自我的深层,有着一种前—原始的接受,一种先于任何感受性的消极性——一种永远不曾为现时的过去。这是一种超越了我的时间界限的消极性,一种先于任何可再现之先行性的先行性。就好像作为他人之责任者的我,有着一种久远的过去,就好像善要先于存在、先于在场"。④ 正是我与他者这种悖时关系,决定了我对他者负有全方位的责任,不仅我要为我的行为负责,而且也要为他人的过错负责,即使那个过错造成了对我的伤害。简言之,列维纳斯的悖时,实际上就是强调他者的绝对优先性,强调我对他者负责的无条件性,而这也正是列维纳斯整个时间分析的最终目的之所在。

总体而言,列维纳斯的时间观念是柏格森、海德格尔时间观念的继承和发展。他们都将批判的矛头对准空间化的时间观,要求对物理

---

① 勒维纳斯:《上帝·死亡和时间》,余中先译,北京:生活·读书·新知三联书店1997年版,第210—211页。
② 勒维纳斯:《上帝·死亡和时间》,余中先译,北京:生活·读书·新知三联书店1997年版,第210页。
③ 责任本身就是一种债务,因为"债"就是"人之责",不过按照列维纳斯的说法,责任又不是一般的债务,因为一般的债务是有限的,是可以清偿的,而责任则是无限的,是无法清偿的。
④ 勒维纳斯:《上帝·死亡和时间》,余中先译,北京:生活·读书·新知三联书店1997年版,第215—216页。

的时间进行哲学反思。但列维纳斯的时间观念又超越了柏格森与海德格尔,因为后二者都在自我内部来思考时间,从而使时间变成了此在的内部问题,而列维纳斯则突破了此在的局限,从我与他者之间的关系出发来考量时间,不但拓宽了时间的研究维度,而且赋予了时间过去所不曾具备的伦理内涵。

虚无抑或陌生？
——列维纳斯死亡思想研究

死亡历来都是倍受哲学家们关注的一个问题。对于列维纳斯来说，死亡具有更加特别的意义，这不仅是因为他背负着深厚的宗教传统，更是因为他在两次世界大战期间，亲历了诸多亲朋好友及大量无辜者的死亡。列维纳斯的所有作品都渗透着对于死亡的思考，而最为集中的论述则在《上帝·死亡和时间》和《时间与他者》这两部著作之中。本文将以这两部著作为核心，对列维纳斯的死亡思想加以探讨，并揭示其中所蕴藏的独特伦理意蕴。

一、作为虚无的死亡

作为存在主义的创立者，自从20世纪20年代开始，海德格尔就已经在世界范围内赢得了广泛声誉，并最终跻身于20世纪最为重要、最有影响的哲学家的行列。在当今时代，无论是狂热的追随者，还是激烈的批评者，都需要严肃地对待海德格尔哲学，对其做出强有力的回应。也正因如此，列维纳斯才说，"任何一个当代研究者都对海德格尔有那么一点债务关系"。[①] 列维纳斯与海德格尔之间的关系就更为特殊，不但二者都与胡塞尔具有师生之缘，而且列维纳斯在德国期间

[①] 勒维纳斯：《上帝·死亡和时间》，余中先译，北京：生活·读书·新知三联书店1997年版，第2页。

还经常去听海德格尔参加的课堂讨论和讲座,并深深地迷上了海德格尔的著作,即使后来变成了海德格尔的批评者,他仍然盛赞《存在与时间》是可以与《斐多篇》、《纯粹理性批判》、《精神现象学》等相提并论的"哲学史上最为优秀的著作之一","每次读海德格尔的著作时,尤其是重读这本书时,我都能体会到他所分析的超人之处,至今我仍为此折服"。① 在《存在与时间》当中,海德格尔对于死亡问题已经作了大量的论述,而这正是列维纳斯死亡思想的出发点。

由于科学在现代社会享有至高无上的权威,所以,科学的死亡观念一直盘踞在人们的思想意识之中。在科学的视阈当中,人的生命是由外在的表达性运动和内在的生物学运动所构成:当二者有机地结合在一起,正常运行的时候,人就拥有鲜活的生命;一旦人的内在生物学运动受阻并导致表达性运动停止的时候,人就走向死亡,就离开了这个世界,从"有"变成了"无"。列维纳斯对科学的死亡观作出了如下的总结:"垂死,从言语上来理解,从对他人之垂死的观察来理解,意味着这些运动的一种停止,意味着某人最终归结为可分解的某物——一种静止不动。没有变化,却只有毁灭,一种存在的终结,那些满是意义符号的运动的停止","死亡显得如同是从存在到不再存在的过渡,而这一不再存在被理解成是一种逻辑活动——否定——的结果"。② 对于海德格尔来说,科学的死亡观是不可取的,因为它从生命的表现形式出发,将存在(有)与死亡(无)生硬地分为两段,并截然对立起来,从而将死亡逐出了存在的范围之外。按照海德格尔的观点,死亡是不可能逃出存在之外的,死亡必须被包含在存在的范围之内。

---

① 港道隆著:《列维纳斯——法外的思想》,张杰等译,石家庄:河北教育出版社2002年版,,第29、33页。

② 勒维纳斯:《上帝·死亡和时间》,余中先译,北京:生活·读书·新知三联书店1997年版,第4页。

海德格尔的哲学作为一种存在论哲学，其最核心、最高的范畴是存在，存在构成了一切事物的本体、根据，一切存在者都将存在看作是最高奖励，对于人类来说，尤其如此。与众多的存在者相比，人类（此在）无疑更加优越，因为他是世界上唯一能够领会存在的存在者，"此在以如下方式存在：它以存在着的方式领会着存在这样的东西"，① "人是这样一种存在，对他来说，在他的生存中，关系到他的存在本身，他必须抓住他的存在。因此，他不是被表示为 Daseinde，而是表示为此在（Dasein），领会存在，即必须存在"。② 所以，此在就是该存在、去存在，存在乃是此在追求的最高目标、应当担负起来的使命。此在对于存在的追逐就像我们对于爱情的追逐。人们常说，"我可以为我爱的人去死"，似乎唯有死亡才能显出爱情的伟大和对方的重要，同样，唯有死亡才能凸显出存在的至高无上，人们必须"在死亡中见出存在者的辉煌（死亡＝被剥夺所有的外装，赤裸裸地向哲学家担保，只有在他的形体性结束时，才在他的神圣中显出辉煌）"。③ 所以，此在是该存在的同时，就是该死亡。但此在不能真的为了存在去死，否则，此在就不再存在，就会变成非存在、纯粹的虚无。这样一来，在海德格尔那里，就出现了一个两难处境，一方面要通过死亡（虚无）来凸现存在的重要性，另一方面死亡又会使存在变成不再存在、变成虚无。为了解决这个问题，海德格尔提出了"向死而在"。

按照时间进行划分，死亡对于此在来说，应该是一种未来之事，因为我在此就意味着死亡还未曾光顾我，死亡作为一种未来之事还尚未

---

① 海德格尔：《存在与时间》，陈嘉映等译，北京：生活·读书·新知三联书店 1999 年版，第 21 页。
② 勒维纳斯：《上帝·死亡和时间》，余中先译，北京：生活·读书·新知三联书店 1997 年版，第 23 页。
③ 勒维纳斯：《上帝·死亡和时间》，余中先译，北京：生活·读书·新知三联书店 1997 年版，第 15 页。

到来,那么,我们如何能够通过尚未到来的死亡来突显出此时此地的存在的辉煌呢?所以,为了突显出存在的重要性,我们就必须让未来的死亡与现在的存在提前碰面。当然,我们不能以提前终结存在的方式来实现这一目标,否则存在就变成了不存在,有就变成了无。海德格尔的做法是将死亡作为一种确实的可能性来维持。虽然我现在还没有经历我的死亡,但这并不意味着我永远都不会死亡,我们应该清醒地认识到:人不可能长生不老,我们总有一天会死去,这就是"托信"于死亡,也就是"向死而在"。因此,在海德格尔的哲学中,"死所意指的结束意味着的不是此在的存在到头,而是这一存在者的一种向终结存在。死是一种此在刚一存在就承担起来的去存在的方式。'刚一降生,人就立刻老得足以去死'"。① 这样一来,死亡所象征着的时间中的未来就被包含在此时此地的存在之中,我们从此时此地的存在就可以预知未来的死亡,所以,死亡与此在之间不是一种彼此外在的关系,而是具有一种"向来我属"性。"向死而在"不但没有让死亡所开启的虚无结束存在,反而让死亡之虚无作为一种确实的可能性而逼显出存在的意义,死亡之虚无开始被转变为一种存在的方式。也正因如此,海德格尔不满意于传统的哲学将存在与虚无割裂开来,所以要不断追问,"究竟为什么在者在而无反倒不在?"②

从列维纳斯对海德格尔死亡观念的分析中,我们可以看出,海德格尔区别于普通大众的地方在于,他不再将死亡与存在尖锐对立,而是将死亡纳入存在之中,使死亡由存在的对立面转而与存在保持高度一致,我们甚至可以从存在来预知死亡。但问题在于,海德格尔似乎并没有对传统的死亡即虚无观念提出过质疑,而是将其作为一个约定

---

① 海德格尔:《存在与时间》,陈嘉映等译,北京:生活·读书·新知三联书店1999年版,第282页。
② 海德格尔:《形而上学导论》,熊伟等译,北京:商务印书馆1996年版,第3页。

俗成的观念接受了过来,他对待死亡像人们通常所做的那样,"把它的意义限定在毁灭上","与死亡的关系被设想成是虚无在时间中的经验",①他所做的只是对死亡与存在之间的关系作了一些调整。因而,海德格尔有关死亡问题的论述,与普通的死亡观念之间并无本质上的不同。如果我们要想在死亡问题上有所进展,我们就必须要在清理海德格尔的残存物的基础上继续前行。

二、作为陌生的死亡

虽然列维纳斯承认,"任何一个当代的研究者都对海德格尔有那么一点债务关系",但同时又指出,那是"一种常常使人觉得遗憾的欠债"。② 之所以如此,海德格尔将死亡等同于虚无或许就是其中原因之一。死亡等同于虚无就意味着,一个人死了之后就从这个世界上消失了,那么,他就与存在之间割断了一切联系(存在总是"存在于世",而更为重要的是,人只有一个世界存在。),所以,我作为此时此地之存在就与他之间没有任何关联,也没有必要对他的死亡和死亡之后的他有任何的亏欠感。这样一来,我们就会对他人的死亡变得麻木不仁,甚至会变成杀害他人的帮凶甚或凶手。正因如此,在二战期间,纳粹分子就像屠杀牲畜一般地疯狂地屠杀他人,并像处理垃圾一样地处理尸体,居然能够做到心安理得、乐此不疲。因此,列维纳斯认为,将死亡等同于虚无本身就包含着一种毁灭他人的倾向,"死亡的否定特性(毁灭)镌刻在谋杀的仇恨和欲望中"。③ 而这或许也就是海德格尔能够无

---

① 勒维纳斯:《上帝・死亡和时间》,余中先译,北京:生活・读书・新知三联书店1997年版,第9—10页。
② 勒维纳斯:《上帝・死亡和时间》,余中先译,北京:生活・读书・新知三联书店1997年版,第2页。
③ 勒维纳斯:《上帝・死亡和时间》,余中先译,北京:生活・读书・新知三联书店1997年版,第3页。

视纳粹的暴行而为其效力的原因所在,而后者也因此让列维纳斯一辈子都感到"遗憾",无法获得谅解。

海德格尔为什么要将死亡看作虚无呢？在列维纳斯看来,"海德格尔走向死亡的方式完全是受本体论的考虑支配的。人之死亡的意义是受这一在其史诗中存在的考虑支配的"。① 在海德格尔的存在论哲学中,由于存在是至大无外的大一,是至高无上的本体,一切都要以存在为根据,都要被纳入到存在的范围之内,那些逃逸出存在范围之外的东西——不存在、非存在,只能是虚无,是存在的终结。虽然海德格尔要把死亡或虚无、不存在变成存在,但他不过是要人们在其存在当中提前经历自己的死亡,而不是真的去死。他的"向死而在"或"托信于"死亡,都只是要人们在自己的存在内部来经验、感受死亡,而不让其变为现实,就是为了防止虚无战胜存在、吞噬存在。在他强调"向死而在"的时候,他不但保守了死亡即虚无的传统观点,而且使传统的死亡观点中隐含的一个内容被凸现出来,那就是：死亡可以根据存在得到认知、理解,死亡就是存在的毁灭,就是虚无,就是由"有"变成"无"。

列维纳斯认为,造成海德格尔出现如此严重失误的原因在于：海德格尔"没有确切地把死亡放置在时间中"。② 这么说有点骇人听闻,因为稍微对海德格尔有点了解的人都知道,海德格尔最重要著作《存在与时间》,书名当中"时间"就赫然在目,足见海德格尔对于时间的高度重视。在列维纳斯看来,海德格尔的时间是一种虚假的时间,而非本真的时间。因为海德格尔的时间是共时,而非历时,过去与未来都

---

① 勒维纳斯：《上帝·死亡和时间》,余中先译,北京：生活·读书·新知三联书店1997年版,第34页。

② 勒维纳斯：《上帝·死亡和时间》,余中先译,北京：生活·读书·新知三联书店1997年版,第2页。

通过"烦"被包含在了现在的存在(此在)之中,我们可以通过当下即刻的存在预知未来,现在与未来具有共同的时间构造,所以,过去、现在、未来之间缺少延异。而本真的时间恰恰在于它的历时性,在于每时每刻之间的差异,"时间的持续是作为与无限、与不可包容者、与有差别者的关系来领会的。有差别者并非无关紧要,在与它的关系里头,历时性如同是'在同一个中的另一个'中'在……中'——而另一个还尚未能进入到同一个之中。古远得无法记忆者对不可预见者的敬重。时间既是这同一个中的另一个,又是这不能和同一个在一起、不能是共时的另一个"。① 为了正确地对待死亡,我们就必须将死亡重新放回延异的时间当中,从时间出发来设想死亡。

在本真的时间当中,每个时刻都有差异,刻刻不同,我不能在现在的存在中握有未来,更不能同时占有现在与未来两个截然不同的时刻。如果我们把我们的存在与死亡放到时间当中来考察,那么,我们就可以得出结论:我们不能在我们现在的存在当中来经历我们未来的死亡。虽然每个人都终有一死,死亡随时随地都有可能降临到我们每个人身上,但不是在现在、此地,而是在未来、在别处,在当前这一刻,在此时此地,我们当中没有人被死亡击中,否则,就会造成我既在此又不在此这样无法解决的矛盾。这诚如伊壁鸠鲁所言:如果你在此,死亡就不在此;如果死亡在此,你就不在此。列维纳斯这样概括我们与死亡之间的外在关系,"仿佛在一件降临到所有人身上的事情中,我们以为找到了死亡的经验。但是,我们缺少死亡本身。人们在死亡中看不到最本真的可能性;死亡并不作为最本真的可能性来纠缠每一

---

① 勒维纳斯:《上帝·死亡和时间》,余中先译,北京:生活·读书·新知三联书店1997年版,第16—17页。

个人。"①既然死亡与此在、与我彼此外在,死亡总是他人之事,我不可能经历自己的死亡,那么,我就不可能获得有关死亡的第一手经验,我不拥有对于死亡的确切知识,死亡对于我始终是一件陌生之事,死亡作为一个未来事件是与我现在的存在迥然不同的陌异之事。面对海德格尔等人所倡导的死亡即虚无的观点,列维纳斯忍不住高声质问:"和死亡一起展开的,到底是虚无,还是陌生?"②

虽然我们每天都通过死亡的表象来经验死亡,通过他人的出"生"入"死",归纳出一些有关死亡的知识,将死亡看作表现性运动的停止、存在的终结、纯粹的虚无等等,但这都不过是一些二手的经验,这些东西根本就不能将我变成死亡的主人。我在我的死亡面前仍然无能为力、无所作为,死亡之于我总是一个偶然、一个例外。譬如,我虽然明确地知道,总有一天我要死,死亡作为一种确实的可能性时时刻刻都在纠缠着我,但我却无法根据现有的知识,准确地预测我将死于何时何地、死于何种方式。死亡总是逃逸于我的存在之外,并且会在我们毫不知情、毫无准备的情况下,悄无声息地潜入到我们自身之中,给予存在致命一击,"因此,死亡从来都不是事先设定的,而是自行到来"。③我不但对于自己将死于何时何地、死于何种方式一无所知,而且也不知死后将会如何。死亡作为一种否定性,是"出离"存在,是从我"存在于此"、"存在于世"的"此""世"当中逃脱出来,所以,它是"离世"、"去世"。显然,"离去"不是终结,而是出发。如果我在世界中的居留是存在于此的话,那么,我去世后将前往何处、去往何方呢?由于我没有经

---

① 勒维纳斯:《上帝·死亡和时间》,余中先译,北京:生活·读书·新知三联书店1997年版,第40页。

② 勒维纳斯:《上帝·死亡和时间》,余中先译,北京:生活·读书·新知三联书店1997年版,第2页。

③ Levinas, *Time and the Other*, translated by Richard A. Cohen, Pittsburgh, Pennsylvania, Duquesne University Press, 1987, p.73.

历我的死亡,也没有人从死亡之地返回,所以,我对此根本一无所知,我们只能说,死亡是"向着陌生出发,毫不复返的出发,'不留地址的'的出发"。① 既然我们对于死亡没有任何认知,而且在对付死亡问题上也无能为力,那么就说明:死亡与我的存在完全不同,它与构成我之本质的存在大异其趣,别于存在,异于存在,以致我们无法用我们现有的知识结构、无法用我们的意向性对其进行建构,或者说,死亡根本无法被纳入我的存在、认知范围之内。这样一来,死亡对于我们人类来说,就是一个无法被纳入理性之光中的神秘之物(mystery),是一个我们永远也无法破解的谜(enigma),是游离于我们的认识能力之外的暧昧不清、模棱两可,"死亡:不是一个纯粹的虚无,而是没有任何预设的神秘性",②"死亡如同毫无复归之出发,毫无已知条件的问题,纯粹的疑问号"。③ 正是死亡的这种神秘性,导致像柏拉图那样的智者,对于苏格拉底的死亡也三缄其口,既不表态,也不评论。

三、在死亡中接待他者

虽然对列维纳斯的哲学有着各种各样的概括,但比较普遍采用的是"他者伦理学"这个提法。因为,在整个西方思想史上,虽然也曾有人提出过他者的问题,但惟有列维纳斯以他者为核心建立起一套哲学体系,从而将他者提升到了一个前所未有的重要地位,"列维纳斯的伦理学在当代所具有的重要性源于它给予他者性(otherness)问题的关键地位;这使得列维纳斯的反思在他自己兴趣圈子之外的领域获得了

---

① 勒维纳斯:《上帝·死亡和时间》,余中先译,北京:生活·读书·新知三联书店1997年版,第4页。
② Levinas, *Time and the Other*, translated by Richard A. Cohen, Pittsburgh, Pennsylvania, Duquesne University Press, 1987, p.35.
③ 勒维纳斯:《上帝·死亡和时间》,余中先译,北京:生活·读书·新知三联书店1997年版,第35页。

回应"。① 既然他者问题构成了列维纳斯哲学的核心和重要特色,那么,死亡也同样是围绕着他者这个核心、特色而展开的,或者说,列维纳斯对于死亡问题的论述是服务于他的他者伦理学的。他在死亡当中看到的,并非死亡本身,而是死亡所折射出来的我与他者之间的关系,"但愿与死亡之关系能作为面对他人、面对它的过分无度的疑问而进入到这一关系中来,这就是我们寻求死亡与时间的关系的所在"。② 这也就是说,列维纳斯对于死亡的探讨,是为了在死亡中接待他者。不过值得追问的是,列维纳斯为什么要在与死亡的关系中去追寻自我与他者之间的关系呢? 为什么要在死亡中来接待他者呢? 这不仅是因为我们所经验的死亡总是他者的死亡,而且是因为死亡与他者具有一个共同的特性:陌生性或陌异性。

众所周知,在西方几千年的哲学发展史上,主体性哲学(同一性哲学)一直占据着绝对的统治地位,虽然在现代,这种哲学已经遭受了一轮又一轮狂风暴雨般的冲击,但它始终屹立不倒,在被从哲学的前门清除出去以后,又被从后门偷偷迎了回来。在主体性哲学的视野中,世界被分为主体和客体、我和在我之外的世界,也就是自我与他者。不过这种世界的二分是一种暂时的区分,不具有永恒的意义,因为客体或他者很快就被消融在主体或自我之中,因为在主体的理性之光的照耀之下,他者与自我并无本质上的差别,他者与自我具有同一性,他者不过是另外一个我,不过是我的翻版,正所谓人同"此"心、心同"此"理。既然他者与我相同,那么,我就可以推"己"及"人",以自己的"小人之心"去度他者的"君子之腹"。所以,列维纳斯说:"光是那样一种

---

① 柯林·戴维斯:《列维纳斯》,李瑞华译,南京:江苏人民出版社2006年版,第2—3页。
② 勒维纳斯:《上帝·死亡和时间》,余中先译,北京:生活·读书·新知三联书店1997年版,第19页。

东西,通过它,有些东西有别于我们自己,但早就好像出自于我。被照亮的客体是我们遇到的东西,但从它是通过我们遭遇它而被照亮这个事实来看,它就像是出自我们。它并不具有一种根本的陌生性。"① 所以,在西方,他者始终从属于自我,是自我的附庸。海德格尔为了突破这种主体哲学或同一哲学、突破唯我论,他在存在之外肯定了虚无、非存在,因而反复追问"究竟为什么在者在而无反倒不在"。但问题在于,在海德格尔那里,虚无、非存在仍然是存在的方式,存在仍然蕴涵着非存在,存在大于非存在,大于他者,他者仍然没能从存在当中逃离出来,无法获得应有的地位,"与他者的关系,事实上被海德格尔当作此在本体的构造物,而它在存在的大戏和或有关存在的分析中没有扮演任何角色"。②

要解放他者,让他者的他者性得以保存,让他者作为他者被对待,那么,我们就必须认识到:存在无法包容他者,他者别于存在、异于存在。按照列维纳斯的哲学,他者之所以别于存在、异于存在,就是由于他者的死亡以及他与死亡所共同具有的陌生性。正如前文所言,由于我们所经验的死亡总是他者的死亡,这一方面决定了他者是和死亡结合在一起的,而另一方面也决定了我对于死亡的无知,死亡对于我来说,是一个神秘之物,"对死亡的无知,意味着与死亡的关系不在光亮中发生,意味着主体处于不出自于自己的事物的关系中。我们可以说,处于与神秘之物的关系中"。③ 由于他者和死亡结合在一起,所以,他者同样也是在我之外,他者之于我同样也是一个神秘之物,"他者作

---

① Levinas, *Time and the Other*, translated by Richard A. Cohen, Pittsburgh, Pennsylvania, Duquesne University Press, 1987, p.64.

② Levinas, *Time and the Other*, translated by Richard A. Cohen, Pittsburgh, Pennsylvania, Duquesne University Press, 1987, p.40.

③ Levinas, *Time and the Other*, translated by Richard A. Cohen, Pittsburgh, Pennsylvania, Duquesne University Press, 1987, p.70.

为他者,并不是变成我们的客体或变成我们而在这儿,而是相反,它退回到其神秘性之中"。① 他者与死亡之间的这种紧密联系,及其与死亡之间的高度相似,就决定了列维纳斯实际上是利用死亡来揭示他者的他者性的,或者说,他谈论与死亡之神秘或与死亡之陌生的关系,也就是谈论我与他者之神秘或与他者之陌生的关系,"死亡的这一临近表明,我们处于与绝对他者的某物的关系中,这某物具有陌异性,它并不是我们可以通过享用将其同化的暂时设定,而是其存在就是由陌异性构成"。②

既然死亡总是他者的死亡,而且他者由于死亡而具有神秘性或陌生性,使他者成了与我绝对不同的他者,那么他者就在我之外,不是一个我们认识的对象或客体,也就是说,他者由于死亡所造成的陌生性,决定了我与他者之间不是一种认知关系,而是一种其它的关系。在现实生活中,会死的他者不是在我之旁(side by side),而是在我对面(face to face),他者带着死亡的可能性来与我照面,我在他者的面貌当中看到了他者的死亡。由于死亡是向着陌生之地的毫不复返的出发,所以它完全超出了我的认知能力之外,令我感到畏惧。虽然每个人都终有一死,但没有人愿意死亡变为现实,都希望自己长命百岁、永生不老。当他者将自己的死亡展现在我面前的时候,实际上就是他者向我发出的求救信号,他者已经将自己的生死存亡托付给了我,我对他者负有不可推卸的责任——保护他者免遭死亡的侵袭。如果我放弃了保护他者的责任,而他者又真的死了,那么我就会经受良心的煎熬、心灵的不安,恨不得替他者去死,因为我的死是我的分内之事,而他者的

---

① Levinas, *Time and the Other*, translated by Richard A. Cohen, Pittsburgh, Pennsylvania, Duquesne University Press, 1987, p. 86.

② Levinas, *Time and the Other*, translated by Richard A. Cohen, Pittsburgh, Pennsylvania, Duquesne University Press, 1987, p. 74.

死则是我的过错。因此,我与他者以及他者的死亡之间的关系,不是一种认知关系,而是一种激情关系,一种伦理关系,是我走出自身对他者的接待,"他人之死比我本人之死更能使我动感情。这是我对他人的接待,而不是对正等待着我的死亡、作为死亡之参照的死亡的忧虑"。[①] 从这里我们可以看出,在列维纳斯的他者伦理学当中,死亡不再是一个普通的生理学概念或哲学概念,而是一个伦理学概念,死亡概念开始闪耀着伦理的光辉。我们从死亡当中看到的,不再是冷漠无情的虚无,而是一个具有鲜活生命的他者和我对于他者无限的尊重与责任。

[①] 勒维纳斯:《上帝·死亡和时间》,余中先译,北京:生活·读书·新知三联书店1997年版,第119页。

中篇

反思与重构

"道德教育"与"道德的教育"

在现代社会里,由于各种不道德现象频繁地冲击道德的底线,拷问人们的道德良知,因此人们都希望重树道德的权威,塑造道德的人格,促进社会风气的好转。正是在这种道德愿望的感召之下,道德教育越来越受到人们的重视,在各级各类学校当中,道德教育都开展得有声有色。不过在笔者看来,当人们热衷于道德教育的时候,却没有认真地思考道德教育的道德性问题,也即"道德教育"是否就是"道德的教育"的问题,结果道德教育往往事与愿违,无法取得预期的效果。

一、"道德教育"与"道德的教育"的分疏

在现实生活中,人们似乎很少注意"道德教育"与"道德的教育"之间的区别,也不会对二者加以严格区分,而是理所当然地认为,"道德教育"就必然是"道德的教育",即使是那些专门从事道德教育的工作者和研究者也不例外。虽然从本质要求上,"道德教育"确实应该是"道德的教育",但是实际上,二者之间还是存在着巨大的差别,"道德教育"不等于"道德的教育",更不必然是"道德的教育"。

道德教育具有广义和狭义之分。广义的道德教育,泛指一切能够对人们的道德观念和道德行为产生教育意义或影响的社会实践活动。像家庭、学校和社会所开展的各种道德教育活动、社会公益活动等等,

由于都会对人们的思想观念和行为产生道德上的影响,所以都可以被纳入道德教育的范围中来。譬如,赫尔巴特曾经说过:"我们可以将教育唯一的任务和全部的任务概括为这样一个概念:道德","道德,普遍地被认为是人类的最高目标,因此也是教育的最高目标。谁否认了这一点,谁肯定并不真正知道何为道德,至少他在这里没有发言权"。① 在这里,赫尔巴特实际上就强调了所有的学校教育活动都必须对受教育者发挥道德方面的影响,都必须为提高受教育者的道德水平服务,从而将所有的教育活动都看作一种广义的道德教育活动。不过,在现实生活中,人们通常是在狭义上来使用道德教育概念。道德教育通常是被看作学校所开展的,以提升学生道德水平为目标的,一种系统的教育活动。这种学校教育活动具有强烈的道德相关性,其所期待的目标、其所传授的内容都与道德直接相关。按照学者们的解释,"道德教育是指依据一定的目的,在遵循教育规律的基础上,对人们进行的有组织有目的地施加系统道德影响的道德活动"。② 从这个界定中我们可以看出,"道德教育"之所以成为"道德教育",主要在于两个方面。第一,"依据一定的目的"。这个"目的"是一种道德的目的,它包含了培养道德人格、塑造内在道德品质、形成外在道德风尚等诸多方面,而其核心则在于道德人格的养成,所以,罗国杰才说,"道德教育过程,应当与人们道德人格的形成和完善过程相一致"。③ 第二,"施加系统道德影响的道德活动"。"影响"主要包括知、情、意、行等各个方面,这些影响的产生都需要依赖于系统的教育活动。因此,学校通过课堂讲授、课外实践等各种形式的道德教育活动,对受教育者施加系统的道

---

① 彭正梅、本纳编:《赫尔巴特论著精选》,杭州:浙江教育出版社 2011 年版,第 11 页。
② 伦理学编写组:《伦理学》,北京:高等教育出版社、人民出版社 2012 年版,第 267 页。
③ 罗国杰:《伦理学》,北京:人民出版社 1989 年版,第 449 页。

德影响,提高他们的道德认识、陶冶他们的道德情操、锤炼他们的道德意志、帮助他们确立道德信念、促使他们付诸道德行动、最终帮助他们养成道德习惯。从这里我们可以看出:"施加道德影响的道德活动"是服务于道德人格培养这样一个特殊的"目的"的,也就是说,前者是服务于后者的手段,前者受到后者的支配,而后者依赖于前者来实现。简言之,道德教育就是一种以塑造道德人格为目标、以道德作为教育内容的教育活动。本文中的"道德教育"主要是在狭义上进行使用的。

"道德的教育"与"道德教育"从构词上看,就在于有"的"与无"的"的区别,因此,为了弄清"道德的教育"与"道德教育"的差别到底在哪里,我们有必要首先弄清"的"在这里的含义。按照《汉语大字典》的解释,"的"具有多重含义,而与这里比较接近的应该有以下两种解释:第一,"用在定语后,表示修饰关系。如:铁的纪律;新的生活";第二,"表示领属关系。如我的母亲;无产阶级的政党"。[①] 在第一种含义中,"的"之前的字词是用来形容"的"之后的字词所指代事物的属性或特点的,在这个结构中,其重心是在"的"之后的词上,如生活可以有不同的样式,既有新的生活,也有旧的生活;既有好的生活,也有坏的生活,但不管如何,它们都属于生活的范围,只不过他们在性质上有所差异而已。在第二种含义中,词语结构的重心是在"的"之前的字词上,后者构成了前者所有关系结构中的一种关系,如我拥有各种各样的关系:爸爸、妈妈、爷爷、奶奶、外公、外婆、老师、学生等等,但这些关系都是属于"我的",都是围绕我而展开。如果从领属关系的意义上来理解"道德的教育",那么,与它相应的就有数学的教育、物理的教育、化学的教育等等,因此,"道德的教育"实际上就是"道德教育"。从语言简洁性的角度来看,这种用词方式就显得过于啰嗦,因此,在现实生活

---

① 《汉语大字典》,武汉:湖北辞书出版社、四川辞书出版社1992年版,第1105页。

中,人们在表示此含义的时候都会用"道德教育"而不用"道德的教育"。既然"道德的教育"中的"的"不是在第二种意义上使用的,那么它只能是在第一种意义上使用的。也就是说,在"道德的教育"一词中,"道德"是被用来修饰、形容"教育"的,"道德"表示"教育"的一种特点或属性,也就是这个"教育"是"道德的""教育",而不是"不道德的""教育",因此,与"道德的教育"相对的,不再是数学的教育、物理的教育等,而是"不道德的教育"。

从上文的分析中我们可以看出,"道德教育"与"道德的教育"之间还是存在着严格的区别:前者强调的是教育的目的和内容;后者强调的是教育的特征和属性。目的、内容与特征属性之间当然会存在着一致性,但是这种一致性是就应然性而言的,目的和内容的高尚性、道德性决定了道德教育活动本身也应该是高尚的、道德的,然而,应然性并不能简单地等同于现实性,实现从应然到现实的跨越还有一段漫长的道路要走,在行走过程中就有可能会偏离目标,从而使得特征和属性发生变化。然而在现实中,人们似乎不愿意做此分析,而是简单化地认为,道德教育就必然是道德的教育,忽视了道德教育变成不道德的教育的可能性,对于道德教育中不道德现象的发生疏于防范,从而不能有效地防止"道德教育"变成"不道德的教育"。

二、"道德教育"与"道德的教育"的混同

人们之所以会把"道德教育"混同于"道德的教育",或者说,人们之所以会认为"道德教育"就必然是"道德的教育",虽然二者之间字面上的相近性是其中的一个重要原因,但是更为重要的是与人们心目中所崇奉的伦理道德观念有关。

在人类历史上,对行为的道德评价方式主要有两种:一是动机论,认为衡量一个行为的道德性质及其价值大小主要依据于行为的动

机;一是效果论,认为应当从效果而非动机出发来衡量行为的道德价值。在马克思主义看来,动机论与效果论都只抓住了行为的某一极,因而都是片面的,为了正确地衡量一个行为的道德价值,就必须坚持动机与效果的辩证统一,"唯心论者是强调动机否认效果的,机械唯物论是强调效果否认动机的,我们和这两者相反,我们是辩证唯物主义的动机和效果的统一论者"。① 这里的"辩证统一"不仅是指我们既要考察行为动机,又要考察行为的实际效果,而是指要把行为作为一个包含动机与效果的整体,我们要从动机到效果的完整过程出发对行为作出道德评价。虽然中国哲学比较推崇中庸,希望凡事不要走极端,能够在两个极端之间找到合适的中点,从而实现两极之间的有效融合,然而在现实中,中国人往往会偏离中庸之道,无所不用其极。譬如在中国历史上,以《四书五经》为代表的经典伦理主要推崇动机论,而这在社会精英阶层当中被遵循;以《增广贤文》等通俗读物为代表的世俗伦理则推崇效果论,这为普通民众所广泛遵循。虽然当前中国已经实现了从传统到现代的转换,指导思想也由儒学变成了马克思主义,但是中国人的道德心理并未从深厚的历史传统中摆脱出来,中国人仍然习惯于用动机论或效果论来对行为进行道德评价。

正如前文所言,行为展开为一个完整的过程,动机与效果不过是一个完整行为过程的两个端点而已,而这两个端点之间还包含着行为的手段、行为的方式等诸多方面的内容,而正是这些内容才将动机与效果有机地结合起来,使动机不至于成为纯粹的思想观念,而是展现为现实,产生出实际的社会效果。如果过度地执著于动机论或效果论,就会忽视这个重要的中间环节。动机论者不会关注行为手段和行为方式,认为它们不过是服务于效果的;而实际效果对于动机论者来

---

① 《毛泽东选集》(第三卷),北京:人民出版社1991年版,第868页。

说并不重要,因为动机论坚持,"只有出于责任的行为才具有道德价值","一个出于责任的行为,其道德价值不取决于它所要实现的意图,而取决于它所被规定的准则。从而,它不依赖于行为对象的实现"。① 效果论者重视目的的实现,为了实现目的就会不择手段,因此只要能够实现目的,什么手段都可以使用,"效果论过分强调了善的后果的重要性,因此隐含着这样的可能,即任何行为,不论怎样不道德,只要能带来最好的后果,就可证明其合理性"。② 正是因为中国人长期游走于动机论和效果论的两极,忽视了从行为的整体出发来对行为进行道德评价,从而导致中国人对行为手段和行为方式没有给予足够的重视,有时为了实现动机和达到目的会不择手段,因为在中国人看来,行为手段和行为方式本身是中性的,不具有道德性,其道德性是依赖于动机或效果的。

中国人这样一种伦理道德观念,不仅体现在日常行为的道德评价上,同样也在道德教育当中得到了反映,那就是把"道德教育"直接等同于"道德的教育"。对于所有教师来说,教书育人既是一项职业,也是一项事业,因此每个人都抱着善意的目的来从事教育工作,都希望自己的学生能够成才成人,因此,从动机上来说,"道德教育"就是"道德的教育"。成人这个目标由于其模糊性,在当今中国的教育中并不为人所重视,人们更多地是把成人等同于成才,认为一个学生成才就是成人了,而成才的标志就是学好课本知识,考上理想的大学,找到理想的工作。在这样一种成才观念的指引下,教师们拼命追求成才的效果,道德教育就变成了知识教育,教师们想方设法、不择手段地去提高学生应付考试、获取高分的能力,只要学生成才了,"道德教育"自然就

---

① 康德:《道德形而上学原理》,上海:上海人民出版社2002年版,第15页。
② 尼古拉斯·布宁、余纪元:《西方哲学英汉对照辞典》,北京:人民出版社2001年版,第189页。

是"道德的教育"。实际上,在这两种道德观念指导下,道德教育实际上都存在着沦为不道德教育的危险。由于在这两种观念指导下,教师们只关注道德教育的起点和终点,都没有充分考虑教育手段和教育方式的道德性,从而在道德教育过程中,为了追求所谓的良好目的,采取了一些非道德甚至是反道德的教育手段和方式。譬如,在传统道德教育中,由于道德教育被混同于知识教育,因而教师们普遍采用的都是灌输式或独白式的道德教育方式。在传统独白式的道德教育中,教师们不仅采取了苛责、鞭打、罚站等不道德的体罚手段,而且独白式道德教育本身就是对学生的一种压迫与奴役,它本身就是建立在师生严重不平等的基础之上的,因为在此过程中,教师与学生之间是绝对的主客体对立关系,"教师在学生面前是以必要的对立面出现的。教师认为学生的无知是绝对的。教师以此来证实自身存在的合理性。类似于黑格尔辩证法中被异化了的奴隶那样的学生,他们接受自己是无知的说法,以证明教师存在的合理性。——但与黑格尔辩证法中的那位奴隶不同,他们绝不会发现他们同时也在教育教师"。[1] 也正是缘此之故,保罗·弗莱雷把独白式教育模式称为"压迫者教育学",可见这种教育模式与现代社会的道德要求背道而驰。

由于道德教育工作者对于这种危险缺乏清醒的认识,所以这种危险在现实中真实地上演。在现实教学过程中,有些教师全然不顾学生和社会的实际情况,只管以纯洁高远的道德理想来教育学生,从而使道德教育沦为虚伪的说教,让学生感到道德教育与现实背道而驰,道德教育不过是睁着眼睛说瞎话;有些教师却为了所谓的教育效果——高分与升学率,在教学过程中采用高压政策,甚至动用罚抄作业、罚站等不道德的方式和手段,逼迫学生死记硬背道德知识,从而让学生感

---

[1] 保罗·弗莱雷:《被压迫者教育学》,上海:华东师范大学出版社2001年版,第25页。

受不到道德教育的道德性。因此,"道德教育"与"道德的教育"混同的结果,并不是"道德教育"变成了"道德的教育",而是"道德的教育"被"道德教育"所取代,而"道德教育"又恰恰变成了"不道德的教育"。

三、"道德教育"走向"道德的教育"

"道德教育"是一种教育活动,而"道德的教育"是对教育活动的定性。如果从本性上说,所有的学校教育活动都应该具有道德的性质,而这对于道德教育尤其重要,最理想的"道德教育"就应该是一种"道德的教育","道德的教育"应该是"道德教育"的本性要求。道德教育不是一种知识的教育。在知识教育过程中,教师是以一种超然物外的姿态来讲授一种客观知识,也就是说,学生不会将教师所讲授的知识和教师本人联系起来,不会用教师所讲授的知识来对教师本人提出要求,因为在此过程中,教师与学生都是以理性的态度来共同面对科学上的"是"而非道德上的"应该",他们都不会对对方提出道德上的要求。道德教育与知识教育不同,道德教育不仅教会学生是什么、为什么,更要教会学生应该做什么、应该怎么做,因此,道德教育不仅是讲理的,而且它所讲之理最终要用来指导行动,要在行动中得到落实。这也就是说,教师在对学生进行道德教育的时候,实际上,教师不仅是在讲授客观的知识,而且也是在为学生颁布行为的法则,教师所传授的道德知识就是学生在现实生活中应该遵循的道德法则。既然道德教育不仅是一种知识传授,同时也是对学生提出一种行为要求,那么教师的所作所为就必然会对学生产生至关重要的影响。如果教师仅仅对学生提出种种道德的要求,而自己又在课堂教学中公然违背这些道德要求,那么,这只会增强学生对于道德虚伪性的感受,认为道德是强者对弱者的要求,而强者是不用遵守道德的,由于每个人都趋向成为强者,所以,道德可以被弃之不顾。相反,如果教师在课堂教学过程中以身作则,用自己的实际行动来践行自己所传授的道德内容,按照道德法则的要求来开展道德教育,真正把"道德教育"变成"道德的教育",那么,这个教师就有亲和性,这个道德教育就有感召力,学生才真正会"亲其师"而"信其道"。像孔子作为教育家,之所以追随者甚众,而且培养出了大量志行高洁之士,就是因为他在开展仁义教育过程中以身作则,严格要求自己,做到了"学而不厌,诲人不倦",赢得了学生的尊重和爱戴,从而为学生树立了一个学习效仿的榜样。既然"道德教育"的道德性对于提升道德教育的实效性、对于把学生培养为道德之人具有高度的重要性,那么,"道德教育"就应该走向"道德的教育"。为了加速"道德教育"走向"道德的教育",那么,就必须对道德教育进行必要的调整。

第一,纠正"道德教育"天然就是"道德的教育"的错误看法,主动寻找二者产生偏离的根源。"道德教育"从本性上说,确实应该是"道德的教育",这也就是说,"道德的教育"不过是"道德教育"的应然状态。然而问题在于,应然状态是一种理想的状态,是一种追求的目标,但它并不是"道德教育"的实然状态。在现实中,"道德教育"既有合于应然要求而成为"道德的教育"的情况,但是也不排除存在"道德教育"偏离应然要求而成为"不道德的教育"的状况。像在日常道德教育过程中,不仅大量存在教师不尊重学生的情况,就连责骂、罚站、罚抄等变相体罚学生的情况也是屡见不鲜,可见,在实然状态之中,"道德教育"与"道德的教育"还存在巨大的鸿沟,没有真正达到统一。只有所有从事道德教育的工作者意识到了二者之间的差别,我们才能有意识地去寻找二者之间产生偏离的根源,才能杜绝这种偏离的滋生蔓延,促进二者走向统一。

第二,抛弃只重动机或效果的两极化道德评价模式,注重道德教育过程的完整评价。对于一个行为来说,动机与效果虽然对于行为的性质具有至关重要的影响作用,但是它绝不具有绝对的决定性,因为,动机与效果不过是行为的两极,它在一个漫长的行为过程中,只不过是其中极小的组成部分,所以,它们无法完全决定行为的道德性质,为了对一个行为进行道德评价,我们就必须考察行为的完整过程。在评价道德教育过程中,我们不仅要关注道德教育的动机和道德教育的效果,同样也要关注道德教育的手段和教育的方式,否则我们就无法保证"道德教育"真正是"道德的教育"。这也就意味着,我们对于道德教育要采取动态的道德评价机制,对于道德教育进行道德评估的时候,就不仅要审查教育者的动机和受教育者的实际后果,更要审查道德教育工作者在道德教育各个阶段所采取的教育手段和教育方式,从而防止道德教育在各个阶段和各个环节上偏离"道德的教育"的本性要求。作为道德教育工作者,则要严格按照这种道德评价的要求,完善整个道德教育过程,以免出现不道德的教育手段和方式。

第三,在关注道德教育过程道德性的同时,促进道德教育环境的道德化。道德教育不是在真空中完成的,道德教育必然处于各种具体的社会环境之中,而道德教育的实效性也就会受到这些具体社会环境的影响。像荀子说,"蓬生麻中,不扶而直。兰槐之根是为芷。其渐之滫,君子不近,庶人不服,其质非不美也,所渐者然也。故君子居必择乡,游必就士,所以防邪僻而近中正也"(《荀子·劝学》),就是强调环境对于道德教育的重要影响作用。实际上环境不仅影响道德教育的效果,而且也会影响道德教育活动本身。一个长期生活于具有高尚道德氛围中的教育工作者,他会采取更加道德的方式和手段来开展道德教育,而那些生活于暴力和专制的教育工作者也会受到环境的影响,难免会采取一些暴力的手段和专制的教育方式。正是有见于这一点,杜威强调,道德的教育的出发点和归宿不是受教育者而是环境,构建一个道德的学校教育环境乃是道德教育的重点;内尔·诺丁斯则强调,完美的道德教育并非道德教育这门课程本身,而是学校内部所有的教育活动、所有的人和事都是道德的,因为只有在这样环境中,人们才能感受到道德的温暖和力量,人们才会自觉自愿地去做一个道德的人,道德教育才能真正发挥润物无声的效果。

反观现实,我们的"道德教育"离"道德的教育"还有比较长的距离,还远远没有达到变成"道德的教育"的要求,为了缩短二者之间的距离,促使"道德教育"变成"道德的教育",从而提高道德教育的感召力和实效性,我们还需要付出艰辛的努力。虽然沿途充满荆棘,但是只要我们坚持不懈,终点就必然能够到达。

园艺文化背景下的道德教育反思

道德不是附庸风雅的外在装饰,而是事关人类未来命运的一块基石,它事关国家的繁荣富强,事关个人的成才成人,事关民族的伟大复兴,事关社会的和谐稳定。道德的重要性决定了我们国家要大力推进道德教育,努力提升整个社会的道德水平。正是有见于此,道德教育工作者扎根于道德教育的实践,进行理论探索创新,为改进道德教育方法,提升道德教育实效出谋划策。虽然相关的探索确实取得了大量创新性的成果,不过在笔者看来,这些探索太过聚焦于道德教育本身,忽视了道德教育与社会文化背景的联系,从而使得道德教育的探索缺乏时代文化的气息,变成了脱离社会现实的学术独白。为了改变这一状况,笔者拟从现代社会文化入手,对于道德教育的现状和未来发展进行反思和展望。

一、现代的园艺文化

教育不仅承担着文化传承和文化创新的重要功能,而且在中国,教育就是教化,教育还承担着人文化成的重要功能,因此,教育与文化密不可分。由于道德教育是教育的一个重要组成部分,而且作为道德教育内容的道德,本身就是文化的一个重要组成部分,甚至就是一种文化,所以道德教育同样具有文化传承与创新的功能,它必然与文化密不可分。一方面,文化构成了道德教育的重要背景,一个地区、一个时代的文化背景会对那个地区、那个时代的道德教育产生重要的影响,一个地区、一个时代的道德教育构成了那个地区、那个时代的文化反映;另一方面,道德教育也会反过来对文化产生影响,在巩固现有文化某些积极方面的同时,促进文化的消极方面发生变革,推动文化向前发展,趋向完善。正是因为道德教育与文化之间具有千丝万缕的联系,所以我们不能脱离文化背景,将道德教育当作一个孤立的社会现象来进行讨论,而是必须将道德教育重新放回现代社会的文化背景之中,通过深入分析现代道德教育的文化背景来增强对现代道德教育的认识和理解。因此,为了全面深入地认识现代道德教育,我们首先需要了解现代文化。

对现代文化的概括可谓名目繁多:有人将现代文化概括为消费文化,有人将现代文化概括为流行文化,有人将现代文化概括为快餐文化,有人将现代文化概括为工业文化、后工业文化、后现代文化等。这些概括虽然抓住了现代文化的一些主要特点,反映了现代文化的一些重要特性,但是这些概括要么流于表面,要么流于虚玄,无法让人们在直观的形式中体会到现代文化的深刻本质。相较于这些概括而言,齐格蒙特·鲍曼的概括虽然高度贴近生活,形象生动,但又不失犀利深刻,洞穿了文化的形骸,深得现代文化之精髓,"现代文化是一种园艺文化。它把自己定义为是对理想生活和人类生存环境完美安排的设计"。①寥寥数语,完美地将现代文化的本质特征呈现在我们的面前,"现代性是一个人为的秩序和宏大的社会设计的时代,是一个设计

---

① 鲍曼:《现代性与大屠杀》,杨渝东、史建华译,南京:译林出版社2002年版,第124页。

者、空想家以及——更一般而言——'园丁'的时代"。① 之所以说鲍曼对现代文化的概括贴近生活,形象生动,是因为在今天,园艺早已成为人们日常生活中随处可见的现象、不可或缺的内容。花园不再仅仅存在于艺术家的艺术作品之中,不再只是少数达官权贵、文人雅士的专利品,而是早已走入寻常百姓家,成了人们日常生活中的一个重要组成部分。我们生活的城市已经被打造为花园城市,我们生活的小区已经被打造为花园小区,亭台楼榭、绿瓦红墙、林荫小道、曲水回廊等,无不体现出城市、小区的花园品质,现代人就生活在一座座大大小小的花园之中。现代人对于花园的追逐是没有止境的,人们不满足于城市和小区的花园化,希望把花园搬入家中,使得外部的大环境与家庭的小环境都彻底地变为花园,而这才有了空中花园、窗外花园等私搭乱建现象的出现。实际上,不仅日常生活领域,就连生产领域都开始花园化了,目前所谓的花园式企业、花园式工厂等也比比皆是。

然而在鲍曼看来,现代人对于园艺的追求并未停留在现实花园的打造上,而是将园艺提升为一种文化,将其融进政治、经济、文化等方方面面,使其成为人们追求的价值目标。在现代社会中,人们以园艺作为一个重要的价值标准来进行社会政治、经济、文化等方面的建构,如政治要求稳定有序,经济管理要求层级分明,文化创作上要求丰富多产,这些都能够在花园建造中找到线索。实际上,就连人们的日常生活方式也无法逃脱园艺文化的影响,人们已经不能再像过去那样过着悠然自得、无拘无束的自在生活,生活必须像花园一样经过精心设计和雕琢,成为一种所谓有计划、上档次、高品味的生活,"现在,人类

---

① 鲍曼:《现代性与大屠杀》,杨渝东、史建华译,南京:译林出版社2002年版,第149页。

生活和行为成为了一种有必要去塑造的东西，以便防止产生出一些不愿接受的、有害于社会秩序的形式"。① 正是因为园艺已经成为了一种文化，渗透于社会生活的方方面面，所以，整个社会紧紧抓住园艺这个目标，为其走向园艺化而努力，园艺文化"促使我们将社会视为一个管理的对象，视为许多亟待解决的'问题'的一个集合，视为需要被'控制'、'掌握'并加以'改进'的或者重塑的一种'性质'，视为'社会工程'的一个合法目标，总的来说就是视为一个需要设计和用武力保持其形状的花园"。② 社会作为民众的聚合体，乃是松散的组织结构，其意志诉求必须上升到国家意志的层面才能得到彻底地贯彻执行，而国家作为公意的产物必然要体现社会诉求，因此，现代的园艺文化也就决定了现代国家对于园艺的不懈追求，"现代国家是一种造园国（gardening state）。其姿态也是造园姿态"。③

正是因为在现代社会，园艺已经变成了文化，变成了价值追求，所以一切都开始园艺化了，教育自然也不会例外。"我们的祖国是花园，花园的花朵真鲜艳"，这首广为传唱的儿歌，不仅生动地描绘了我们对于花园的无限期待，而且孩子们也理所当然地被当作花园中竞相开放的花朵。当然，美丽花园的建构和植物的开花结果都离不开园丁的辛勤工作，而在教育上，教师则被赋予了"园丁"这样一个光荣的称号。从学生与教师被分别称作花朵与园丁这一点上，我们就能清晰地看出教育被园艺化了，道德教育作为园艺化教育的一个重要的组成部分，当然也会被园艺化。

---

① 鲍曼：《立法者与阐释者——论现代性、后现代性与知识分子》，洪涛译，上海：上海人民出版社2000年版，第126页。
② 鲍曼：《现代性与大屠杀》，杨渝东、史建华译，南京：译林出版社2002年版，第24—25页。
③ 鲍曼：《现代性与大屠杀》，杨渝东、史建华译，南京：译林出版社2002年版，第31页。

二、园艺化的道德教育

在园艺文化中,最核心、最重要的角色就是园丁,"要实现从荒野文化到园艺文化的转变,光在一块土地上埋头苦干是不够的,更重要的是,它需要一个新的角色:园丁","通向现代性之路,就是园丁角色的诞生,看守人集团衰落并最终被取代的过程"。① 通过鲍曼的论述我们可以清晰地看出,园丁产生过程与现代性、现代文化的产生是一个同步的过程,或者说,园丁的产生乃是现代园艺文化产生的一个重要标志。虽然按照鲍曼的说法,在现代社会中,园丁的角色非常普遍,所有国家权力都出自对园丁角色的模仿,不过在现实中,除了管理园林绿化这些真正的园艺工作者之外,唯有教师才被冠以"园丁"之名,唯有教师才被人们真正称作辛勤工作的园丁。教师之所以能够与园艺工作者一起分享"园丁"之名,那是因为教师就像园艺工作者精心培育苗木一样承担着育人的重任。

人之为人,一个非常重要的方面就在于人有道德,如果一个人没有道德,那么他就禽兽不如,因此,育人就要对人进行道德教育。教师作为教育工作者,必须担负起育人的重任,对学生进行道德教育,"道德,普遍地被认为是人类的最高目标,因此也是教育的最高目标","我们可以将教育唯一的任务和全部的任务概括为这一个核心概念:道德"。② 虽然育人是教育的重要目标甚至是最高目标,所有的教师都应该在教学过程中开展道德教育,但在分工高度精细化的今天,教育本身也走向了分化,数学、物理、化学、经济、法律、文学等学科都逐渐地

---

① 鲍曼:《立法者与阐释者——论现代性、后现代性与知识分子》,洪涛译,上海:上海人民出版社 2000 年版,第 68 页。
② 彭正梅、本纳编:《赫尔巴特论著精选》,杭州:浙江教育出版社 2011 年版,第 11 页。

走向了知识的传授,从事这些学科教学的教师都专注于教书,而忽视了育人的重任,唯有道德教育由于其内容与人之为人之间的内在关联而真正承担着育人的重任。这也就是说,在所有的教师当中,从事道德教育的教师似乎更加适合园丁之名。道德教育与园艺之间高度的相似性,决定道德教育受现代园艺文化的影响更强烈,更深远,现代园艺文化在道德教育中得到最为生动的体现。这不仅是指园艺文化塑造了现代道德教育的一些重要特征,同时也指它给道德教育带来了一些不利的影响,造成了一系列的问题。

第一,压迫型的师生关系。

在现代社会中,许多道德教育工作者就像内尔·诺丁斯所批评的那样,信奉方法至上,认为道德教育成功与否主要取决于方法是否得当,"方法变成最重要的东西","你必须严格按照既定的方法去做"。[①]人们忽视了师生关系对于道德教育的重要性。实际上对于道德教育来说,师生关系可能比教育方法、知识传授都更加重要,因为道德教育的一个重要任务就是教会学生如何处理与他者的关系,而师生关系本身就是道德教育的一个示范、样板,学生正是从教师如何处理与学生之间的关系中学会了与他者相处之道。

在花园建构中,园丁是绝对的权威。园艺作为一种文化,是一种人文化成的活动,花园是人为活动的结果,不是自然的产物。虽然有些花园的设计和建造巧夺天工,但这只不过是园丁从自然当中汲取了灵感,对自然进行了巧妙地模仿,实际上仍然是出自园丁的精心设计、辛勤劳作。世界上任何一座花园,上至皇家花园,下至平民百姓房前屋后的小花园,都是人为活动的结果。既然花园出自园丁主观见之于客观的建造活动,那么,在花园的设计和建构中,花草树木都不过是园

---

① 内尔·诺丁斯:《学会关心:教育的另一种模式》,于天龙译,北京:教育科学出版社2011年版,第22页。

丁用来实现自己设计理念的工具罢了。既然现代道德教育以园艺文化为原型，那么，教师与学生之间的关系就是园丁与花草树木的关系：教师具有绝对的权威地位，学生不过是教师实现某种理想信念的手段、工具，学生在道德教育中处于从属地位，是教师的附庸，学生丧失了自由、独立自主性、创造性，唯教师马首是瞻，对老师俯首贴耳、唯唯诺诺。按照保罗·弗莱雷的说法，现代的道德教育乃至整个教育实际上都是一种"压迫者教育学"，教师之于学生是绝对的主体，绝对的权威，学生是教师实现自身目标的手段和工具，是教师征服改造的对象。

第二，同一化的道德教育目标。

在园艺文化当中，园丁是花园的设计者和建构者。园丁在设计和建构花园的过程中，首先拿出花园的整体设计理念，接着再从这个理念出发形成一个具体的规划、蓝图，最后，再根据这个蓝图来具体地安排花草树木。从这样一个过程中，我们可以看出，花园中花草树木最终生长于什么位置，长成什么样，并不取决于自身的本性，而是取决于园丁的设计理念，花草树木的差异性被淹没在这种同一化的设计理念当中，"园艺和医学是典型的建设性立场，而常态、健康和卫生则是人类自我管理的任务和策略的主线。人类生存和共居成为设计和管理的对象；就像园中蔬菜或一个活的生物体一样不得不被干涉"。①

按照这样一种园艺文化，整个世界都需要按照立法者的意图被重新构造和管理。在这种构造中，人不再是一个具体的、有血有肉、有着鲜明个性特点的活生生的人，而是变成了一个抽象的、原初的人，人们需要按照立法者的意图被重新塑造、装扮，人们需要按照立法者的理性设计而穿上标示身份地位的外衣，"衣服将被仔细挑选，精心设计，

---

① 鲍曼：《现代性与大屠杀》，杨渝东、史建华译，南京：译林出版社2002年版，第95页。

以公共利益为尺度,以理性为准则"。① 一旦人被剥除了个性特点,那么他也就失去了自我认同,人们就会茫然失措,生活就会走向混乱,社会也会因此走向无序。这时,教育,尤其是包含着规范重构内容的道德教育就显得尤为必要,"教育是一种事后的思考,是一种'危机—管理'式的回应,是失控之后恢复控制的艰难努力,这一社会首次散失了它的自我规范机制,它试图恢复社会的秩序。由于民间文化及其权力基础的崩溃,教育成为必需"。② 然而问题在于,这种秩序的建构并非让每个人充分发挥自己的本性,而是将所有人纳入一个由园丁所设计的整体当中,所有人都要为此整体的建设添砖加瓦,从而成为整体当中的一个组成部分,因此,"'教育'理想意味着塑造人类的一项工程,这是作为一个整体的社会,尤其是它的立法者的唯一和全部的责任"。③ 这样一来,道德不像亚里士多德所说的那样,是每个人自我本性的实现,而是对于规范的接受,人们接受道德教育不是实现自我,而是接受外在规范的模铸,从而将自身变成适合花园整体设计的花草树木。

第三,暴力型的道德教育方式。

既然园艺文化追求的是秩序,而且这种秩序并非一种自然的秩序,而是人为设计的秩序,那么,自然界中的花草树木不可能都完全适合这个秩序。为了达到秩序化的要求,就必须对那些与秩序要求存在差异的花草树木进行改造。就像龚自珍在《病梅馆记》中所言,当人们认为梅"以曲为美"、"以欹为美"、"以疏为美"的时候,人们对于那些正

---

① 鲍曼:《现代性与大屠杀》,杨渝东、史建华译,南京:译林出版社2002年版,第90页。
② 鲍曼:《立法者与阐释者——论现代性、后现代性与知识分子》,洪涛译,上海:上海人民出版社2000年版,第91页。
③ 鲍曼:《立法者与阐释者——论现代性、后现代性与知识分子》,洪涛译,上海:上海人民出版社2000年版,第92页。

直密集的梅花,就必然要"斫其正,养其旁条,删其密,夭其稚枝,锄其直,遏其生气"。① 对于那些与人为设计的秩序存在严重冲突甚至是尖锐对立的花草树木,就必须采取更为严厉的措施,必须剥夺它们在花园中继续生存繁衍的权利。这两种方式之间虽然存在着一定的差别,但都存在着暴力化的倾向。

这种建构花园的模式被应用到道德教育中,必然会导致道德教育方式的暴力化。当教师拿着同一化的道德标准、规范,对所有学生开展同一化的道德教育的时候,这些标准和规范不可能适合所有学生。再加上中国的道德教育自古以来就有一种圣人化、全人化的倾向,为人们树立了一个高不可攀、遥不可及的高大全的道德标准和规范,从而导致学生与道德教育的标准和规范要求之间相去甚远,使得学生对于道德标准和规范望而却步,本能地对道德产生抗拒情绪。为了消除这种距离,从而达到把学生培养成高大全的道德完人的目标,教师们通过一些暴力的方式逼迫学生就范,让学生接受这些被强加的道德标准和规范。这种暴力的方式不仅有打骂等体罚学生的身体暴力和语言暴力,而且也包含了强制的灌输、将学生划分为三六九等、对于所谓的品行有缺陷的学生或进行嘲讽或者干脆不闻不问等各种各样的冷暴力。这也恰恰是现代教育中各种暴力屡禁不止的原因之所在。

第四,伤害性的道德教育后果。

在园艺文化中,园丁通过暴力的方式来进行花园建构,有些花草树木要么作为"毒草"被彻底地铲除,要么作为有用的原料被进行加工改造。前者是以牺牲花草树木的生命为代价的,其结果是直接造成了某些花草树木的死亡;后者虽然得以生存,但是也以自身自然本性的扭曲为代价,从而不复为完整健康的自我。这也就像龚自珍所说的那

---

① 《龚自珍全集》,上海:上海古籍出版社1975年版,第186页。

样,虽然江宁、苏州、杭州园林中的梅花都经过园丁们的精心雕琢,且人们都以它们为美,但实际上这些梅花都受到了深重的伤害,"皆病者,无一完者"。①

既然道德教育以园艺文化为样板,那么园艺的伤害后果必然也会在道德教育领域中得到体现。首先,道德的虚伪化。在园艺化的道德教育中,教师是作为一个绝对的权威,甚至动用暴力的手段对学生开展道德教育,这种手段的不道德性,就会给学生造成一种感觉:道德是弱者的道德,强者是不需要讲道德的,因此,道德本身具有虚伪性,道德不过是强者用以束缚弱者的一种手段和工具罢了。其次,情感的泯灭。道德教育的高标准、严要求,让人们一味地追求崇高,忽视了一些基本的人类情感需求,违反了基本的人类本性,从而将有些人培养成不食人间烟火、不近人情的人。然而问题在于,情感恰恰是道德中一个重要的构成因素,情感的泯灭也就意味着道德的泯灭,情感的"麻木"必然会导致"不仁"。最后,生命的物化。由于园艺化的道德教育是以社会整体的整洁有序作为目标的,并且为此而对学生进行征服与改造,所以,在道德教育中,学生实际上被当作征服与改造的对象,是构建花园的原材料,而这也就意味着学生丧失了生命特征而变成了僵死的物质。这就像弗莱雷所批评的那样,由于这种道德教育的"出发点是把人误解为客体,因此,它不能培育弗罗姆所说的'嗜命癖',反而却酿就了其对立面'恋死癖'","它滋生了对死亡而不是对生命的热爱"。②

三、从园丁到守护人

以园艺文化作为样板的道德教育虽然为培养道德观念、提高人们

---

① 《龚自珍全集》,上海:上海古籍出版社1975年版,第186页。
② 保罗·弗莱雷:《被压迫者教育学》,上海:华东师范大学出版社2001年版,第29页。

的道德水平做出了一定的贡献,但是其自身的局限性决定了它也存在着诸多不足,结果也必然有诸多不尽人意之处。为了弥补这些不足,提高实效性,提升社会道德水平,道德教育必须革故鼎新,向前发展。

现代道德教育之所以具有上述局限性,是因为园艺文化在道德教育中的悄然渗透以及道德教育对于园艺文化的积极模仿,所以,要想重构道德教育,我们就必须首先对园艺文化进行必要的反思。园艺文化最核心的要素就是承认园丁至高无上的权威地位,园丁享有设计规划花园并以此来安排处理园中花草树木的特权,从而导致花园中的花草树木有些被暴力性地改造,有些被彻底地铲除。园丁的这样一种权威地位真的具有合理性吗?答案显然是否定的。我们之所以赋予园丁至高无上的权威地位,是出于我们对秩序的迷恋,是因为我们觉得自然界本身缺乏秩序,是一种野蛮的荒野,所以,我们要依赖园丁给荒野创造秩序,使其由紊乱不堪走向井然有序,使其由野蛮走向文明。然而问题绝非如此简单。早在几千年之前,荀子就已经认识到,自然界本身有其自身运行发展的规律,这些规律不以人的意志为转移,"天行有常,不为尧存,不为桀亡",自然当中万物的生存发展,"列星随旋,日月递炤,四时代御,阴阳大化,风雨博施"(《荀子·天论》)这些自然现象,都不是出于外在的神力或人力,而是自然界按照其自身的规律运行发展的结果。现代科学的发展,也进一步证明了自然界本身运行发展变化具有内在的规律性。既然自然界本身具有不以人的意志为转移的客观规律性,那么,人类要做的就像恩格斯所说的那样,遵守利用自然界的现有规律,"我们对自然界的全部统治力量,就在于我们比其他一切生物强,能够认识和正确运用自然规律",[①]而不是为自然界创造秩序,创造规律,这也就中国古人所说的,参赞天地之化育,而不

---

① 《马克思恩格斯选集》(第四卷),北京:人民出版社1995年版,第384页。

是与天争职。如果我们非要强作妄为,强行为自然立法,将自己主观创构的秩序强加于自然万物,就会对自然造成致命的伤害,就像现在人类所生活的世界越来越刻满了人类主观的烙印,越来越符合人类的审美需求,然而自然环境却越来越趋向恶化。所谓"能够认识和正确运用自然规律",就是人们相信自然万物是由其内在本性决定的,并按照其内在本性自然而然地运行发展,人类所要做的,就是在充分了解和认识自然万物本性的基础上,保护自然万物的本性不受伤害,从而推动自然万物顺着其本性健康地向前发展。因此,"能够认识和正确运用自然规律"的人不再是为自然创设秩序的园丁,而是自然万物本性的守护人。

既然在自然世界中,园艺文化中由园丁所创设的整齐划一的秩序并不符合自然万物的本性,也不符合自然本身的发展需求,因此人们转而遵守自然规律,守护自然本性,从而实现了由园丁到守护人的角色转变,那么,以园艺文化作为样板的道德教育也必须实现转变,道德教育由创设规范转变为守护学生本性,从事道德教育的教师由创设规范的园丁转变为呵护学生本性的守护人。在笔者看来,这种转变主要应该体现在以下几个方面:

第一,师生关系的转变。园丁是以自我为中心的,守护人是以自然万物为中心的,教师由园丁转变为守护人,实际上也就意味着道德教育中心的转移。在以园艺文化为样板的道德教育中,教师作为至高无上的权威,居于道德教育的绝对中心地位,学生不过是教师实现自身设计理想的手段和工具,是教师征服改造的对象,因而,学生居于绝对的从属地位。现在教师由园丁变为守护人,意味着教师对于学生独立的自我本性的承认,并尊重和敬畏这种自我本性,从而主动地去呵护这种本性,助其健康成长,因此,教师开始主动地从至高无上的神坛上走下来,仰望学生的本性,倾听学生的心声,从而实现师生地位的互换,将学生由过去的从属者变成了权威,由居于道德教育的边缘开始居于道德教育的中心。

第二,道德教育目标的转变。在园艺文化中,花园建构的目标是园丁所创设的,因而对于花园中的花草树木来说是同一化的,而这也就决定了以园艺文化为样板的道德教育的目标也是同一化的,不论学生之间存在着什么样的差异性,所有的学生都必须服从于同一化的道德教育目标。一旦教师由园丁变成了守护人,教师不但失去了为所有学生制定道德教育目标的特权,而且教师还必须去守护学生的道德本性,推动学生按照其道德本性生长和发展。这也就是说,在守护学生本性的道德教育中,道德教育的目标不是教师为其统一制定的,而是由学生的道德本性决定的,学生之间的差异性也就决定了不同的学生应该有适合于自己的个性化的道德教育目标。

第三,道德教育方法的转变。由于园艺文化出自园丁的创构,所以园丁要想方设法地将自己的主观想法强加到花园中花草树木身上,它表现在道德教育中,就是教师强行向学生灌输自己的道德教育理念和道德教育目标,从而形成了灌输式、独白式的道德教育方法。一旦从事道德教育的教师由园丁变成了守护人,那么这也就意味着,教师就不能再将自己的主观想法强加到学生身上,而是要开始停止对于学生空洞的道德说教,静下心来仔细了解学生的真实本性,认真聆听学生的内在呼声,并时刻准备着对学生的吁求做出回应。这也就是说,道德教育方法开始由过去的灌输变成了回应。由于每个学生的吁求是不同的,所以对于每个学生的回应也是不同的,而这就决定了这种回应道德教育方式也是一种差异性的道德教育方法,针对不同的学生采取不同的道德教育方法。

如果在道德教育中教师不再以绝对权威的姿态,以简单粗暴的方式,将同一化的道德教育目标强加到学生头上,而是主动地降下身段,尊重学生的个性,倾听学生的吁求,按照学生的个体差异帮助其树立差异化的道德教育目标,并为此采取差异性的道德教育方法,那么,学生就会感觉到,道德教育不是出于外在的强制,而是出于内在的需求,是自我本性的一种实现,而这必然会提高学生对于道德教育的认可程度,最终会提高道德教育的实效性,推动道德教育健康发展。

成人：道德教育的使命

低效性问题已经成了困扰当代道德教育的一个突出问题。很多学者都把它归因于教育手段和教育方法的不足,希望通过改善教育手段和教育方法来化解这个难题。不过在笔者看来,道德教育手段和方法是服务于道德教育的目标或使命的,采取什么样的手段和方法完全取决于目标或使命。因此,认清道德教育的使命,才是提升道德教育实效性的根本,而道德教育的使命不是别的,就是成人。

一、道德：让人成为人

道德教育是一个合成概念,由"道德"与"教育"组合而成,道德教育就是进行道德方面的教育,道德是道德教育的内容。既然我们说道德教育的使命在成人,那么,这必然与道德教育的内容——道德密切相关。因此,我们要想说明成人是道德教育的使命,那么,我们也就首先要解决道德与成人之间的关系,或道德为什么能让人成为人的问题。不过,按照世俗的观念,一般都会把道德看成是一种约束人的外在规范,而忽略了道德在人的本质实现过程中的作用。实际上,道德并不仅仅是用来约束人,更是来解放人的本性,实现人的本质,让人成为人的。

自古以来,人的本质就是思想家们争相解答的斯芬克斯之谜,是思想家们进行理论建构的阿基米德点,是"一切思潮牢固而不可动摇的中心"。① 虽然历史上的理论甚多,但都无法像马克思的概括那样真正能够将人从动物世界当中超拔出来。马克思说:"人的本质不是单个人所固有的抽象物,在其现实性上,它是一切社会关系的总和"。② 马克思的这段话主要强调了两个方面的内容:第一,虽然人是自然世界当中的一员,作为自然存在物,人是实然性的存在,但这并不构成人的本质规定性;第二,人是一个应该生活于社会之中的社会性存在,或者说一个应然性的存在。马克思对人的本质的概括非常契合于中国传统对人的理解方式。早在先秦时代,孔子就说过:"鸟兽不可与同群,吾非斯人之徒与而谁与?"(《论语·微子》)强调人禽有别,人要与人生活在一起;而荀子则更加明确地指出:"力不若牛,走不若马,而牛马为用,何也? 曰:人能群,彼不能群也。"(《荀子·王制》)不仅强调了人与动物之间存在本质的差别,而且指出这种差别就在于群体性或社会性。由于现代中国既受到深厚传统文化的浸润,又以马克思主义为指导,因此,现代中国的道德教育必须建立在人的社会性这个基础上。

既然人不是孤立的自然存在物,而是社会性的存在,那么,人就必须生活在社会之中,人只有在具体的社会关系之中,并通过具体的社会关系,才能获得自身的本质规定性,才能真正成为现实的人,"是奴隶或是公民,这是 A 这个人和 B 这个人的一定的社会存在方式。A 这个人本身并不是奴隶,他在他所隶属的社会里并通过社会才成为奴隶。成为奴隶和成为公民,这是社会的规定,是 A 这个人同 B 这个人的关系。"③而这在现实生活中也得到了生动的反映,人们正是通过现

---

① 卡西尔:《人论》,甘阳译,上海:上海译文出版社1985年版,第3页。
② 《马克思恩格斯选集》(第一卷),北京:人民出版社1995年版,第60页。
③ 《马克思恩格斯全集》(第四十七卷),北京:人民出版社2004年版,第173页。

实的社会关系才获得了自身的身份认同,才最终确定了"我是谁":相对于父母,我是儿子;相对于妻子,我是丈夫;相对于孩子,我是父亲;相对于学生,我是老师……。因此,人与社会不是相互外在而是相互依存的,"人不是抽象的蛰居于世界之外的存在物。人就是人的世界,就是国家,社会。"①既然人是社会性的存在,人惟有在具体现实的社会关系中才能获得自身的本质规定性,才能真正地从动物世界中超越出来脱身为人,那么,人要想成为人,人就必须要自觉地将自己放置于这些社会关系之中,并积极妥善地处理、维持这些社会关系。人要想实现这个目标,就必须借助于道德。

道德是"道"与"德"的统一体,就是得道。从"德"或"得"来说,道德是个人性的,具有鲜明的个人特点。不过我们并不能因此而像黑格尔那样,将道德称为"主观意志的法",因为"德"所得的不是别的,乃是"道",而"道"乃是普遍性的世界之"道",它既是"天道",更是"人道"。按照中国传统的观念,天作为一个独立自存的整体,是按照自己的规律运行发展,"不为尧存,不为桀亡",因此,对于世界万物来说,其所要做的就是主动投身于宇宙大化的洪流之中,与世浮沉。而人道乃是对于天道的模仿,"人法地,地法天,天法道"(《老子·二十五章》),人世的流转与自然的变迁并不存在根本的区别,所以孔子面对自然大化的洪流,慨叹人世的变迁,"逝者如斯夫,不舍昼夜"(《论语·子罕》)。既然人道乃是对于天道的模仿,那么,一个人要想成为道德的人或得道的人,他就必须主动地打破封闭孤立,将自己置身于社会整体之中,也就是社会关系网络之中,只有这样,他才能站得稳,立得住,"我们最初的自我理解深深地陷嵌于社会之中。我们的根本认同是作为父亲、儿

---

① 《马克思恩格斯选集》(第一卷),北京:人民出版社1995年版,第1页。

子,是宗族的一员"。① 因此,道德必须处于社会关系之中。一个人脱离了社会关系,他就不可能是道德的。由于道德的社会性要求恰恰也是人的本质要求,所以,道德与人的本质之间具有内在的一致性。二者之间的一致性就决定了:行道德之事、做道德之人能够让人摆脱自然性而成就社会性,从而让人从动物世界当中超越出来而脱身为人。

实际上,道德不仅向人们提出了社会性的要求,从而为人成为人提供了可能性,而且它也为维护社会关系提供了切实有效的手段,从而为人成为人提供了现实性。由于道德处于社会关系之中,并用来维护社会关系,它本身就已经将人置于社会关系之中,而且为每一个关系中的特定角色规定了特殊的道德责任,这也就是说,为了维系正常的社会关系,道德赋予了每个人以各种各样的责任。中国古代有着丰富的道德传统,每个中国人身上都背负着各种各样的道德责任:一个人作为子孙后代,就有孝亲敬长的责任;作为父母,就有抚养教育子女的责任;作为领导者,就有治国安邦、兼济天下的责任;作为平民百姓,就有服从领导的责任……。而且对于古代中国人来说,道德责任乃是与人相伴始终的,"仁以为己任,不亦重乎?死而后已,不亦远乎?"(《论语·泰伯》)在中国汉字当中,"人"与"责"放在一起就是"债",所以,对于中国人来说,责任就是人们与生俱来的债务,而且这种债务不同于一般的债务,因为一般的债务是有限的,终有还清的一天,而道德责任则是无限的,与人的生命相伴始终,只要人还活着,他就有自己的道德责任。更为重要的是,道德责任不仅是观念上的,更是实践中的,如果我们仅仅是意识到了自己所要承担的责任,或觉得应该承担道德责任,那么,我们还不是一个道德的人;我们只有把这种意识和想法付

---

① Charles Taylor, *Modern Social Imaginaries*, Duke University Press, 2004, p.64.

诸行动,真正承担起了自己所应承担的道德责任,我才真正成为了一个道德的人,我们才为维护社会关系、维持正常社会的运转做出了贡献,从而实现了人的社会本质,我们才真正作为一个人挺立于世界之上。

正是因为道德有助于人们实现自己的社会本质,所以,道德对于人类来说不是一个可有可无之物,而是构成了人与动物之间的一个重要区别。像荀子就说,"水火有气而无生,草木有生而无知,禽兽有知而无义,人有气、有生、有知、亦且有义,故最为天下贵"(《荀子·王制》),亚里士多德也说,"和其他动物比较起来,人的独特之处就在于,他具有善与恶,公正与不公正以及诸如此类的感觉"。[①] 正是因为道德帮助人们从动物世界当中超越出来而脱身为人,所以,"道德并不是用来拘束人的,道德是来开放人、成全人的","人天天讲理想就是要从现实中解放出来,要解放出来只有靠道德"。[②] 而我们当前的道德教育恰恰忽略了道德解放人、让人成为人的重要特点,从而把道德变成了让学生望而生畏的束缚人的枷锁,这点值得我们认真地总结和反思。

二、道德教育:帮人成为人

道德虽然能够让人成为人,但是这提供的是一种可能性,它还不是一种现实性,我们如何能够让这种可能性变为现实性,也就是如何让社会之"道"变成个人之"德",这中间还需要桥梁或纽带,而道德教育就能起到沟通二者的作用。

马克思说,"人的本质不是单个人所固有的抽象物",就已经明确地指出,人不是生而为人的。实际上,人在刚出生的时候,如果单纯地

[①] 亚里士多德:《政治学》,颜一等译,北京:中国人民大学出版社2003年版,第4页。

[②] 牟宗三:《中国哲学十九讲》,上海:上海古籍出版社1997年,第75页。

从自然属性上来说，人与动物之间并没有什么根本性的区别，更谈不上有任何超越于动物的地方，人类同样也是饥则思食，寒则思暖，同样也会为了自然需求的满足而相互争斗。更为重要的是，作为一个自然世界当中的人，人类自然本能根本就无法与其它动物相比，既无钢牙利爪，也无毛羽翅膀，"力不若牛，走不若马"。因此，人们根本无法凭借其自然本能从动物世界当中超脱出来，人要成为人，就要借助于道德将自身置于社会关系之中。然而问题在于，就像人并非生而为人一样，人也并非生而道德。尽管在历史上也有所谓的先天性善论者，像中国的孔子与孟子就被看作其中典型的代表，但是即使孔子与孟子也不承认人从一出生开始，就已经是一个道德高尚之人，而是认为人在出生之初仅仅具备了成为道德之人的可能性，人要把这种可能性变成现实性还需要付出艰辛的努力。像孔子说自己非"生而知之"而是"学而知之"，自己通过不懈的努力，直到七十岁的时候才达到"从心所欲而不逾矩"的道德自由之境。孟子说得更加明确，人在出生之初，仅仅具有道德之"端"，"恻隐之心，仁之端也；羞恶之心，义之端也；辞让之心，礼之端也；是非之心，智之端也。"（《孟子·告子上》）"端"为"端倪"、"萌芽"，而与道德本身还存在根本性的差距，因为道德的萌芽如果没有得到合适的生长环境和精心的呵护，它就有可能枯萎死亡，而无法生长成道德的参天大树。因此，对于人来说，道德不是一种实然性，而是一种应然性，道德乃是人们未来的发展方向，是人们追求的一种理想，正是通过对理想的追求，人们逐渐完成了从实然性向应然性、从个体性到社会性的蜕变，从而超越动物而脱身为人。

虽然人在出生之初，还是一个动物性的存在，具有自身的诸多不足，也不具备明显的道德特质，但是人类还是具有自身的优越性，那就是本能的蜕化为人类获得了更大的拓展空间，人类摆脱了本能的限制而获得了更大的可塑性。动物身上完善的自然本能使得动物能够顺利地适应周围的自然环境,有效地生存繁衍下去,可是它们只能被动地适应,而无法积极主动地超越。然而人类不是这样,对于人类来说,一切都是未完成的,一切都是未知的,"人的非特定是一种不完善,可以说,自然把尚未完成的人放在世界之中,它没有对人作出最后的限定,在一定程度上给他留下了未确定性",①这种不确定性实际上意味着人类具有更强的可塑性,一个婴儿既可以堕落到禽兽不如的地步,但也可以再生如神明,因此,一个人到底成长为什么,完全取决于自身的塑造,"未特定化一方面容易使人软弱易受伤害,另一方面却赋予人以同化信息、自我编制行为程序、自我确定存在和活动方式,即自我塑造的巨大潜能"。② 而在中国古代,孟子与告子有关杞柳与桮棬的争论,以及荀子《劝学篇》中有关飞蓬、兰槐之喻,实际上都是对人类可塑性的一种形象的揭示。

  人一方面处于未完成状态,另一方面又具有极强的可塑性,这就为教育的粉墨登场提供了可能性。孔子说,"性相近,习相远"(《论语·阳货》),就已经充分肯定了人在自然本性上相差无几,而人之所以存在贤与不肖的差别,正与后天的教育学习有关。后来荀子以形象化的方式,把这点讲得更加清楚明白,"干、越、夷、貉之子,生而同声,长而异俗,教使之然也"(《荀子·劝学》)。实际上,人类的两个特点不仅为教育提供了可能性,更为道德教育提供了必要性。因为如果得不到良好的教育,那么,人就会像动物一样任用自己的本能,从而就有滑向与动物为伍的危险,"人之有道也,饱食暖衣,逸居而无教,则近于禽兽"(《孟子·滕文公上》),所以,我们必须对人们进行教育,尤其要让青年学子们接受良好的教育,"不教民而用之,谓之殃民。殃民者,不

---

  ① 米切尔·兰德曼:《哲学人类学》,贵阳:贵州人民出版社1988年版,第228页。

  ② 冯增俊:《教育人类学》,南京:江苏教育出版社1991年版,第67页。

容于尧舜之世"(《孟子·告子下》)。

上面我们只是从道德和成人的角度论证了开展教育的可能性和必要性,下面我们将从教育的角度来论证教育与道德或成人目标之间的一致性。什么是教育?按照雅斯贝尔斯的理解,"所谓教育,不过是人对人的主体间灵肉交流活动(尤其是老一代对年轻一代),包括知识内容的传授、生命内涵的领悟、意志行为的规范、并通过文化传递功能、将文化遗产教给年轻一代,使他们自由地生成,并启迪其自由天性。因此教育的原则,是通过现存世界的全部文化导向人的灵魂觉醒之本源和根基,而不是导向源初派生出来的东西和平庸的知识"。[①] 认为教育不是"导向源初派生出来的东西",实际上就指出了教育不是人类自然的实然性,这也就是说,教育是对人类实然性的一种不满,教育要超越实然性,"导向人的灵魂觉醒之本源和根基",从而"使他们自由地生成,并启迪其自由天性"。因此,教育是人类的一种超越性的追求,缺少了这一点,教育也就失去了存在的根基。如果人们都满足于自身的实然状态,那么,也就没有接受教育的必要。人们之所以要接受教育,就是希望超越目前的实然状态,达到一种更高的人生状态,"儿童所以感到有受教育的必要,乃是出于他们对自己现状不满的感觉,也就是出于他们要进入所想望的较高阶段即成年人世界的冲动和出于他们长大成人的欲望"。[②] 超越实然性的动力和目标指向乃是应然性,这也就是说,教育之所以不满足于实然性,要超越实然性,乃是因为人们受到了一种应然性的指引,"从内容上来看,教育目的就是人

[①] 雅斯贝尔斯:《什么是教育》,邹进译,北京:生活·读书·新知三联书店1991年版,第3页。

[②] 黑格尔:《法哲学原理》,范扬、张企泰译,北京:商务印书馆1961年版,第189页。

格理想,是一种对应然人格的观念",①"总之,教育所要培育的还包括人的应然性。教育既要使人是其所是,又要使人是其所不是"。②

在对道德和人类本质的分析中,我们已经指出,道德就是一种对于现实的不满,希望帮助人实现从自然性向社会性的超越,从而让人超越动物状态而脱身为人。这样一来,道德与教育之间实际上就具有内在的一致性,都是要帮助人类实现超越。因此,道德教育乃是教育的题中应有之义,甚至是教育的最为核心的内容。享有"教育学之父"美誉的赫尔巴特就曾经说过,"我们可以将教育唯一的任务和全部的任务概括为这样一个概念:道德","道德,普遍地被认为是人类的最高目标,因此也是教育的最高目标",③可见道德教育在教育中所具有的重要地位。

正是因为道德构成了教育的核心内容,而道德的重要性就在于它能让人成为人,所以,教育从根本上说,就是道德教育,就是成人教育,就是要帮助人成为人,"人们不论如何定义教育,教育自有其不言自明的意义,那就是教育要使成为人,教育要促进人的发展"。④ 鲁洁教授的论断决非出自纯理论的推衍,而是有历史的根据。在古希腊语当中,教育叫作 Paideia,根据维柯的考证,"Paideia 这个概念指的就是——教育是一个富于人性和使人具有人性的过程","Paideia 作为一种理想,指的是把学生作为一个整体提升到人的文化层次的观念"。⑤ 这就说明,在古希腊时代,教育就已经明确地具有帮助人们实

---

① Wolfgang Brezinka:《信仰、道德和教育:规范哲学的考察》,彭正梅、张坤译,上海:华东师范大学出版社 2008 年版,第 4 页。
② 鲁洁:《当代德育基本理论探讨》,南京:江苏教育出版社 2010 年版,第 9 页。
③ 彭正梅、本纳编:《赫尔巴特教育论著精选》,李其龙等译,杭州:浙江教育出版社 2011 年版,第 11 页。
④ 鲁洁:《当代德育基本理论探讨》,南京:江苏教育出版社 2010 年版,第 125 页。
⑤ 维柯:《论人文教育》,王楠译,上海:上海三联书店 2007 年版,第 13 页。

现人性超越的功能。而有关这一点,我们也能在柏拉图那里得到有力的印证,"人,我们已经说过,是个驯服而有教养的动物。不过他需要恰当的教育及良好的天性,才可以在众多动物中,成为最崇高又最文明的动物,但如果教育不够,或接受坏的教育,则他就成为地球上所有生物中最野蛮的动物了"。[①] 不过令人遗憾的是,当今的教育已经偏离了本真教育的道路,遗忘了教育的超越性功能,从而变成了单纯的知识教育,变成了适应教育,因而教育已经被现实压弯了脊梁,失去担当起成人这个历史重任的能力。

三、成人:道德教育的使命回归

道德教育能够帮助人们超越"单个人固有的抽象物",变成"一切社会关系的总和",从而超越动物而脱身为人。由于成人符合人的本质规定性,所以它是所有人的梦想和追求,在这个世界上,所有人都会希望自己能像一个真正的人一样有尊严地活着,谁也不愿意落到禽兽不如的境地。既然如此,那么,道德教育就应该受到所有人的热烈欢迎,道德教育就应该取得非常良好的社会效果。然而问题在于,现实总是与理论背道而驰,理论上的必然性没有在现实中出现,而现实中的道德教育却显得有些步履艰难。尽管党和政府高度重视道德教育,一再强调学校教育要"育人为本,德育为先",希望通过道德教育来挽救日益败坏的社会风气,提升人们的思想境界,推高整个社会的道德水平,然而效果却微乎其微,十八大报告所指出的"一些领域存在道德失范、诚信缺失现象",不仅诉说着道德教育的低效,而且反过来又进一步削弱道德教育的效果,使道德教育彻底地堕落为校园里脱离社会现实的空洞说教,道德虚无主义呈现出蔓延扩展之势。当前的道德教

---

① 转引自林玉体《西方教育思想史》,北京:九州出版社 2006 年版,第 54 页;也可见《柏拉图全集》(第三卷),北京:人民出版社 2003 年版,第 521 页。

育诚如有些学者所概括的那样,"我们不得不面对一个推测:我们可能进行着无法赢得受教育者对道德的真正信奉与躬行的教育努力"。①

理论与现实的背离,导致当前的道德教育受到了广泛的批评,有些人甚至觉得,进行道德教育就是对于教育资源的巨大浪费,与其进行没有效果的道德教育,还不如把有限的教育资源集中在专业知识的教育上。面对道德教育的尴尬处境,我们既不能徒劳空叹,更不能彻底绝望,而是要对我们当前的道德教育进行反思总结,从而为道德教育找到出路与方向。反观中国的道德教育,虽然存在成神与成物的两极化偏向,但其共同的问题,就是偏离了成人这一目标。

中国自古就有重视道德教育的传统,并且这种传统一直绵延不绝,不过这种传统具有自身的局限性:道德教育培养的不是人而是神。中国传统的道德教育是一种以儒家为代表的圣贤教育,以学生成圣成贤作为自己追求的目标,要把学生培养成"重义轻利"、"正其宜而不谋其利,明其道而不计其功"的圣贤。虽然在近现代历史上,中国人一次次地清算中国传统伦理道德,但是中国传统道德教育的宏大目标仍然根深蒂固。像我们经常教育学生要"毫不利己,专门利人"、"全心全意为人民服务",就是传统道德教育目标的延续。成圣成贤的追求确实高远,不过它只能是镜花水月,永无实现之期。在中国历史上,孔子被公认是圣贤的代表,实际上就连孔子也觉得自己离圣贤还有距离,"若圣与仁,则吾岂敢?"(《论语·述而》)圣贤对于孔子来说尚且遥不可及,更何况就连孔子也无法企及的普通人呢?所以,对于普通人来说,道德教育的目标——圣贤——就是被供奉在祭坛里受人膜拜的神,而我们永远也无法与神比肩。然而问题在于,神是"信则有,不信则无",而现代社会恰恰又是一个信仰迷失、虚无主义盛行的时代,谁

---

① 刘丙元:《当代道德教育的价值危机与真实回归》,北京:北京师范大学出版社2012年版,第10页。

还相信神的存在,谁还愿意以神作为自己的追求目标呢?所以,在现代社会里,以成圣成贤为目标的神化道德教育必然会受到受教育者的抵制,根本就无法取得预期的教育效果。

传统的神化道德教育虽然在现代中国已然失败,没有人再希望通过道德教育培养出圣贤式的人物了,然而它的影响却深远无比,它给人们造成了道德就是"假、大、空"的印象,道德就是对于人性的扼杀,从而增强了人们对于道德教育的抗拒心理。在现代社会里,道德教育的尴尬处境是,"你不说我还信,你越说我越不信",道德教育不仅不能提升人们的道德水平,反而使人们离道德越来越远。为了化解道德教育的现代困局,道德教育开始走向神化的反面,走向世俗化或功利化。在现代社会中,道德教育变成了人的物质欲望的辩护,道德之所以重要,不是因为道德能够让人作为人有尊严地挺立于世界之上,而是因为道德能够成为"资本",能够为人带来地位和利益,从而使人过上富裕的物质生活,"我们往往太现实、太功利,结果所有的教育参与者都成了仅仅是为了达成某些世俗功利目的的手段,人本身反而不是目的、不受尊重"。[①] 世俗化道德教育的结果,不但没能将人从动物世界当中超拔出来,反而让人彻底地堕入动物式的情欲之中,这也就否定了道德教育存在的合法性,因为道德要求人们对动物式的情欲进行抑制。因而在现代社会中,道德教育已经沦落为一个可有可无的"副科",根本就得不到人们的重视。

现代中国道德教育的失败为我们提供了深刻的经验教训,道德教育不是培养神,也不是培养动物,而是要培养人的,这也就决定了中国的道德教育必须回到人身上来,"道德教育的根本旨趣在于对人精神

---

① 檀传宝:《浪漫:自由与责任——檀传宝道德教育十讲》,上海:华东师范大学出版社 2012 年版,前言第 2 页。

世界的引领。离开了人,也就谈不上道德教育问题",①"道德教育更是以使人向善,生成社会欣赏的道德人为宗旨"。② 人既非神,也非动物,而是处于神与动物之间,"一半是天使,一半是野兽"。因此,以成人为使命的道德教育也就应该在这个"之间"做文章。这也就是说,较之于以前的道德教育,中国未来的道德教育要在前两种道德教育之间采取中庸之道。

人首先是一个物质性的存在,"单个人固有的抽象物",这也就决定了自我保存是人类最基本的需求,因此,人类基本的物质欲望就有自然存在的合理性。人类自然性的特点就决定了:在道德教育的过程中,我们不能像过去那样,彻底地否定人的物质欲望,把正常的物质需求都说成个人主义、利己主义,把物质欲求与道德尖锐地对立起来,从而不切实际地要求人们放弃一切物质欲望,做到"毫不利己,专门利人";而是应该承认个人基本物质欲求的合理性,把它们的满足看成个人、社会和道德发展的一个前提条件,正所谓"仓廪实则知礼节,衣食足则知荣辱"(《管子·牧民》),从而促进道德教育回到现实人生中来。只有做到了这一点,我们的道德教育才不是一厢情愿的脱离现实的高谈阔论,而是贴近现实、贴近人生的,这样的道德教育才会得到人们的认可,才能被人们所悦纳。

当然,道德教育贴近人生并不意味着道德教育要强调人的物质欲望的满足,为人的物质欲望进行辩护,否则,人就与动物无异了。人之为人,还在于人有超越性的理想和追求。人并不愿意像动物那样生活在一个充满着生存竞争、弱肉强食的丛林中,而是希望生活在一个人人相亲相爱、团结互助的社会中,不管是孔子的大同世界,还是柏拉图

---

① 戚万学等:《道德教育的文化使命》,北京:教育科学出版社2010年版,第31页。

② 孙彩平:《道德教育的伦理谱系》,北京:人民出版社2005年版,前言第3页。

的理想国,都是这样一种理想的生动反映。虽然理想很美好,而现实很残酷,理想与现实之间往往有着难以逾越的鸿沟,但是理想却为人提供了精神寄托,使人能够正视现实的痛苦和无奈,获得战胜困难的勇气和继续前行的动力,从而使人避免像动物一样被动地服从现实,而是堂堂正正地作为一个人挺立于天地之间。而道德作为应然,本身所表达的就是一种理想,所以,道德教育就应该是一种理想教育,就应该是一种人生教育。因此在道德教育过程中,我们在肯定道德与现实人生联系的同时,更应该强调道德与理想信念,尤其是道德与人之为人之间的关系,从而让人们意识到:道德不是束缚人的,而是解放人、成全人的;只有我们有了道德,我们才能从动物世界中超越出来而脱身为人。唯有做到了这一点,我们的道德教育才能不被人们所排斥,而变成人们的一种内在需求。只有这样,道德教育才会取得事半功倍的效果,才会拥有光辉灿烂的明天。

生存与超越
——道德教育的人本意蕴

虽然教育总是针对人的教育,但这并不意味着教育总是人的教育,因为教育并不一定总是要把人培养成为人,有时也会把人培养成恶魔、工具等等,从而偏离了教育的育人目标。在育人过程中,道德教育发挥着不可替代的作用,因为道德构成了人之为人的一个重要特征。在现代社会中,"人"已经逐渐远离道德教育的中心,就连背影也已经变得模糊不清。道德教育无人化的现状不仅弱化了道德教育的实效,而且也不利于个人的健康成长和社会的和谐发展。为了改变这一状况,我们必须深入探讨道德教育的人本意蕴,从而使道德教育真正担负起育人的责任。

一、生存与超越:道德教育的人性基础

教育的对象是人,教育就是为了促进人的发展,像怀特海就把教育的目的看作激发和引导人们走上"自我发展之路",而苏霍姆林斯基则把教育看成"培养真正的人",而联合国教科文组织则同样同意以"社会的发展和人的潜力的实现"作为教育的目的。正是因为教育与人之间具有如此紧密的关联,所以我们才说:教育要"以人为本"。在众多的教育门类中,与科学知识教育、专业技能教育等相比,道德教育无疑更加贴近人。道德教育更加贴近人,这不仅是指道德教育更加贴

近于人的现实生活,而且是指道德更加关注人与动物之间的区别,更加贴近于人之为人的独特本性,更能触及人的灵魂。既然道德教育与人如此密不可分,那么为了推动道德教育的正常开展,提高道德教育的实效性,我们就必须对道德教育的对象——人——展开分析,从而使道德教育真正走向人本身。

在漫长的人类历史上,人类一直不停地反躬自省,尝试着认识自己,试图破解永恒的斯芬克斯之谜,从而用自己的聪明才智描绘出了一幅丰富多彩的人性画卷。在这幅画卷当中,马克思对于人类本质的概括当为画龙点睛之笔,他在概括总结前人探讨成果的基础上,进行了反思和提升,从而得出了科学的结论:"人的本质不是单个人所固有的抽象物。在其现实性上,它是一切社会关系的总和"。① 从马克思的论断中我们可以看出,在现实生活中,人虽然以个体的形式存在,但并不存在斯宾诺莎所说的单子式的孤立个人,人都是生活在各种各样的社会关系之中,人只有在社会关系中才能成其为人,因此人依赖于外部的社会关系,人要维持外部的社会关系,只有这样,人才能存续下去。

在现实生活中,每个人所遭遇的社会关系经常并不是出自个人的主观选择,就像一个人刚出生的时候就已经被放置在特定的关系网络之中,他(她)就已经是爸爸妈妈的儿子(女儿),就已经是爷爷奶奶的孙子(孙女),就已经是叔叔婶婶的侄子(侄女)……正是因为这种社会关系并非出于个人的主观选择,所以,人们经常会对这种社会关系产生不满情绪。就像当有些母亲向自己的子女唠叨,倾诉自己怀胎十月的痛苦和抚育子女的含辛茹苦,并希望借此获得子女的尊敬和爱戴的时候,有些子女就会无情地加以拒绝,因为他们觉得他们的出生并未

---

① 《马克思恩格斯选集》(第一卷),北京:人民出版社1995年版,第56页。

征求他们的意见,更未获得他们的同意,如果他们具有选择自己出身的权利,那么,他们更愿意出生在一个更加富裕、更加和谐、更有社会地位的家庭,而不会选择现在这个家庭。然而问题在于,一个人无法选择自己的出身,不管你是否愿意,你现在就出生在这个家庭当中,你就处在这样一种特殊的社会关系之中。这也就像海德格尔所说的,人是处于被抛状态的,人来到这个世界并不是出于自己的主观选择,而是被随意地抛到这个世界上来的,从而偶然地被镶嵌在社会关系之网中某一个点上。虽然人们可能对于现实的社会关系不太满意,而在自己的脑海中对于社会关系有着太多的虚构和假设,但是现实是不容假设的,它就是我们人生最真实的处境。虽然未来变幻莫测,但是现实却是确定不移的,不管你是喜欢还是厌恶,现实都在那里。虽然我们对于现实处境有着太多的无奈,但是现实处境也就是我们成长的环境,为了生存与发展,我们必须学会接受和适应环境,因为只有适者才能生存。现实环境是过去与现在的复合物,我们接受和适应现实环境也就是接受过去与现在,我们把历史背负在自己的身上,带着历史生活。人不能抛弃历史,不能断绝与历史之间的关联,否则我们就成了无源之水、无本之木,根本就不能生根发芽,更谈不上长成参天大树。因此,当我们道德地接受和适应各种现实社会关系的时候,我们也就是在适应历史,就是要学会在历史中生存。

对于人类来说,历史就像一副沉重的盔甲,它为我们抵御了长矛利剑的攻击,使我们获得了一个相对安全的生存环境,然而它的沉重也阻碍了我们自由地跑跳嬉戏,甚至压得我们不能自由地呼吸。因而现实处境在为我们提供生存保障的同时,它也严重地压抑着我们的自由,使得我们不能自由地生长,从而将人固化、物质化了,将人变成了历史的陈迹。人毕竟不是陈列在博物馆中的古董,不仅要见证自己所曾经经历的那一段辉煌的历史,一遍一遍地向人们复述已经消逝的过去,人在背负过去的同时,更要面向未来。古人说,"人生不满百,却有千岁忧","少壮不努力,老大徒伤悲",这些俗语名言就生动地告诉人们,人并不是完全生活在过去和现在之中,人类每时每刻都在面向未来、都在走向未来,像海德格尔说人要"向死而生"。对于任何一个活着的个人来说,死亡与此时此地的存在都是彼此外在的,这也就是伊壁鸠鲁所说的:如果我在此,死亡就不在此;如果死亡在此,我就不在此,人虽然终有一死,但是死亡都在未来,而不是现在,此时此刻的我还没有经历死亡。海德格尔之所以强调人要"向死而生",并不是要人以自杀的方式去结束生命,而是要求人们面向未来,提前介入人生的未来,因为正是未来赋予了现实生活以意义。在现实当中,我们的人生处境可能并不尽如人意,我们可能还存在着这样那样的缺点,我们可能还遭受着各种不公正的待遇,我们可能正在经历着人生的磨难,以至有些人失去了继续生活下去的勇气,从而结束了自己的生命,然而自杀者毕竟是极少数,大多数人都顶着巨大的痛苦,顽强地活了下去,而这就是未来的力量。正是因为人们相信,道路虽然是曲折的,但前途总是光明的,虽然我们在现实生活中遭受着各种各样的苦难,但是这些都将成为历史,未来我们将会过上幸福的生活,所以,人们总是眼睛向前看,不断地冲破历史的束缚而奔向未来。

值得注意的是,人始终处在过去与未来的交互作用之中,因为未来虽然在现在给我们提供了前进的动力,而在不远的将来就会变为现在、过去,成为人们前进的枷锁,成了需要人们加以超越的对象,因此,人类告别过去、走向未来就像蛇蜕皮一样,新装一旦上身马上就会变得陈旧,人类一直处在蜕变的过程之中。人始终行走在从过去通向未来的道路上,过去与现在是起点,而未来是终点,然而伴随着我们前进的步伐,终点也在不断地向前延伸,从而使得道路变得没有尽头,我们只好始终"在路上"。

正因为人一方面生存于现实之中,另一方面又不断地向着未来超越,所以,道德教育若要真正做到以人为本,那么,道德教育就必须与人的这种特殊本性保持高度一致。

二、学会生存:道德教育的起点

死亡问题历来都是思想家们关注的问题,不论是中国的儒、道、墨、释诸家,还是西方的希腊雅典哲学和基督教等各种宗教,都对死亡问题有所论述。虽然前人经常教导人们舍生取义、视死如归,但他们都不是教人们如何快速地结束生命,而是教导人们通过死亡来感悟人应该如何有意义地活着,所以,论述死亡最终还是归于生存。我们之所以热爱这个世界,是因为我们感受到了这个世界上一草一木的勃勃生机,是因为我们在他人一颦一笑当中感受到了人与人之间的浓浓情意……,总而言之,我们感受到了世间万事万物非同寻常的意义。不过,意义总是我感受到的,如果我感觉迟钝,或者我故意封闭了感知外部世界的通道,那么,外部世界对于我也就失去了存在的意义,这也就是我们常说的"一叶障目,不见森林"。死亡是阻断人们感知世界最彻底的方式,因为死亡在中断了人的一切生理运动的同时,也中止了人的一切精神运动,一切对于我而言都会随着我的死亡而彻底失去意义,"死去元知万事空"。因此,死亡的迫切性提醒人们:生存对于人而言是第一位的,每个人都要好好地活着,活得精彩,活得具有价值。

人与动物之间的一个重要差别在于,动物依靠自己的本能就能生存下去,然而人却无法依靠自己的本能生存。西方人把人类生存本能的不足归之于爱比米修斯的遗忘,而中国人则把它归结为人类身体的天然构造,不管存在什么样的差别,他们都一致同意,人类无法依靠自己的身体在自然界当中单独生存下去,因此,为了生存,人必须要投身于社会之中。像荀子就曾经天才地指出,人类"力不若牛,走不若马,而牛马为用,何也? 曰:人能群,彼不能群也"(《荀子·王制》),马克思有关人类本质的论述同样突出了人对于社会的依赖性。然而问题在于,人并不是天生的就是一个社会性动物,自然而然地就能适应社会性生存,相反人类的自然性恰恰阻碍了人们去过一种社会性生活。人类的自然本性赋予了人以各种自然的欲望,如果每个人都放纵自己的欲望,那么,欲望的追求就必然会促使人们走向分离和冲突,"人生而有欲,欲而不得,则不能无求;求而无度量分界,则不能无争;争则乱,乱则穷"(《荀子·礼论》),"在人类的天性中我们便发现:有三种造成争斗的主要原因存在。第一是竞争,第二是猜疑,第三是荣誉。第一种原因使人为了求利、第二种原因使人为了求安全、第三种原因则使人为了求名誉而进行侵犯",从而"人们不断处于暴力死亡的恐惧和危险中,人的生活孤独、贫困、卑污、残忍而短寿"。① 正是因为一方面人的自然本性决定了人要投身于社会才能生存,而另一方面任由人类自然本性的自由发挥又会导致社会的冲突解体,从而危害人类的生存,所以我们才需要道德来协调人的自然本性与社会整体之间的冲突。早在轴心时代,思想家们就已经洞见了道德对于维持社会整体的重要性,柏拉图说,"为了寻求自保,他们聚集到城堡里来,但由于缺乏政治技艺,他们住在一起后又彼此为害,重陷分散和被吞食的状态。宙斯担心整个人类社会因此而毁灭,于是派遣赫耳墨斯来到人间,把尊敬和正义带给人类,以此建立我们城市的秩序,创造出一条友谊和团结的纽带";② 荀子则说,"先王恶其乱也,故制礼义以分之,以养人之欲,给人之求,使欲必不穷乎物,物必不屈于欲,两者相持而长,是礼之所起也"(《荀子·礼论》)。不论是西方的"尊敬和正义",还是中国的"礼",实际上都与道德有关,因此,道德是维持社会正常运转的一个重

---

① 霍布斯:《利维坦》,北京:商务印书馆1985年版,第94页。
② 《柏拉图全集》(第一卷),北京:人民出版社2002年版,第443页。

要的规范系统,每个人都应该遵守道德。

既然道德是维持社会正常运转的一个重要手段,而人又是社会中的人,正是在社会的荫庇之下,人才获得了安身立命之所,才能健康快乐地成长,那么,我们可以合理地做出推论,正是道德为人们提供和维护安身立命之所,"人何以能群?曰:分。分何以能行?曰:义。故义以分则和,和则一,一则多力,多力则强,强则胜物,故宫室可得而居也"。如果人类失去了道德,那么,社会就将离散,人们就会流离失所,"人生不能无群,群而无分则争,争则乱,乱则离,离则弱,弱不能胜物,故宫室不可得而居也,不可少顷舍礼义之谓也"(《荀子·礼论》)。虽然道德是人类在世界中生存繁衍的重要保证,但是人并非天生就是道德之人,道德并不是人类的自然禀赋,因为人类的自然欲望与道德之间经常会产生剧烈的冲突。既然对于人类来说,道德不是源自于先天的遗传,那么,道德就是来自于后天的习得。"习得"就意味着,道德乃是教育的结果。在历史上,不仅像荀子这样的性恶论者强调教育在道德养成中的重要作用,就连中国的孔子和孟子以及西方的苏格拉底和柏拉图这样具有明显性善论倾向的学者,也同样强调道德教育的重要性。孔子和孟子认为,道德在人性当中只是具有一定的萌芽,而苏格拉底和柏拉图则认为,道德在人出生之后由于受到肉体的玷污而被人所遗忘,无论如何,道德的养成都要依靠教育。如果没有教育的灌溉,道德的萌芽就会枯死;如果没有道德教育的唤醒,道德的记忆将永远都处于沉睡状态,那么,人们也就无法愉快地融入社会生活,也就无法在社会的羽翼呵护之下生存发展。

既然道德教育是以生存教育为起点的,那么,道德教育首先就应该是一种生存教育。第一,注重知识性讲解。作为生存教育,道德教育要让人们对于道德规范有所了解,只有人们首先了解了什么能够做,什么不能够做,然后才知道按照道德规范的要求去立身行事,而这也就是苏格拉底所说的"美德即知识"。第二,注重行为训练。道德毕竟是实践性的,不能只停留在理论上,而是要在实践中来养成,从而达到习惯成自然,因此在教育过程中,要通过日常生活礼仪、团体活动等来训练人们的道德行为。第三,注重智慧培养。世界是纷繁复杂的,知识分析性的特点决定了它在日常生活中会遭遇各种各样的悖论性情境,使得人们无法按照平常道德知识加以解决,这就需要我们在教学过程中注重道德智慧的培养,提升人们化解道德悖论的能力。

三、自我超越:道德教育的方向

道德教育虽然要为人寻找安身立命之所,使人们在世界上获得立足之地,但这并不是人类的归宿。正如前文所言,人始终走在由现在通向未来的路上,人们通过道德教育所获得的立足点不过是由过去和现在通向未来的起点。人不能返身向后,也不能原地踏步、止步不前,否则就会被奔涌向前的社会洪流所淘汰或淹没。这就像一个孩子,虽然在孩童时期,父母为孩子搭建了一个温暖的家,孩子在家中获得了无尽的关爱,以致孩子都不愿长大,但是孩子必须长大,否则孩子就不能成为一个真正意义上的人,所以,孩童时代不过是成年时代的铺垫,我们通过未成年时父母的荫庇,安心地接受教育,从而为走向社会、长大成人积累必要的经验,我们终究要从父母的羽翼中解脱出来,自由地翱翔在未来的天空之中。实际上,当我们降生到这个世界上的时候,我们赤身裸体,一无所有,我们缺少在这个世界上得以安身立命的方法和技能,我们所接受的道德教育,在某种程度上弥补了我们自身的不足,使得我们获得一些关于这些不足的补救措施,从而使我们能够与现实世界和谐相处,并在这个世界上生存下去。然而问题在于,我们不能满足于这种学会生存式的道德教育,因为它把人们当成了一个儿童来对待,从而致力于为我们建造一个安全的庇护所,而没有把我们当作一个成人来对待,忽略了我们面向未来的发展。儿童是人类的不成熟状态,虽然值得留恋,但人们却不能长居于此,因为儿童没有自由,他的所作所为完全受制于大人,"儿童处境的特点,就是他被抛向一个他并没有致力于构建的世界,这个世界是在没有他参与的情况下制造出来的,对他来说,这个世界似乎是一个绝对物,他只有服从的份儿","真正的世界,那就是成人的世界,在成人的世界里,儿童只能遵守和服从;他天真地成为他人的海市蜃楼的牺牲者"。① 因此,生存式的道德教育虽然为人们获得了生存的基点,但是它也造成了对于人们的束缚。

正是在以往的道德教育过程中,道德一直被理解为个人如何适应他人和社会的一套规范系统,因而给人造成道德就是束缚、就是墨守成规的感觉,而道德教育就是道德拘束的帮凶,从而引发了学生对于道德教育的抵触情绪,降低了道德教育的效果。因此,为了提高道德教育的实效性,我们在道德教育的过程中,必须改变道德和道德教育的这一面貌,展现道德和道德教育解放、超越的一面。

早在近百年之前,怀特海就一针见血地指出,"学生是有血有肉的人,教育的目的是为了激发和引导他们的自我发展之路"。② "发展"是面向未来的,不仅不是面向过去和现在的,而且是要从过去和现在的束缚下超脱出来,走向未来。因此,教育是带有超越性的,如果一个人安于现状,愿意停留于当前的状态,那么他(她)就没有接受教育的必要,可见教育与人生具有内在一致性,都是以现在为起点而迈向未来的。道德不仅是对于现实的一种维护,也是对于现实的一种不满,我们之所以接受道德教育,提高道德修养,是因为我们对于本来的道德

---

① 西蒙娜·德·波伏娃:《模糊性的道德》,上海:上海译文出版社2013年版,第31—32页。
② 怀特海:《教育的目的》,上海:文汇出版社2012年版,前言第1页。

水平有所不满。像冯友兰的人生四境界说,就把道德看作人类所追求的超越自然境界和功利境界之上的一个人生境界。道德不仅是个人追求的一个人生境界,同时也是社会发展的一个重要目标,不管是孔子的大同社会,还是柏拉图的理想国,都是一个高度道德化的社会。道德教育是道德与教育的结合体,是以道德为内容的教育活动,它当然也承担着人们自我超越的重任:

第一,道德教育帮助人们超越物化的束缚。道德教育在传授知识、传授规范的同时,又为人们提供行动的指南,把人们赶出现有的庇护所,走向社会,走向他人,从而使僵死的知识变成活跃的行动,从而让人们在行动中感受自我的自由与责任,阻止了自我的固化与物质化倾向。第二,道德教育帮助人们超越个体的束缚。人们物质化的肉体及其生存的需要,容易让人陷入功利主义而不能自拔,从而片面关注个人利益,甚至为了个人利益而不惜损害他人和社会利益。道德教育帮助人们认识到,人是社会中的人,人只有在社会中才能生存发展,只有在社会中才能实现个人的价值,片面地关注个体利益,反而最终会导致个体的消亡。因此,人们必须突破自身的限囿,实现与社会的交融。第三,道德教育帮助人们超越社会的束缚。道德教育帮助人们认识到,道德不仅是外部社会强加于个人的一种规范,它不仅是对人行动的一种束缚,更是人们自我确认的一种方式。人们正是通过对于道德责任的承担,确认了自身的独一无二性,我们正是在教育孩子、赡养父母、关爱妻子等责任承担当中,获得了自身的身份,肯定了自身的不可替代性。第四,道德教育帮助人们超越现实的束缚。就像人们不能选择自己的出身一样,人们也无法选择现实。不管人们是否乐意,人在出生之初就被抛到了一个既定的社会现实之中,而这样一个特定的社会现实在为人们提供客观生长环境的同时,也构成了对于人生发展的束缚。在现实生活中,有些人安于现状,有些抱怨命运的不公,实际上都是受制于现实的具体表现。道德教育帮助人们认识到人是自由的，现实只是为人类提供了一个起点，但没有为人类预设终点，因此，人们可以在起点与终点之间发挥自己的主观能动性，从而从现实的束缚中解放出来。

为了实现自我超越的目标，道德教育需要做出两点调整。第一，打破道德教育只是知识传递的观念。在以往的道德教育中，教师们过分地强调道德的知识性，在教学过程中片面地追求知识的传授，并以闭卷考试等方式来测量道德教育的效果，从而忽视了道德教育的特殊性，使道德教育变成了学生的一种负担和累赘，增强了学生对于道德和道德教育的厌烦情绪，阻碍了学生的健康成长。为了改变尴尬处境，教师就必须打破这种陈旧观念，树立新的道德观念：道德是一种理想，一种追求，一种境界，这种理想、追求、境界能够引导人们从现实当中超越出来。第二，改变道德教育的单向传递模式。由于把道德教育看作一种知识传授，所以教师不管学生的感受，不管教育的效果，直接采用灌输的方式把道德强加给了学生。既然道德是一种理想，一种追求，一种境界，那么，学生的道德水平就不是教师所能传授得了的，因此，在道德教育过程中，最重要的不是灌输，而是依据学生的实际情况，激发学生的道德理想和道德追求，并帮助他们排除困难，从而达到一种崇高的道德境界。为此，道德教育就必须采用双向的对话、回应等模式，让学生真正作为一个主体参与到道德教育中来，只有这样，道德教育才能取得应有的效果。

从"约束"到"解放"
——道德教育的必要转向

在金钱成为上帝、道德日益沦落的时代里,重塑道德的形象,重新确立道德在人们心目中的地位,显得尤为重要。由于道德教育是道德建设中一个不可或缺的重要途径,所以道德教育受到了高度重视,各种形式的道德教育也如雨后春笋般地涌现出来。不过在笔者看来,当前日益强化的道德教育虽然对于改善人们的道德素质、提升整个社会的道德水平发挥了一定的积极作用,但由于简单地把道德理解为约束性的规范,从而导致受教育者对于道德和道德教育充满抵触情绪,严重削弱了道德教育的效果,使得结果与初衷背道而驰。为了化解这种尴尬局面,实现道德教育的初衷,道德教育必须实现从"约束"到"解放"的转向。

一、约束:道德的重负

在现代社会中,受教育者对于道德存在普遍的畏惧情绪,觉得道德就像是一副沉重的枷锁,压得人喘不过气来。这种思想的形成在一定程度上与现代社会所开展的道德教育工作有关,道德教育工作者习惯于把道德讲解为约束性的规范。

道德教育的内容是道德。在中文中,道德则由"道"和"德"构成。"德者,得也","德"所得的就是"道"。"道"既是必然之理,即世界发展的客观规律,也是当然之则,即人们所必须遵守的社会规范。"道"本意是道路。地上本没有路,道路都是人走出来的,开辟出来的。不过前人走路、开路都不是任意为之,而是遵循了一定的客观规律,如地质构造、几何原理等等,所以,"道"是必然之理,即自然规律。道路一旦被开辟出来,那么,它就不仅是一种客观的存在,也是一种行走的规范,后人必须要行走在前人所开出的道路上,不能再另辟蹊径、另走它途,否则就成了旁门左道、歪门邪道。因此,"道"也就具有某种规范性特征,对于人的行为具有约束作用。在西文当中,对道德(morality)的理解基本相似。Moral 源自于拉丁文,在拉丁文当中有 mos(习俗、风俗),其复数形式为 mores,后来西塞罗根据这个词创造了 moralis 这个词,意指"习俗(custom)或礼仪(manners)"。① "习俗"或"礼仪"同样具有道路的规范意义,所以,在西方,道德同样具有规范性的涵义,像康德强调道德是一种"绝对命令",就高度凸显了道德规范的不容侵犯性。正是基于中西方历史上对于道德规范性的强调,中国现代的伦理学和道德教育方面的教材都高度强调和突出道德的规范性特征,经常直接将道德界定为"规范总和"。罗国杰在专业教材《伦理学》中,把道德界定为"一种特殊的规范调节方式,是通过社会舆论、传统习俗和内心信念维系并发生作用的行为原则、规范的总和"。② 而在公共课教材《大学生思想道德修养与法律基础》中,道德则被专家们界定为"通过社会舆论、传统习俗和人们的内心信念来维系,是对人们的行为进行善恶评价的心理意识、原则规范和行为活动的总和"。③

正如马克思所言,由于现代社会发展异常迅速,从而导致"一切等

---

① 林火旺:《伦理学入门》,上海:上海古籍出版社 2005 年版,第 11 页。
② 罗国杰:《伦理学》,北京:人民出版社 1989 年版,第 10 页。
③ 《思想道德修养与法律基础》,北京:高等教育出版社 2010 年版,第 90 页。

级的和固定的东西都烟消云散了,一切神圣的东西都被亵渎了"。① 然而人都渴望安定、安宁,因此,面对汹涌的变化洪流人们更加渴望稳定的小岛,希望一切重新变得井然有序,而秩序的重构离不开严格的规范。因此,正是对于秩序的追逐导致一切都被规范化了,小至个人生活,大到国际交往,都有严格的行为规范。道德的传统理解和现实生活的规范需求,都加剧了道德教育中的道德规范化形象。像罗国杰就指出,"所谓道德教育,是指生活于现实各种社会关系中的有道德知识和道德经验的人们(亦可称道德上的先觉者),依据一定的道德准则和要求,对其他人有组织有计划地施加系统影响的一种活动"。② 在这样一种理解之下,道德教育真正变成了道德规范的传授,道德教育就是如何高效地把道德规范传递给受教育者,道德教育主要采取知识讲授或独白的方式。在道德教育过程中,教师以道德规范的传播者甚至是颁布者自居,高高在上地告诉学生,在现实生活中,具体的道德规范有哪些,以及如何更准确地理解和应用这些道德规范,告诫学生哪些行为是应该做的,哪些行为是不应该做的;学生则被看作道德规范的忠实接受者和执行者,他要做的就是如何准确地理解和执行这些道德规范,使自己的所作所为符合规范的要求而不逾越规范。因此,现代道德教育完全是一个单向的传递过程。

虽然现代道德教育强调道德作为约束性规范的一面,使得道德具有明确易行的优点,对于规范人们的行为举止具有一定的积极作用,但是它也拉远了受教育者与道德和道德教育之间的距离。

第一,现代道德教育让受教育者对道德产生外在感。现代道德教育突出道德教育的规范性,确实有利于利用规范的不容侵犯性突出道

---

① 《马克思恩格斯选集》(第一卷),北京:人民出版社1995年版,第275页。
② 罗国杰:《伦理学》,北京:人民出版社1989年版,第10页。

德的权威性,从而增强受教育者对于道德的敬畏感。不过,道德作为习俗、礼仪等规范,这些都是外在社会的产物,与社会整体紧密相关,而现代道德教育由于片面强调整体性的规范要求,而没有讲清楚作为个体的受教育者为什么要接受整体性的社会规范,因此,在现代道德教育中,整体与个体、内在需求与外在规范之间缺少必要的关联,人们始终觉得,道德是社会的需求,与个人无关,从而对道德产生明显的外在感、隔膜感。

第二,现代道德教育让受教育者对道德产生抵触情绪。既然道德是社会的要求,而与个人无关,那么,道德教育要把道德传授给受教育者,并对受教育者的行为产生影响,就容易让受教育者感觉到道德是一种外在的强加,道德规范是对个人自由的一种约束,遵守道德规范就是被道德教条束缚了手脚,从而使个人变成被外在规范所操纵的玩偶,因此,受教育者对道德产生激烈的抵触情绪。

第三,现代道德教育让学生对道德教育非常排斥。既然道德被认作是一种束缚自由的教条,那么,道德教育不论是采取何种方式,都不过是为虎作伥。而现代道德教育又采取了一种独白式的灌输教育,教育者只是高高在上地向受教育者传达或颁布道德命令,而完全不顾及受教育者的所思所想、所需所求,从而必然会加剧受教育者对于道德教育的厌恶感,从内心里排斥道德教育。

总而言之,现代道德教育把道德简单地理解为一种约束人的规范的做法,不仅让受教育者对于道德产生严重的距离感,而且也让受教育者对于道德教育唯恐避而不及,从而降低了道德教育的实效性,影响了现代的道德建设。可以说,在现代社会中,青年学生做出种种有违道德要求的事情,甚至违法乱纪的事情,与道德教育的缺陷不无关联。

二、解放：道德的另一面

由于道德中的"道"本身就具有规范性的内涵，所以，道德呈现出一定的约束性也属正常。不过在笔者看来，现代道德教育的问题不在于强调道德的规范性或约束性，而是过度地关注了道德作为约束性的规范，甚至把它当作道德的唯一特征，忽视了道德的其它方面，从而疏离了人对道德的亲近度，降低了道德教育的实效性。实际上，道德不仅是用来约束人的规范，同时道德也是超越性的，是人们实现自我解放的一条重要途径。有关道德的解放作用我们可以从肉体与精神、实然与应然两方面来理解。

恩格斯曾经批判那些以为人可以脱离自然的现代观念，指出"我们统治自然界，决不像征服者统治异族人那样，决不是像站在自然界之外的人似的，——相反地，我们连同我们的肉、血和头脑都是属于自然界和存在于自然之中的"。① 恩格斯的批判非常准确地抓住了人的自然性，"肉、血和头脑"这些人类的肉体形象地说明，人在某种程度上像动物一样隶属于他所生活的自然界。不过，人类毕竟不同于花草树木、飞禽走兽，不能与它们为伍，而要从自然世界当中超越、解放出来，摆脱自然本性的束缚，从而使人真正活得像个人，就像孔子所说的，"鸟兽不可与同群，吾非斯人之徒与而谁与？"《论语·微子》)康德也说，屈服于自然本性的状态是一种不成熟状态，启蒙就是要帮助人们超越自然性，从大自然的束缚中解放出来。

要想从自然当中超越出来，摆脱自然本性的束缚，人们不能寄希望于肉体，因为肉体本身就是自然的产物，正是肉体赋予了人类以自然性，而且更为重要的是，人类的肉体在某些方面与动物相比，并不具

---

① 《马克思恩格斯选集》（第四卷），北京：人民出版社1995年版，第383—384页。

有明显的优越性。像荀子就说人类是"力不若牛,走不若马";而柏拉图则说,爱比米修斯在为世间万物分配身体机能时忘却了人类,导致人类身无长物。如果人们单纯着眼于肉体,那么,人类不但不能超越于世界万物之上,甚至还有可能沦落到禽兽不如的地步。因此,为了实现对于自然本性的超越,我们必须从人类的精神方面入手,而道德恰恰属于人类的精神方面。中国古代儒家学者就直接把道德看作是人与世界万物的差别之所在。荀子就说,"水火有气而无生,草木有生而无知,禽兽有知而无义,人有气、有生、有知,亦且有义,故最为天下贵也"(《荀子·王制》),就把道德(义)看成了人与世界万物的分水岭,人类正是借助于道德从自然世界当中解放出来,超然于万物之上。西方从苏格拉底开始就把道德所关注的问题锁定为"应当怎样生活",并且将生活的选择与人类的本性——理性联系起来,也就是说,道德就是接受理性指引的生活。按照柏拉图的说法,正是理性使人摆脱了动物世界,而与神之间具有亲属关系,所以,理性使人超脱了可朽肉体的束缚,而居于动物与神灵之间。由于理性的生活就是道德的生活,所以,正是道德让人成为"宇宙之精华,万物之灵长"。而在现实生活中,人们也经常会把那些不守道德的人贬斥为"禽兽不如",而把那些道德楷模尊为"大写的人",也足见道德对于人的超越、解放作用。

  人类不仅是自然的,也是现实的,因为人不是超越于时空之外,总是要生活于特定的社会现实之中,这样一来,人总是要受到社会现实的束缚,人的所思所想、所言所行都会打上现实的印记。道德作为一种规范系统,实际上就是对于社会现实的肯定和维护,通过风俗习惯、社会舆论等手段保持这种实然状态,赋予实然状态以合法性。然而问题在于,任何一种实然状态都不可能是完美无缺的,都会存在这样那样的不足。虽然现代社会在政治、经济、文化等各个方面取得了长足的进步,获得了巨大的发展,但是在现实生活中还是存在着众多的问题,像破坏自然、污染环境、贪污受贿、卖淫嫖娼等等不道德现象还大量存在。人与动物的一个重要区别在于,动物只能被动地适应现实,而人类则希望超越现实,总是希望从实然状态中解放出来,进入应然状态,人类总是试图挣脱现实的羁绊,从而奋力地奔跑在追逐理想、追求卓越的道路上。正如鲁洁所言,这种对于应然性的追求构成了人之为人的一个重要特征,"与其他自然不同的是,他能够按照自己的需要,通过对象性活动,去超越各种被给定的对象性关系,去打破那种预成的、宿命的生存方式,去实现所应是的目的。由此说明,他又是以一种应然的状态而生存着的,也即是说,人性的本质既在现存的实然中,又在超越现存的应然中"。①

　　正如前文所言,道德的"道"既是必然之理,又是当然之则,所以道德本身就是实然与应然的统一,因此,道德就不仅仅反映和维护现实,同时也要打破和超越现实,从而将人从现实的约束下解放出来。"道"是道路,道路是通向远方、通向未来的,当人们践行道德规范,行走在道德之路上的时候,人们并不是为了原地踏步,而是要以现实为起点,走向美好的未来。因此,道德不是化妆品,不是用来掩饰现实的不足,而是一面镜子,它要照出现实的丑陋,迫使人们去改造现实,从而构建出一个美好的新世界。因此,历史上的那些道德哲学家们拿着道德的照妖镜,照出了现实的肮脏与无奈,像孔子就发现自己所处时代的"礼崩乐坏";老子觉得自己所处的时代道德败坏,是非颠倒;孟子觉得自己所处的时代是一个道德不彰、无父无君的时代;而庄子则认为自己所处的时代是一个假仁假义的时代,如此等等,不一而足。他们利用道德之镜,发现了现实的问题,并构建出心目中的理想社会,从而为之奔走呼号。像儒家的大同世界、道家的自然世界、佛家的极乐世界,实

---

① 鲁洁:《当代德育基本理论探讨》,南京:江苏教育出版社2010年版,第2页。

际上都蕴含了他们各自的道德理想,而马克思主义所倡导的共产主义世界更是一个高度道德化的世界,同时也是人类高度解放、全面发展的世界。

实际上,道德从肉体向精神、从实然向应然的超越,就是要将人从肉体和实然状态下解放出来,实现从动物到人的超越,所以,道德具有帮助人成为人的重要功能。因此,牟宗三批评了现代人讨厌、惧怕道德的现象,"其实,道德并不是来拘束人的,道德是来开放人、成全人的","人天天讲理想就是要从现实中解放出来,要解放出来只有靠道德"。① 既然道德具有解放人的重要功能,那么,我们在进行道德教育的时候,就不能仅仅抓住道德对于人的约束功能,从而打击人们接受道德和道德教育的积极性,而是要大力宣传道德的解放功能,增强人们接受和学习道德的积极性。实际上,当代有些学者已经意识到了这一点。像魏英敏就说,"从道德的本质及功能上讲,不仅谈到了道德规范调整人际关系的一面,更强调了它促使人格完善,激励人们在道德征途上不断进取,勇于创造的一面";② 张海山、张建如等学者也曾指出,道德在作为行为准则和规范总和的同时,"也是个人自我完善的一种手段,一种目标,是个人自由全面发展的一个重要组成部分"。③ 不过令人遗憾的是,这些学者的论述并未引起人们的普遍关注,相关思想在道德教育中没有得到充分体现。

三、转向:必要的选择

既然道德并不仅仅是用来约束人的规范系统,道德同时还承担着解放人的重要功能,而这种功能又为现代道德教育所忽视,并因此而

---

① 牟宗三:《中国哲学十九讲》,上海:上海古籍出版社1997年版,第75页。
② 魏英敏:《新伦理学教程》,北京:北京大学出版社2003年版,第99页。
③ 张海山、张建如:《伦理学引论》,北京:高等教育出版社1999年版,第70页。

影响了道德教育的实效性,那么,为了实现对道德全面性的理解,提高道德教育的实效性,现代道德教育就不能因循守旧,必须进行必要的转向,把目光转向人本身。

第一,从整体利益转向个人发展。由于在中国几千年的历史发展过程中,道德和道德教育的主流都是整体主义取向。在汉代"罢黜百家,独尊儒术"之后,儒家学说就成了中国官方的意识形态,而在儒家学说当中,个人被消融于家庭、民族、国家等社会整体之中,"作为帝制中国的意识形态,儒家文化是一套整体主义价值体系。其威权主义政治伦理、家族主义宗法伦理和反商主义经济伦理,无不以抑制个人和整体和谐为价值目标"。① 重视整体的伦理取向导致中国历史上奴隶意识高度盛行,个人意识极端匮乏。在经过文化启蒙和西方文化浸染之后,中国人开始重视自我发展,强烈排斥以整体来约束个人的道德取向。实际上,社会与个人之间是辩证统一的关系:个人是社会构成的基本要素,而社会则是个人发展的重要保证,社会发展的最终目标就是"每个人的自由而全面的发展"。道德和道德教育不仅有利于社会进步,也有利于个人的自由而全面的发展。像冯友兰和唐君毅等就把道德作为人生追求的境界,实际上就是肯定道德以及道德教育与个人发展之间的内在关联。只有把道德和道德教育与个人发展联系起来,人们才会感到:接受道德和道德教育不是出于外在的强迫,而是个体内在的自觉需求,只有这样,道德教育才会取得事半功倍的效果。

第二,从宏大叙事转向微观生活。道德教育长期以来都侧重于社会整体利益。社会常被比喻为一条绵延不绝的河流,而道德则是这条河流当中的一股水流。社会发展是有规律的,道德也是规律的。个人作为社会历史的产物只能被动地适应社会发展的规律,顺应历史发展

---

① 高力克:《五四的思想世界》,上海:学林出版社2003年版,第5页。

的潮流。因此,开展道德教育也就顺理成章地被理解为:帮助受教育者了解和适应社会历史发展的规律,避免由于违背规律而被掀翻甚至吞没,从而把道德教育变成了宏大叙事。问题在于,任何历史都是人的历史,正是人的活动创造了社会历史,历史并不是把人类当作达到既定目的的工具,"历史不过是追求着自己目的的人的活动而已",[①]从这里我们可以看出:不是人在实现历史的目的,而是历史在实现人的目的,因此,道德教育应该从历史转向人本身。围绕在人周围、能够被人所感知的,不是历史发展的宏观规律,而是具体的生活琐事,因此,对于大多数受教育者来说,接受道德教育并不是为了干预社会的发展,而是为了解决日常生活中所遭遇的各种问题,脱离日常生活的道德教育只会给人以假、大、空的形象,从而容易遭到人们的拒绝,只有能够解决现实生活问题的道德和道德教育才会受到人们的普遍欢迎。因此,为了提高道德教育的针对性和实效性,道德教育必须转向微观生活,变得日益生活化。

第三,从独白转向回应。以往的道德教育采取了宏大叙事的方式。宏大叙事主要关注的是社会整体的利益和社会发展的客观规律,并且以为个人与整体、主观与客观之间是尖锐对立的,从而将个人排除在道德建构的主体之外,试图去凭空建构起一个放之四海而皆准的道德真理或道德模型,然后使用这个模型去模塑所有的人。道德教育工作者在实施道德教育的过程中,以为自己已经完全把握了社会发展的客观规律,已经完全掌握了道德的客观真理和道德模型,因此,他的任务就是把这些客观的道德真理准确地传递给受教育者,运用道德的模型来塑造受教育者。在这样一种思想观念的指引之下,道德教育工作者以真理的握有者自居,把受教育者看作空无一物的容器,然后采

[①] 《马克思恩格斯文集》(第一卷),北京:人民出版社 2009 年版,第 295 页。

取独白这样一种单向的传递方式,把自己所掌握的道德真理倾倒到受教育者的脑海之中。或者说,道德教育工作者把受教育者看作一块原始材料,按照自己所掌握的道德模型对受教育者进行加工,并最终将其变成一个符合道德模型的产品。这种道德教育模式虽然具有便于操作的优点,但是它只是把受教育者当作一个纯粹的客体,忽视了受教育者之间的差异性以及他们的实际需求,从而使道德教育无法获得受教育者的内在认同。为了改变这一局面,道德教育必须由独白走向回应。顾名思义,回应不是道德教育工作者的自说自话,而是在回答和适应各方面对道德教育工作的需求、要求,因此,在回应道德教育中,道德教育工作者就不能置受教育者于不顾,而是要尽可能地走近每个受教育者,充分地了解每个受教育者的生活处境、所思所想以及他们对于道德的不同需求,然后再根据他们具体的实际情况来展开个性化的道德教育,使道德教育真正符合他们的需求,从而让受教育者真正体会到,道德教育不是一种外在的强加,道德不是一副僵硬的枷锁,而是出自内在的真实需求,它能让心灵感到温暖和安宁。

  这里面所讲的转向只是几个主要的方面,实际上道德教育需要转向的方面还有很多,需要我们不断地进行探索和总结。同时,这种转向只是方向上的一些调整,只是重心上的一种变化,而不是对于过去道德教育的彻底颠覆和抛弃,道德教育需要将创新与继承完美地结合起来。

未来抑或现在？
——列维纳斯时间视野中的教育指向研究

在知识爆炸的现代社会，教育受到了前所未有的重视，人们不仅在实践中为推动教育发展而努力，而且也在理论上不断地对教育进行反思和建构。虽然当前的反思已经非常丰富和全面，但时间与教育的关系却并未得到充分重视和深入思考。以往人们只是简单地将教育与学生的未来发展和幸福联系起来，认为教育就是要让学生在未来过上幸福的生活，忽视了教育与学生现在幸福之间的关联，不惜以牺牲学生现在的幸福为代价去换取学生未来的幸福，从而对学生造成了巨大的伤害。本文将借助列维纳斯的时间观念，对教育到底是指向未来还是指向现在，进行一个深入地思考，以期为思考教育指向问题提供一个新的视角。

一、列维纳斯的时间观念

现代思想界高度重视时间问题，像柏格森、胡塞尔、海德格尔这些20世纪的思想大师们等都曾对此作过专门著述。由于列维纳斯与这些思想家之间具有师承关系，所以他也非常关注时间，像《时间与他者》、《上帝·死亡和时间》等就对时间问题展开了专门论述，而其它著作同样包含了对时间的深入思考。总括起来，列维纳斯的时间观念主要包含两个方面的重要内容。

(一) 传统时间观念批判

世界是时间性的,时间无处不有,无处不在。由于人是世界中的人,所以人与时间密不可分,人与时间同在。正因如此,人对时间一直非常关注,"在某种意义上,凡是对文化和社会方面感兴趣的人,都必定以这种或那种方式考虑时间问题和变化规律",①并在历史上形成了线性时间、绝对时间等多种时间观念。在列维纳斯看来,传统时间观念存在严重错误,需要加以批判清理。

1. 非本真的时间。在列维纳斯看来,"整个西方是通过衡量而接近时间(亚里士多德说,时间是运动的数量)"。② 由于运动在空间中展开,运动的数目通过空间进行测量,所以,时间作为运动的数量实际上就是利用空间来衡量时间,像钟表就是利用指针在钟表盘上转动的角度来测量,因此,传统观念中的时间就是钟表上的时间,是空间化的时间。空间之所以成为空间,是因为它可以与世间万物相互脱离成为彻底的虚空,变成抽象的数量、空洞的形式,可以加减,可以重新排列组合。既然时间被等同于空间,那么,时间也就摆脱了具体内容变成了空的形式,从而被同质化了,成了均匀的流逝,"像空间一样同质的时间,由自身重复不变的瞬间所构成,所有新鲜事物都被还原为那些陈旧的元素"。③ 即使像康德这样伟大的哲学家,他也无法摆脱传统时间观念的窠臼,把时间和空间并列起来,看成是知性用以整理感觉材料的两种先天形式。然而问题在于,时间不能脱离具体的存在者而存在,脱离了具体存在者的抽象时间,只能是非本真的时间。

---

① 普里戈津:《从存在到演化》,曾庆宏等译,上海:上海科技出版社1986年版,第7页。

② 勒维纳斯:《上帝・死亡和时间》,余中先译,北京:生活・读书・新知三联书店1997年版,第58页。

③ Levinas. *Time and the Other*. Pittsburge: Duquesne University Press, 1987. p.129.

2. 重未来而轻现在。在传统时间观念当中,时间已经被空间化了,空间的同质化意味着空间就像积木,只有在经过摆列组合成整体之后才能成为一个具有独特性的存在,因此对于时间来说,任何一个时间片段都没有意义,唯有时间整体才有意义,"有史以来,哲学都是从时间出发来理解瞬间的"。[①] 既然传统时间观念重视时间的整体性,而过去与现在只不过是时间的片段,只有加上未来,时间的整体性才得以完成,那么,为了实现时间的整体性,人们就不应该将目光转向过去,也不应该将目光聚焦于现在,而是要放眼于未来。像海德格尔号召人们"向死而生"就是出于对未来的高度重视,因为对于个人来说,死亡才是其最终极的未来,而这个未来赋予了人以彻底的完整性,"在日常时间中,自我的个体只有在每种生命的时间都流逝时才显示出来:此在只有在它的讣告中才是整体的,'以至于在它本身中,永恒性最终将改变它'。在人停止为人的那一刻,全体性才得以完成"。[②] 正是因为传统的时间观念过度地将目光集中于未来,所以,"向死而生"在现代社会中得到了人们的广泛认同。然而,对于未来的过度重视,必然会削弱人们对现在的关注。

(二) 列维纳斯的时间建构

列维纳斯批判传统时间观不仅是为了建构一种新的时间观,实际上就已经是在建立一种新的时间观,这不仅是因为"破字当头,立在其中",更是因为只有依据新的时间观,他才能对传统时间观展开批判。

1. 本真的时间。尽管海德格尔认为传统哲学最大的问题是关注

[①] 列维纳斯:《从存在到存在者》,吴蕙仪译,南京:江苏教育出版社2006年版,第89页。

[②] 勒维纳斯:《上帝·死亡和时间》,余中先译,北京:生活·读书·新知三联书店1997年版,第58页。

存在者而忽视存在,而列维纳斯则认为:所有传统哲学都应该被纳入存在论或本体论。在传统哲学中,存在被当作摆脱了一切具体存在者的抽象本体,"那是一种存在无名的,没有任何存在者(êtant)宣布为之负责的、没有存在者或存在的东西的存在"。① 在这种抽象的存在当中,具体的存在者遭到窒息和扼杀,存在者与其自身的存在被强行剥离开来,从而被抽象的匿名存在密封幽禁起来,因而对于存在者来说,存在就是一种压迫性的"存在之恶"。因此,列维纳斯认为,时间不像海德格尔所说的那样,是为了实现从非存在到存在的过渡,而是要突破匿名存在的幽禁,实现存在者与其自身存在的统一,也就是使存在者真正成为一个存在着的存在者。由于存在者是具体的,那么,与存在者紧密联系在一起的时间,就不再是抽象的时间,而是具体的时间,是存在者攫取自身(实显)与超越自身的时间(面向他者)。

2. 现在的价值。由于列维纳斯打破了时间与抽象存在之间的联系,转而把时间作为存在者的一种存在方式,从而赋予时间以具体性,而这赋予了现在瞬间以无比重要的价值。为了突破匿名存在的幽禁,存在者力图攫取自身的存在,实现与自身存在的结合,以便让自己在无边无际的存在夜空中发出属于自己的光芒。这也就是说,存在者通过抓住自身的存在而让自己真正成为了一个独一无二的存在者。列维纳斯将这称为"退回自身的回缩"。② 由于这种"退回自身的回缩"是在现在这个瞬间完成的,所以,对于存在者来说,现在瞬间就是其自身的开始、起源、诞生,"现在意味着一个主体的出现,他对抗着这种存在,与这种存在发生关系,担承着这种存在。……意味着存在着的某

---

① 列维纳斯:《从存在到存在者》,吴蕙仪译,南京:江苏教育出版社2006年版,第二版序言第1页。
② 列维纳斯:《从存在到存在者》,吴蕙仪译,南京:江苏教育出版社2006年版,第99页。

人,一个存在者第一次显示其存在,甚至意味着这个存在者的构成"。① 一旦存在者攫取了自身的存在,这不仅意味着存在者的诞生,同时也意味着存在者的灭亡,因为存在者与存在的结合就意味着:存在者开始是一个存在着的存在者,存在者重新被存在所操控。存在者这种方生方死的特点,就决定了它必须在每个瞬间都重新攫取自身的存在,从而实现不断新生,因此,每个瞬间都是存在者新生的瞬间。正因如此,现在作为瞬间具有不可替代的独特价值,我们不能用未来代替或否定现在。

二、未来指向的教育批判

既然时间并非外在于存在者的一种抽象形式,而是存在者的存在本身,那么,作为存在者之一的人就不能脱离时间而存在,时间构成了人的存在本身,人的任何实践活动也都是时间性的,都与时间紧密相关,人的时间观念也会在教育实践活动中得到生动体现。

由于传统时间观念赋予未来以无与伦比的重要性,所以传统教育高度重视未来,强调教育要为未来服务。"未来"有国家的未来和个人的未来之间的差别,不过,在现代社会里,二者最终统一于个人的未来,因为国家也是服务于个人的,所以,怀特海有关教育目的的论述深入人心,"学生是有血有肉的人,教育的目的是为了激发和引导他们的自我发展之路"。② 在现实中,这种发展实际上就是适应社会,过上幸福的生活,因此说到底,传统教育是要为人们在未来过上幸福生活打好基础,做好准备。正是为了适应这个未来的目标,传统教育注重于

---

① 列维纳斯:《从存在到存在者》,吴蕙仪译,南京:江苏教育出版社2006年版,第26—27页。

② 怀特海:《教育的目的》,庄莲平、王立中译,上海:文汇出版社2012年版,前言第1页。

知识的灌输和存储,因而传统教育主要是灌输式或存储式教育。

(一) 未来指向的现实后果

由于传统的存储式教育将眼光聚焦于未来,所以,它必然导致对现在的忽视。因为通过未来来看现在,现在就不过是走向未来的跳板、垫脚石,既然教育要为人们创造一个未来的理想王国,从而让人们未来在其中过上幸福的生活,而现在人们所遭受的痛苦和磨难正是为了未来幸福所必需付出的代价,"吃得苦中苦,方为人上人"。因此,传统教育不仅不重视学生现在的幸福,甚至把它看作未来幸福的阻碍,像西方的禁欲主义和中国人所强调的"克己复礼",实际上都是以自苦为极,而其在现实生活中的表现就是"自古雄才多磨难"的观念大肆流行。正是在这样一种思想观念的指导下,传统教育强调要在当下对学生进行繁重的知识教育、苛刻的技能训练和严厉的管教,有时甚至鼓励动用各种惩罚手段。即使像柏拉图这样被奉为对话教育和民主教育典范的教育家,也同样主张为了未来而剥夺学生当下的幸福,"假如学童服从命令,那最好不过,如否,则对待他就如同对待一棵弯曲的幼树一般,以恐吓及鞭打使之伸直"。[1]

关注未来的传统教育在现实中造成了三个方面的恶劣后果。第一,对学生身体的伤害。由于现代是一个知识大爆炸的时代,各种知识层出不穷,为了让学生在未来能够从容应付知识创新的挑战,从而在人生道路上走得更加幸福自在,教师拼命地向学生的行囊中灌装尽可能多的知识。虽然在未来的人生道路上,人们确实会有"书到用时方恨少"的缺憾,但是人们不可能带上所有的知识前行,否则人们现在就会被知识压垮。像在现实生活中,沉重的知识学习就已经让学生的

---

[1] 林玉体:《西方教育思想史》,北京:九州出版社2006年版,第57页。

身体不堪重负:大量的阅读已经模糊了学生的双眼;沉甸甸的书包已经压弯了学生的脊梁;繁忙的课业负担已经使学生失去了锻炼身体的闲暇……第二,对学生心理的伤害。在传统教育中,为了强化所谓的教育效果,实现所谓的教育目的,在现实教育中,学生稍微有些偏离目标和正轨的行为,就会招致教师的责罚,这不仅会扼杀学生的创造性,而且会降低学生的自信心,甚至会引发学生的自卑心理、仇恨心理等,从而造成学生的心理扭曲,像现在现实中,很多学生出现心理问题与这种教育模式之间就存在着高度的关联。第三,对学生人格的伤害。在传统教育中,重视的是知识和技能的方面,而忽视了人的精神方面,因此这种人实际上是一个物化的人,而并非一个完整的人。人之为人就在于人的完整性,人的单向度化实际上就意味着真正的人的死亡,弗莱雷形象地称这种教育具有"恋死癖","由于灌输式教育的出发点是把人误解为客体,因此它不能培育弗罗姆所说的'嗜命癖',反而却酿就了其对立面'恋死癖'"。[①] 在这种教育中,无法培养出独立自主的人格,只能培养出驯服的奴才。

(二)现实的磨难不能成为未来幸福的筹码

传统教育之所以会置学生所受的伤害于不顾,是因为他们相信:现在所受的所有苦难都将在未来获得回报,现在所受的任何磨难都是通向未来幸福生活的重要跳板。在这种思想的指导之下,不仅那些因循守旧的思想家主张要让学生在现实中经受苦难的洗礼,就连尼采这样具有反叛与革新精神的思想家,同样认为苦难有利于人的成长,人们在青少年时代应该经受必要的磨难,他甚至倡导建立一所磨难学校,在磨难学校中,"要求高,要求苛刻;优秀,甚至有点过

---

① 保罗·弗莱雷:《被压迫者教育学》,方永泉译,上海:华东师范大学出版社2001年版,第29页。

分的要求被视为一般标准;很少表扬,基本上不存在放任;批评非常尖刻、客观,从不尊重才能或先例"。① 面对思想家们对磨难的高度推崇和现实中学生所遭受的种种磨难,我们不仅怀疑:磨难是否真的必要?

对这个问题,我们必须像内尔·诺丁斯那样坚决予以否定:"如果这就是第一个问题(即"受难有意义吗?")的含义,我会坚定地用'不'来回答它。"② 第一,今天的磨难与未来的幸福之间缺乏必然联系。按照列维纳斯的时间观念,时间是断裂性、跳跃性的,现在与未来之间缺乏必然性的联系。我们今天遭受了磨难,并不意味着将来就一定享受幸福;我们今天享受了幸福,并不意味着明天必然会遭受磨难。虽然历史上流传无数饱经磨难而最终获享幸福的故事传说,但是我们并不能因此就得出现实磨难是获得未来幸福资本的普遍结论。因为现实中也存在着大量遭受磨难而最终未能获得幸福的事例,即使像歌德这样杰出的人物也终身被痛苦所缠绕,"我的存在除了是痛苦和负担外一无所有。我相信,在整个75年中,我真正感受到幸福的时间不到4周。生活中只有永恒流动的、必须被举起的石块,永远如此"。③ 第二,现在的磨难有时不仅不能为人们带来未来的幸福,反而会削弱人们对幸福的感受。因为磨难有时会对人的心灵产生剧烈的震撼作用,而这种震撼既有可能帮助人们实现涅槃重生,但也有可能把人推进万劫不复的苦难深渊。就像在遭受了老师的批评、责骂之后,有些学生可能会知耻而后勇,从而痛改前非,但有些学生则可能会因此而蒙上一层

---

① 内尔·诺丁斯:《幸福与教育》,龙宝新译,北京:教育科学出版社2009年版,第37页。
② 内尔·诺丁斯:《幸福与教育》,龙宝新译,北京:教育科学出版社2009年版,第37页。
③ 内尔·诺丁斯:《幸福与教育》,龙宝新译,北京:教育科学出版社2009年版,第35页。

自卑的心理阴影,有些学生甚至会因此而仇视社会和他人,从而使自己与快乐幸福绝缘。第三,即使今天所经受的磨难确实有助于明天的幸福,这也并不意味着我们就必须牺牲今天的幸福。按照列维纳斯的时间观念,现在与未来之间并不同质、等价,因此,未来的幸福不可能对现在的痛苦提供赎偿,"伤痛得不到赎偿。如同全人类的幸福不能证明个体苦难的必要性一样,未来的报酬也不能抵消现在的伤痛。没有任何正义能够补偿它"。① 既然未来的幸福不能赎偿现在的伤痛,那么现在的伤痛就是一个永远也无法愈合的创伤,它将对人们造成永恒的伤害,"未来能够为一个现在忍受痛苦折磨的主体带来一份慰藉或是补偿,但现在的痛苦本身依然如同一声呼号,永远回荡在空间的永恒之中"。② 因此,虽然我们并不畏惧磨难,但我们决不人为地制造磨难,不以未来幸福的名义在现在对学生进行伤害。

三、教育的现在之维

既然时间是由无数瞬间铰接而成的链条,瞬间之间存在着断裂和跳跃,那么时间就是异质性的。时间的异质性不仅意味着现在所经历的苦难不能保证未来的幸福,而且也意味着未来的幸福无法赎偿或取消现在的痛苦,"仅仅将泪水拭净或为死者复仇,这是不够的。因为一滴眼泪都不应滚落,任何死亡都不应经由死地复活"。③ 因此,我们不仅坚决反对给学生施加磨难,"我想坚持的观点是:苦难是一件坏事——有些苦难是可以避免、可以缓解的,但绝不要蓄意将苦难加之

---

① 列维纳斯:《从存在到存在者》,吴蕙仪译,南京:江苏教育出版社 2006 年版,第 115 页。
② 列维纳斯:《从存在到存在者》,吴蕙仪译,南京:江苏教育出版社 2006 年版,第 111 页。
③ 列维纳斯:《从存在到存在者》,吴蕙仪译,南京:江苏教育出版社 2006 年版,第 112 页。

于人","任何人都不值得去刻意让别人遭受一种蓄意强加的痛苦或苦难",①而且要在当下就为学生创造宽松快乐的学习环境,让学生现在就生活在幸福之中。

(一) 调整传统教育理念

通观几千年的教育史,人们都把目光聚焦于未来,忽视了现在这个最关键的时刻。未来当然重要,因为未来能够给人以理想和希望,从而为人们奋力前行提供充足的动力,所以教育要重视未来,要为人们创造幸福的未来而竭尽全力,但这并不意味着:人们必须牺牲现在和现在的幸福。按照列维纳斯的时间观念,时间是由无数独立的、性质各异的瞬间拼接而成,每个瞬间都有其自身的独特价值。现在作为无数瞬间当中的一个瞬间,其本身就独立自足,其存在的价值无需依赖于未来,因此,我们不能为了所谓未来的幸福或希望而牺牲现在。按照世俗的观念,人们都把希望指向未来,希望自己在未来能够摆脱苦海,过上幸福的生活,而在列维纳斯看来,这并非是真正的希望,"对美好事物的等待就其本身而言并非一种希望",②"希望真正的对象,是弥赛亚,是救赎"。③ 列维纳斯作为一个犹太教信徒,他不是像基督教那样把弥赛亚和救赎放在未来,而是把它们放在现在,救赎就是对现在的救赎,就是让我们现在就摆脱痛苦,让我们当下就生活在幸福之中,"救赎必须涉及伤痛的瞬间本身,而非仅仅对它提供补偿","希望

---

① 内尔·诺丁斯:《幸福与教育》,龙宝新译,北京:教育科学出版社2009年版,第38页。
② 列维纳斯:《从存在到存在者》,吴蕙仪译,南京:江苏教育出版社2006年版,第110页。
③ 列维纳斯:《从存在到存在者》,吴蕙仪译,南京:江苏教育出版社2006年版,第112页。

只是为了现在"。① 既然人们都希望幸福现在就降临到自己身上,那么,我们的教育就要高度关注学生现在的幸福,要想方设法减轻学生当下的磨难,让他们当下就生活在幸福之中。况且,如果学生在现在和未来都生活在幸福之中,那学生不就获得了更多的幸福吗?这样一来,学生的人生不就真正成了幸福的人生吗?这不更有利于教育促进幸福的目标吗?因此,教育工作者必须转变教育的理念,不要仅仅把目光放在学生未来的发展和幸福上,同样要关注学生现在的幸福。

(二) 尊重学生的现实需求

在仅仅关注未来的传统教育中,实际上学生并没有被当作一个真正意义上的"人"来对待,学生被看成一个需要被加工的未完成的产品。我们经常用花朵园丁来比喻师生之间的关系,这个比喻形象地揭示了教师对学生施加磨难的合理性:学生就像花园里自由疯长的花草,他要想在花园里立足生长,开花结果,就必须要经过园丁的修剪,按照园丁设计的样式生长,否则就会被当作野花毒草加以铲除。在教育当中,教师就像园丁一样,按照自己对未来的设想为学生制定了一个模板,从而强行将学生塞进这个模板当中。由于这个模板不是出自学生自身,而是出自教育者之手,因此它不可能完全适合于所有学生,所以,为了让所有学生都能够适合于它,就必须对学生进行打压,从而给学生造成了许多不必要的痛苦。问题在于,这个幸福的未来不是由学生而是由教师和教育部门勾画出来的,因此它并未反映学生内心当中的真实需求,所以,学生在为了这个所谓的幸福的未来而备经磨难的过程中,缺乏对于磨难必要性的内在感受,不会有所谓"痛并快乐

---

① 列维纳斯:《从存在到存在者》,吴蕙仪译,南京:江苏教育出版社 2006 年版,第 113 页。

着"的特殊感受,只能单纯地感受到无穷的压力和痛苦。实际上,学生虽然不是教师和教育部门设想当中的关于未来的那个所谓"幸福的人",但学生现在就已经是一个完整意义上的"人",他有自身的特殊需求和对幸福的特殊理解,他有追求自身幸福的权利。学生的这些需求和权利应该得到所有人的尊重,教师不能无视学生的真实需求,而将自己对于幸福的理解和设计强加到学生身上,否则就是对于学生追求幸福权利的褫夺。为了改变这种状况,教师必须走进学生的内心,倾听学生当下发自心底的现实需求,并积极主动地对这种现实需求做出切实有效地回应,从而在现在就担当起把需求变为现实的责任。如果能够做到这一点,学生就不再是将幸福的希望寄托于遥不可及的未来,而是现在就变得幸福起来。

(三)减轻学生的现实负担

由于传统教育把幸福指向了未来,现在不过是为未来收获幸福积蓄能量,所以学生被当成了蓄水池、存储罐,为了让学生在未来变得更加幸福,教师就必须给学生灌输尽可能多的知识,而学生则要尽量把老师所传授的知识装进自己的行囊。在这样一种为未来储蓄的教育理念指导之下,学生在现实当中背负了沉重的学习负担:学生在学校里要面对安排得满满当当的学业课程,在家里要面对无穷无尽的作业,假期还要面对没完没了的学习辅导,从而把游戏娱乐都排除在了日程安排之外,知识学习变成了生活的唯一内容。试想一下,在现实中已经被学习重压折磨得满身疮痍的学生如何体会到学习的快乐、生活的幸福呢?因此,为了让学生现在就生活在幸福之中,我们就必须减轻学生的学业负担,让学生从无穷无尽的知识学习当中解放出来。学生不是机器,而是活生生的人,他有休闲娱乐等多种多样的需要,有吃喝玩乐等各种各样的兴趣和爱好,这些都是出自人的天性,虽然自然天性不能全部加以满足,但是必要的休闲娱乐还是应该得到满足,否则学生就缺乏基本的快乐,就不能健康地成长,也就没有幸福可言。像曾点主张教育要做到"莫春者,春服既成,冠者五六人,从者六七人,浴乎沂,风乎舞雩,咏而归"(《论语·先进》),孔子之所以对此大加赞赏,就是因为这种模式顺应了学生的自然天性,让学生在从容优游的放松状态下进行学习,从而不是把学习当作一种负担,而是当作一种快乐,否则,学生们又如何能够感受到"学而时习之,不亦说乎?"(《论语·学而》)虽然快乐未必是真正的幸福,但是缺乏快乐肯定就不会幸福。而这种快乐幸福的前提是悠闲放松,学生有一定的时间去发展个人的兴趣爱好。为此,教师必须相应地减少学生的知识学习负担,削减学生的课外作业,同时,教师也要改变教学的模式,让学生在轻松愉快的氛围中进行学习,为学生创造一个轻松的学习环境,如果做到了这些,学生的幸福就不是一个有关未来的梦想,而是一种社会的现实,而生活在幸福氛围中的学生一定能够健康茁壮地成长。

总而言之,未来和未来的幸福对于教育而言,固然非常重要,但是我们并不能以未来为借口剥夺学生现在的幸福。教育的幸福目标不仅要包括未来,同样也包括现在。如果教育仅仅是用现在的磨难来交换未来的幸福,它就没有起到促进幸福的应有作用。因此,教育要想真正变成"幸福的教育"(诺丁斯语),就必须要让学生当下就生活在幸福之中。

反思与重构

——他者伦理视野中的师生关系

和谐的师生关系不仅是教育教学得以顺利进行的前提条件,更是教育教学取得理想效果的重要保证。然而在现实中,师生关系并不尽如人意,师生之间高度冷漠甚至激烈冲突的事件在校园中频繁上演。因此,在当今时代,建构和谐的师生关系是事关教育成败的一个重要因素,就连联合国教科文组织都高声呼吁:"我们应该从根本上重新评价师生关系这个传统教育大厦的基石"。[①] 正是在此背景之下,学者们利用各种前沿理论来建构新型的师生关系,像胡塞尔的交互主体理论、雅斯贝尔斯的对话理论、马丁·布伯的我—你理论、杜威的民主理论、伽达默尔的诠释理论等都是学者们竞相采用的对象。不过本文将采用法国哲学家列维纳斯的他者伦理来研究师生关系问题,这不仅是因为列维纳斯的他者伦理能为我们提供全然不同的关系架构,而且也因为列维纳斯的他者伦理本身就是对于前述各种理论的一个继承与超越,它能够帮助我们认清现有关系结构的不足,更好地把握师生关系的未来发展方向。

[①] UNESCO:《学会生存——教育世界的今天和明天》,北京:教育科学出版社1996年版,第107页。

一、他者伦理与师生关系的反思

和谐师生关系的建构不仅需要我们清晰地洞察未来师生关系的发展走向,同样也要求我们对于当前师生关系存在的缺陷具有深刻的把握,因为未来的师生关系要想真正成为和谐的师生关系,它就必须在克服现有师生关系不足的同时,借鉴和吸收其经验与教训。纵观教育的历史发展进程,师生关系主要有两种类型:压迫型师生关系(又称主—客型师生关系、灌输型师生关系等)和平等型师生关系(又称交互主体型师生关系、对话型师生关系、民主型师生关系等)。为了利用列维纳斯的他者伦理建构起和谐的师生关系,我们就必须首先利用它对这两种类型的师生关系进行全面深入地分析和反思。

(一)压迫型师生关系的反思

压迫型师生关系是在教育历史中长期占据主导地位的一种类型的师生关系形态,其缺点与不足在漫长的历史发展过程中得到了一览无遗地展露,因而它在现代社会中得到了较为全面深刻的反思与批判,像雅斯贝尔斯、马丁·布伯、杜威等都曾对此作出过重要贡献。不过在这众多的批判名单当中,保罗·弗莱雷无疑是其中的佼佼者,其所著的《被压迫者教育学》更是令压迫型师生关系声名扫地,从而使得压迫型师生关系被教育界弃之如敝屣。虽然弗莱雷的批判全面、犀利,但主要是意识形态式的政治批判,缺乏深刻的哲学分析,我们利用列维纳斯的他者伦理来弥补这种理论分析上的不足。

师生关系作为人类关系中的一种,其背后是有哲学理论作为支撑的,而在列维纳斯看来,这种哲学理论就是长期居于统治地位的本体论(或存在论)。按照本体论的理解,世界就是一个匿名的存在,人在这个世界上被各种匿名的存在所围绕,并最终沉入到匿名存在之中,随波逐流,湮没无闻。正是为了摆脱这种漂浮不定、汲汲无名的抽象状态,让自己在世界当中获得清晰的身份定位,人们开始走出自身,迈向他者。尽管人们走出了自我,但这不是义无反顾地出发,而是为了胜利凯旋而做出的重要牺牲,因此,迈向世界、走向他者,都不过是服务于自我的,是为了让自我从匿名状态中脱颖而出,是为了让自我在漆黑如夜的存在中得到清晰的展现,他者不过是自我借以实现自我的手段和工具。这诚如笛卡尔所言:"其他一切之所以值得重视,与其说是由于它们自己,不如说是由于它们对此良知或智慧多少有所贡献"。① 因此在传统哲学中,自我实际上被确定为哲学的起点和终点,唯有自我才是全部理论和整个世界的中心,而他者不过是实现自我的手段,满足自我需求的工具,是自我征服改造的对象。在这种理论指导之下,自我"不是与他者和平相处,而是压迫和占有他者。占有虽然肯定了他者,但那限定在否定他者独立性的范围内。'我思'变成了'我可以'——占有某某,剥削实在"。②

这种本体论哲学实际上就是"自我学","哲学变成了自我学"。③ 在自我学的主导之下,自我与他者之间的关系展开为一种主—客体关系,而将其应用到教育领域,就衍生出压迫型师生关系:教师从自我出发,把学生变成了自我的占有物,教师可以不顾学生的具体感受和真实需要,完全按照自我的主观意愿而肆意地征服改造学生,学生的真实意愿在教育教学过程中始终得不到完整的表达,从而使得学生始终处于受奴役压迫的状态。压迫不仅剥夺了学生的尊严与独立性,导致学生创造力的下降,严重削弱教育教学的效果,同时也遭到学生的

---

① 笛卡尔:《探求真理的指导原则》,管震湖译,北京:商务印书馆 1991 年,第 2 页。
② Levinas. *Totality and Infinity*. Hague/Boston/London: MartinusNijhoff Publishers and Duquesne University Press 1979,p.46.
③ Levinas. *Proper Names*. California:Stanford University Press1996,p.18.

激烈反抗,从而使师生关系处于高度紧张状态。因此,压迫型师生关系既影响了师生和谐,也阻碍了教育教学的顺利进行,而这也正是压迫型师生关系在现代社会中遭受激烈批评的原因之所在。

(二) 平等型师生关系的反思

正是意识到了压迫型师生关系的严重缺陷,人们开始突破自我中心论或主—客体思维模式,突出和强调学生在教育教学过程中的地位和作用,利用胡塞尔的交互主体性理论建构平等型师生关系,而其典型代表就是雅斯贝尔斯的对话理论、马丁·布伯的我—你理论、杜威的民主教育理论等。在众多学者的大力推动之下,平等型师生关系在理论与现实中逐渐受到了人们的高度重视,日渐成为构建和谐师生关系的样板。不过,我们观之以列维纳斯的他者理论,平等型师生关系仍然存在着诸多不足。

1. 政治逻辑分析

在现代社会中,强调师生之间的平等关系,其所遵奉的首要逻辑就是政治逻辑。从启蒙运动开始,天赋人权的观念就已经开始深入人心,每个人从出生开始就自然地享有平等的政治权利或法律权利,而且这些权利受到法律的保护,神圣不可侵犯。平等型师生关系正是移植了现代的政治逻辑,强调师生享有平等的法律权利。像杜威将自己的著作命名为《民主与教育》、弗莱雷将自己的著作命名为《被压迫者教育学》,我们从书名当中就能感受到浓烈的政治气息。然而问题在于,现代政治是奠基在自然人权的基础之上,按照霍布斯的观念,所谓自然权利,"就是每个人按照自己愿意的方式运用自己的力量保全自己的天性——也就是保全自己的生命——的自由",①因此,所谓人权

----
① 霍布斯:《利维坦》,黎思复、黎廷弼译,北京:商务印书馆1985年版,第97页。

实际上就是人的个体权利。如果每个人都从自己的自然本性或个体权利出发,那么,人们就会为了保全自身、促进自身的生存发展而互相竞争,从而导致人们之间高度冷漠、冷酷甚至是走向战争。正是为了结束人们之间的敌对状态,防止走向战争,实现人们之间的和平相处,从而制定出对权利加以适当约束的法律等各类契约。不过,契约虽然降低了战争发生的机率,抑制了战争的发生,但却无法保证战争不再发生,因为它并没有从根本上消除政治中所预设的权利对抗逻辑,"因此,政治,作为借助各种手段预测并赢得战争的艺术,就成了理性的训练。政治对立于道德,就像哲学对立于幼稚"。① 后来鲍曼正是顺此逻辑,认为世界大战和大屠杀在现代发生虽然具有偶然性,但绝非一个意外,而是现代文明发展的正常产物。

当马丁·布伯等人按照现代的政治逻辑摧毁传统的我—它人际关系而建构我—你人际关系的时候,没有充分地意识到这种平等当中的冲突风险,并将其移植到了师生关系上,认为师生关系是一种平等对话关系。既然师生是平等对话的主体,那么,双方之间都拥有平等的权利以及满足这些权利的权利,师生之间就潜藏着为了追求权利满足而走向冲突的风险,像在现实生活中也确实存在教师状告学生和学生状告教师侵权的案例,从而使师生关系呈现出高度紧张状态。即使师生都严格遵照法律法规来处理彼此关系,从而使各自权利都能得到相应的满足,但这并不意味着师生关系就走向了和谐。因为当人们相信人与人之间相互平等的时候,不仅意味着我们要相信他者的权利神圣不可侵犯,同样也意味着自我的权利不能受到任何侵削。当师生都固守政治或法律逻辑来处理彼此关系的时候,那么也就意味着:师生各自除了承担起应该承担的义务之外,不会承担起任何额外的负

---

① Levinas. *Totality and Infinity*. Hague/Boston/London: MartinusNijhoff Publishers and Duquesne University Press 1979, p. 21.

担,这样一来,师生之间就会缺少应有的温情,彼此缺少关心与爱护,从而使师生关系呈现出冷漠无情的状态。问题在于,关心对于教育并非无关紧要,"学校有责任教会学生,学会关心是学校教育的真谛所在"。①

2. 经济逻辑分析

在关注现代师生关系中明显的政治逻辑的同时,我们还必须关注相对隐晦的经济逻辑,因为政治本身就是建立在经济基础之上的,政治逻辑与经济逻辑相互交织,师生作为平等的政治主体,其在经济活动过程中,付出与收入之间应该存在严格的对等关系。

现代社会之所以要肯定人们在政治领域拥有平等的权利,是因为它首先肯定了每个人都是自私自利的,自我保存乃是每个人的根本利益,而其典型的形态就是市场经济,每个人都成了市场上进行交易的主体。正是基于对社会现实的深刻领悟,列维纳斯喜欢用"经济"一词来描述人的在世存在状态,"分离自身,与整体性脱离关系,就是在那儿,就是居家,就是成为经济性的"。② 自我之所以是经济性的,首先是因为人都有自然的欲望,都需要赖以生存之物,都要享用衣食等等,所以,我需要通过劳动来占有事物,需要通过与他人进行交换来获得我所需要之物,这也就是说,在市场交易当中,他者不是作为他者而存在的,而是作为某物的持有者而存在的,他者被等同于某物,他者之所以有价值,并非因为他者本身,而是因为他者所持之物对我有用。因此,在市场经济当中,物代替了人,使用价值代替了价值。

---

① 内尔·诺丁斯:《学会关心:教育的另一种模式》,于天龙译,北京:教育科学出版社 2011 年版,第 1 页。

② Levinas. *Totality and Infinity*. Hague/Boston/London: MartinusNijhoff Publishers and Duquesne University Press 1979, p.175.

当我们把市场经济的逻辑搬进校园,套在师生关系之上,那么,校园就成了一个知识买卖市场,教师就成了知识的贩卖者,学生则成了知识的购买者。在这种平等交易关系中,教师与学生作为完整的个人都被忽略了,人们的全部注意力都集中在所传授的知识与所付出的代价是否对等上。这样一来,不仅师生之间缺乏温情,而且充满猜忌与提防,因为师生之间存在着充满风险的利益博弈。正是在这种经济逻辑支配之下,教师要想获得更多的利益回报,就必须供给更多的知识,因此,中国的知识传授呈现出铺天盖地之势,尽管教育主管部门一再要给学生减负,但是学生的学习负担却总是有增无减。当然,市场当中也并不总是遵循"一手交钱,一手交货"的交易方式,也可以实行期货交易,先行的付出将会在将来的某个时刻获得同等的回报。教师们遵守着这一市场经济逻辑,认为学生在校期间就应该刻苦学习,这是一种长远投资,大量的知识积累能够为学生进入社会提供更强的竞争力,从而为学生日后的生存发展、过上幸福的生活打好坚实的基础,这也就是人们常说的"吃得苦中苦,方为人上人"。也正因如此,教师们不顾学生的健康,对学生进行残酷的知识灌输和考试训练。然而问题在于:未来固然重要,难道现在就不重要吗?答案显然是否定的,"未来能够为一个在现在忍受痛苦折磨的主体带来一份慰藉或是补偿,但现在的痛苦本身依然如同一声呼号,永远回荡在空间的永恒之中"。这也就是说,任何未来的补偿都不能弥合现在的创伤,因此,我们不能以牺牲学生当下的幸福为代价去换取有关未来的虚无飘渺的希望,而要从学生当前的幸福做起,"因为一滴眼泪都不应滚落","希望只是为了现在"。[①]

---

① 列维纳斯:《从存在到存在者》,吴蕙仪译,南京:江苏教育出版社2006年版,第110—111、112页。

二、他者伦理与师生关系的重构

虽然列维纳斯在当前中国知音寥寥,但他在西方早已声名显赫,拥趸甚众。由于列维纳斯对于他者问题的独特研究,不仅使得他享有"20世纪最后一个伦理学家"的美誉,而且他的理论在宗教学、人类学、文艺理论、女性主义等多个领域都获得了广泛的回应,教育学自然也不例外,"对于英语读者来说,列维纳斯的英文著作已经变得唾手可得,而且非常明显的是,人们对于列维纳斯的兴趣也与日俱增。作为教育者,也越来越关心伦理、道德教育和社会正义等问题,从而为研究列维纳斯和教育的关系提供了根基"。① 下面我们就尝试利用列维纳斯的他者伦理来重构师生之间的关系,探索师生走向和谐之道。

(一)师生的首要关系是伦理关系

师生关系作为一种现实关系,其构建离不开理论的指导,而一切理论最终都可以在哲学中追根溯源,这也就是说,师生关系的建构离不开哲学理论的指导。在西方几千年的历史发展过程中,哲学的主要形态就是本体论或存在论,存在论成了第一哲学,哲学所探讨的是现实世界中各种具体存在的存在根据问题,或者说存在与存在者的关系问题。列维纳斯对于西方哲学的贡献在于,他不仅公开质疑存在论在哲学中的基础地位:"存在论是基本的吗?"而且公然要求用伦理学来取代本体论,认为"伦理不是哲学的一个分支,而是第一哲学"。② 在本体论的视野中,所有人都成了存在的一般,都成了一种无人称的存在,

---

① Denise Egea-Kuehne. *Levinas and Education*, New York: Taylor & Francis e-Library 2008, Preface9.

② Levinas. *Totality and Infinity*. Hague/Boston/London: MartinusNijhoff Publishers and Duquesne University Press 1979, p.304.

所有人在本质上都是相同的,因而人与人之间是一种肩并肩(side by side)的关系,我与他者比肩而立。列维纳斯力图打破这种无人称的存在状态,让人从存在中破茧而出,去直面真实具体的他者,所以列维纳斯指出,人与人之间的真正关系应该是一种面对面(face to face)的关系。"面"就是"脸",它不是僵死的面具,不能让自我深藏不露,从而达到自我保护的目的。脸具有强烈的表达功能,人们通过面部表情把喜怒哀乐都写在脸上。因此,当我与他者面对面的时候,他者通过面部表情把自己毫无保留地呈递给了我,他者放弃了所有私有之物,变得一无所有,从而让自己生活于不能自保的境地之中,也正因为如此,列维纳斯把他者称为赤贫者、寡妇、孤儿。当他者把一切都呈递给我的时候,实际上他者也就把自身的生死存亡交付给了我,他者就已经通过自身的脸向我发出了寻求保护的呼喊,并要求我对他的呼喊做出回应。不管我以何种方式回应,回应本身就是负责,因为按照列维纳斯的理解,责任(responsibility)的词根就是回应(respond),二者之间具有不可分割的历史渊源,"你对脸的反应就是一种回应。不仅仅是一种回应,而是一种责任。这两个词(reponse,responsabilite)密切相关"。① 责任关系属于伦理关系。由于人与人是一种面对面的关系,而面对面所引出的是一种责任关系,因此,人与人之间的关系就是一种伦理关系,"伦理学是与他人、下一来者的关系"。②

按照列维纳斯的他者伦理,人与人之间首要的关系,不是本体论关系,而是伦理关系,那么,师生关系作为人与人之间关系的一种,其首要关系同样也应该是伦理关系。当学生走进学校、教室,走到教师

---

① 童庆炳:《文化与诗学》(第一辑),上海:上海人民出版社2004年版,第199页。
② 勒维纳斯:《上帝·死亡和时间》,余中先译,北京:生活·读书·新知三联书店1997年版,第158页。

面前的时候,学生及其家长实际上就已经把学生托付给了教师,希望教师能为学生的成长成才担负责任。因此作为教师,不管他是否充分认识到这一点,他都对学生负有伦理的责任,并且要努力地担负起自己所应承担的责任。像孔子就曾经把教师的教育活动看作一种伦理活动,"爱之,能勿劳乎?忠焉,能勿诲乎?"(《论语·宪问》)"劳"(劝勉)与"诲"(教诲)作为一种教育活动,并不是为了实现对于他者的钳制,也不是为了谋求政治上的平等权利,更不是为了争取经济上的利益,而是完全出于对他者的仁爱。正是在这样一种仁爱的伦理精神的支撑之下,孔子才"学而不厌,诲人不倦"(《论语·述而》),从而为我们树立了一个教师的道德榜样。如果教师们都能像孔子那样从爱与责任出发,伦理地处理师生之间的关系,那么师生之间的冲突与矛盾就会大幅减少,师生关系就会更加和谐。

(二) 师生关系是一种非对称关系

既然人与人之间的首要关系是一种伦理关系,那么,人与人之间的首要关系就不是一种对称关系,而是一种非对称关系。所谓对称关系,就是法律上的权利与义务的对等关系,就是市场经济中的付出与收入之间的对等关系,而非对称关系则是承担的义务大于享受的权利,付出多于收入。正如前文所言,他者在与我面对面的过程中,由于脸的表达功能而把自己变成了一个贫弱者,从而在自我与他者之间产生了强弱的差别。虽然按照自然竞争法则,应该是弱肉强食,但是伦理不是自然法则,伦理是对自然法则的提升与超越,否则人类就不需要伦理,只需要遵守自然本性就可以了,所以伦理在某种程度上是反自然的,我与他者之间强弱的对比并没有赋予我奴役压迫他者的特权,反而赋予了我对他者的无限责任。责任的无限性在于,一方面,我所承担的责任与我所享受的权利不对等,"从我到我自己终极的内在,在于时时刻刻都为所有的他人负责,我是所有他人的人质。我能够为我所犯的过错负责,也能够承受不是我的苦难";①另一方面,我所承担的责任是没有止境的。责任就像人类与生俱来的债务,我们必须将其承担起来,然而二者又不完全相同,"无限的责任心,它不像是一种债务,因为人们总是可以清偿债务的;而跟他人,人们永远也两清不了",②由于权利是我的权利,责任是对他者的责任,权利与责任的不对称,导致了自我与他者之间关系的不对称。因此,列维纳斯虽然高度赞赏马丁·布伯对我—它关系的批判,但他并不赞成马丁·布伯所建构起来的我—你关系,"我们怎么能够维持人们之间的特别的我—你关系,而不引出责任的伦理意味呢?我们怎么能够引出责任的伦理意味,而不质疑布伯所坚持的交互性呢?难道伦理不是开始于我把你看做高于我之时吗?"③

既然伦理关系是一种非对称关系,那么师生关系同样也是一种非对称关系。列维纳斯经常用父子关系来作为人与人之间关系的原型,而在中国古代同样也有"师徒如父子"的说法,所以,师生关系的非对称性可以从父子关系中获得理解。父母为子女呕心沥血,终身操劳,这都完全是出于仁爱之心,而不是为了从子女那里获得任何回报,更不会把子女当作满足个人欲望的工具,即使子女长大了真能孝顺父母,为父母养老送终,但这种微薄的回报与艰辛的付出之间又如何能够相互抵消呢?正是由于这一点,古人才有了"谁言寸草心,报得三春晖"的感叹。师生关系作为父子关系的推扩,同样不应在权利与义务、付出与所得之间划上等号,师生应该能够主动地、全心全意地为对方

---

① 勒维纳斯:《塔木德四讲》,关宝艳译,北京:商务印书馆 2002 年版,第 121 页。
② 勒维纳斯:《上帝·死亡和时间》,余中先译,北京:生活·读书·新知三联书店 1997 年版,第 159 页。
③ Levinas. *Proper Names*. California: Stanford University Press 1996, p.32.

付出,而教师更是如此。孔子之所以能够成为"万世师表",不在于他从学生那里获得了丰厚的收益,而是在于他对学生无怨无悔的付出,只要学生前来拜师学习,他都会尽心尽力地帮助他健康成长,让他有所收获,从而赢得了学生由衷的尊重和爱戴。因此,为了消除目前紧张的师生关系,为学生健康成长获得一个和谐的教育环境,教师就必须主动放弃权利与义务、付出与获得之间完全对称的僵化要求,进一步提升奉献精神。

(三) 师生关系是一种现在关系

在本体论哲学当中,由于世间万物都被还原为同一的存在,时间也因此而被同一化、均质化了,世界变成了一条绵延不绝的永恒之流。世界的永恒化导致现在失去了存在的价值,人们追求的是未来的不朽,而非暂时的幸福。尽管我们可能在现在遭受各种磨难,但是这些磨难不过是我为获得永恒幸福所必须付出的代价,这也就是说,现在与未来之间的同质化,导致人们在现在所承受的苦难终将在未来获得补偿。这种磨难就像市场经济当中的投资一样,在未来必将获得巨额的回报,因而列维纳斯把这种时间形象地称为"经济时间","世界意味着获得酬劳的可能","在世界中,时间会拂去每一滴泪水"。[①] 在列维纳斯看来,未来无法补偿现在,因为现在与未来不是同质化的,二者之间存在着本质上的差异。过去所有时间的观念最重要的失误在于:它忽视了现在这个瞬间。实际上,世界并不是一条绵延之流,而是一个永恒的生灭过程,就像庄子所说的,世界万物始终都处在生死交替

---

① 列维纳斯:《从存在到存在者》,吴蕙仪译,南京:江苏教育出版社 2006 年版,第 111 页。

(方生方死)的过程之中,因此,"每一个瞬间都是一个开始、一次诞生"。① 既然世界处于不断生灭的过程中,那么,每个瞬间上的世界都是不同的,所以,表面上浑然一体的世界实际上是由无数个瞬间铰接而成,尽管相邻瞬间在时间位置上具有相近性,但二者在实质上却具有根本性的差异。既然每个瞬间之间具有本质上的差异性,那么,每个瞬间就都具有自身的独特价值,我们就不能用未来补偿现在的办法来要求他者牺牲现在。我们通常都把希望指向未来,但是列维纳斯指出,"希望只是为了现在",因为"伤痛不可能得到赎偿。如同全人类的幸福不能证明个体苦难的必要性一样,未来的报偿也不能抵消现在的伤痛。没有任何正义能够补偿他"。②

列维纳斯通过对现在或瞬间的分析,强调了我们对他者的责任,对于他者来说,最重要的幸福不是未来的幸福,而是当下的幸福,我们不能打着为了他者未来的幌子而牺牲他者当下的幸福。然而在现实生活中,我们的教育却往往打着为学生前途着想、为学生未来负责的旗号,以牺牲学生的身体健康、精神快乐为代价,对学生拼命地进行知识灌输,甚至有时会不惜动用罚站、罚抄作业等各种体罚手段,然而却美其名曰是为了提升学生未来走入社会的竞争能力,为学生积累生存资本。按照列维纳斯的观念,未来固然有其价值,但是现在同样也有其独特价值,我们不能因为学生未来的幸福就牺牲了学生现在的幸福。如果生活真像叔本华所说的那样,幸福只存在于某个点上,而在通向这个点的路途上所充斥的全是苦难,那么,人生就必然是令人无法忍受的痛苦折磨,就会彻底失去意义。因此,对于教师来说,不仅要

---

① 列维纳斯:《从存在到存在者》,吴蕙仪译,南京:江苏教育出版社2006年版,第92页。
② 列维纳斯:《从存在到存在者》,吴蕙仪译,南京:江苏教育出版社2006年版,第113页。

为学生的未来幸福负责,更要为学生的现在幸福负责,要让学生当下就生活在幸福之中。同时,师生之间的现在关系也意味着,教师要现在就开始为学生负起责任,而不应该将责任推向将来,更不能以将来为借口,推托现在的责任。因此,在现在关系中,为了提升学生当下的幸福感,教师就要真正地走近学生,了解学生现实的物质困难和内在的心理需求,帮助学生分析解决问题,从而让学生投入到无忧无虑的学习生活中。只有这样,师生关系才会由冲突走向和谐,学生未来的幸福才不至于沦为缺乏现实基础的海市蜃楼。

独白·对话·回应
——历史视野中的道德教育走向

由于道德教育与人是密切相关的,道德教育的质量直接关系着人们能否健康地成长,所以,如何开展道德教育,以及开展什么模式的道德教育,这些问题一直为人们所高度关注。从历史的发展来看,尽管出现了各种各样的道德教育模式,但基本上可以概括为两种模式:独白式和对话式。在当前,虽然对话道德教育仍然受到学者们的热烈追捧,但是道德教育中出现的问题意味着道德教育必须要进一步向前发展:从对话过渡到回应。

一、从独白到对话

探讨道德教育的走向,也就是探讨道德教育的将来发展,将来不是横空出世的,而是与过去和现在联系在一起的,脱离了过去与现在,将来就成了无源之水、无本之木,因此,我们要探讨道德教育的未来走向,就必须要首先来回顾道德教育的过去与现在。

道德教育作为教育的一个门类,其发展历程与教育的历史发展保持着高度的一致性,传统的教育模式主要是独白式(亦称灌输式),而道德教育过去所采取的主要模式同样也是独白式。所谓"白",就是陈述、言说之意,因此《玉篇·白部》中就说,"白,告语也"。而"独"则有单独、独自之意。合而言之,"独白"即单独一个人在陈述、言说。因此,独白在开始的时候主要表示发源于德国的一种以自言自语的方式来表出情节的戏剧,后来,又被当作戏剧、电影人物独自抒发个人内在情感和欲望的活动。人们之所以把传统的道德教育称为独白式的道德教育,就是因为在课堂上老师在讲台上自说自话,课堂的进程就像舞台上演出的一幕戏剧。教师是整个戏剧的导演和演员,剧情的发展完全由教师掌控;学生则是台下的观众和看客,只能被动地看和听。在传统舞台剧中,观众和演员的区别在于:观众被彻底排除于剧情之外,不能参与到剧情之中,更不能参与剧本的创作,而仅仅是一个可有可无的看客。学生在教学过程中的被动地位,严重降低了学生学习的积极性和创造性,因为就像戏如何演、演什么与观众无关一样,教师如何教、教什么与学生没有任何关系,这就严重降低了教学的效果。更为重要的是,"独"不仅有单独、独自之意,还有专制、独裁之意,像《庄子·人间世》中说,"回闻卫君,其年壮,其行独",这个"独"就是独断专行之意。从这里我们可以看出,"独白"的自说自话当中包含着某种专制性,当教师以独断的方式对学生开展道德教育的时候,实际上教师是作为至高无上的权威在向学生发布道德命令,而学生则被当成了命令的接受者和执行者,"教育意志变质为专断,教育者从自身和他对学生的看法出发来实施他的选择和影响,而不是从学生自身的实际出发"。① 根据独白道德教育的这些特征,弗莱雷形象地将其称为"压迫者教育学"。这种独白道德教育不仅有违现代社会的平等观念,侵犯了受教育者的平等权利,而且也不能实现道德教育的成人取向,把人变成了没有生命力的僵死的知识储存器,"由于灌输式教育的出发点是把人误解为客体,因此它不能培育弗罗姆所说的'嗜命癖',反而却

---

① 马丁·布伯:《人与人》,张健、韦海英译,北京:作家出版社 1992 年版,第 143 页。

造就了其对立面的'恋死癖'"。①

正是有见于独白式教育的这些不足,学者们开始在回顾发掘传统的过程中,利用苏格拉底的对话理论来重构教育理论,像马丁·布伯的《人与人》、雅斯贝尔斯的《什么是教育》,以及保罗·弗莱雷的《被压迫者教育学》等,都是这方面的经典著作。按照赫尔巴特等人的观念,"我们可以将教育唯一的任务和全部的任务概括为这样一个概念:道德","道德,普遍地被认为是人类的最高目标,因此也是教育的最高目标。谁否认了这一点,谁肯定并不真正知道何为道德,至少他在这里没有发言权"。② 赫尔巴特的论述含义非常丰富,而这里所包含的一个重要含义,就是教育本身涉及教师与学生之间的关系问题,而如何处理这些关系本身就有道德意义,实际上它构成了道德教育的环境,而环境对于道德教育效果会产生至关重要的影响,这也就是说,道德的教育离不开教育的道德,而对话教育取代独白教育就是强化教育道德的结果。从表面上看,这种取代只不过是一种教育方式、教育方法的变化:教师在教学过程中不再自说自话,而是与学生进行各种互动,从而把学生由知识创造的旁观者变成参与人。如果对话教育仅止于此,那么,它也就难当弗莱雷所赋予的"革命"与"解放"的盛名。实际上,对话教育之所以是革命性的,乃是它颠覆了传统的师生关系,教师不再是教育过程中唯一的主体,学生由任由教师裁制的客体变成了与教师享有同等权利的主体,从而使师生之间的关系由独白教育中的"我—它"关系变成了"我—你"关系,学生彻底地从教师专制独裁压迫之下解放出来。这种师生关系的革命性变革充分地调动了学生的积

---

① 保罗·弗莱雷:《被压迫者教育学》,顾建新译,上海:华东师范大学出版社 2001 年版,第 29 页。
② 彭正梅、本纳编:《赫尔巴特教育论著精选》,李其龙等译,杭州:浙江教育出版社 2011 年版,第 11 页。

极性和创造性,从而使教学由枯燥无味的单向灌输变成了兴味盎然的共同创造。

正是由于对话道德教育克服了传统独白道德教育诸多的不足,所以,对话道德教育受到了学者的热烈追捧,而未被充分反思,从而导致对话道德教育的弱点也在肆无忌惮地侵害道德教育。第一,对话道德教育越来越形式化。本来对话道德教育的核心在于重构师生之间的关系,但是由于缺乏反思,从而导致人们对对话道德教育作了一种形式化的理解,以为对话不过是一种教学形式。在这种误解之下,教师在教学过程中,机械地套用所谓的对话形式,使得道德教育变得为形式所累,从而在道德教育过程中出现了各种各样的虚假对话,"如'简单的是非判断'的对话、'由师而生'的对话、'预设过度'的对话,以及'表演成分过重'的对话",[1]严重地侵害了道德教育的效果。第二,对话道德教育导致道德冷漠。用"对话"取代"独白"是人类历史发展的一个进步,使得人类社会实现了由等级向平等的转变,伴随这种转变的是我们对待他者方式的转变,用齐格蒙特·鲍曼的话说,就是用"钢铁般的神经"来代替"铁拳",或用宽容来代替专制,因为教师与学生之间是平等的主体,所以,教师要对学生具有宽容精神。然而单纯的宽容是不够的,因为宽容存在滑向冷漠的危险,就像相声《我惯着他》所说的一样,宽容的结果实际上就是对他者的冷漠和不负责任,而在现实生活中,也确实出现了大量教师对于学生高度冷漠的情形:既有目睹学生打架斗殴而视而无睹的"杨不管",也有在地震来临时置学生生死于不顾的"范跑跑"。这不仅极度地伤害了教师的道德形象,而且也严重地削弱了学校道德教育的效果。

既然对话道德教育仍然不能真正改善人们之间的道德关系,提升

---

[1] 陈桂生:《"对话教育"三题》,载《江苏教育研究》2009年第8期。

道德教育的效果,那么道德教育必须继续向前发展。

二、走向回应道德教育

对话道德教育的问题不是源自于人们理解和应用上的欠缺,而是由于其自身的内在不足造成的,因此,对话道德教育的问题不能通过其自身完善的方式来解决,而是需要通过走向新的道德教育模式来解决,在笔者看来,这种新的道德教育模式就是回应道德教育。

回应道德教育由"回应"和"道德教育"这两个词构成,而正是"回应"决定了它与独白道德教育和对话道德教育的不同,因此,我们要准确地理解回应道德教育就必须从"回应"入手。

回应作为一种言说活动,实际上是古已有之。在西文当中,respond 虽然直到 14 世纪才进入英语,但是其历史渊源则可以追溯至古典拉丁语的 respondere;在汉语当中,虽然回应作为一个合成词出现较晚,但是"回"和"应"则具有非常悠久的历史,而且它们也基本上包含了回应一词的主要含义。由此可见,回应作为一个词汇历史并不短暂。不过,尽管"回应"存在的历史比较漫长,但是真正给回应以高度重视,并从伦理道德的角度对其进行诠释的当首推法国哲学家列维纳斯。

在列维纳斯看来,由于以往的哲学深受本体论的影响,人与人之间是肩并肩(side by side)的关系,因为从本体论上看,每个人都有独立的起源,从而每个人都是一个封闭的孤立单子,人与人之间处于彻底的分离状态。在这种关系当中,人们之间尽管也会摩肩接踵,但最终还是会失之交臂,我漠然地置他者的生死于不顾,因为他是他,我是我,从而导致社会的彻底冷漠。列维纳斯觉得人与人之间的关系并非肩并肩的关系,而是面对面(face to face)的关系。当我们迈出家门,走向外部世界,我们就会和他者碰面,他者以面貌或脸的形式呈现在我的面前。就像人们常说的"眼睛是心灵的窗户"一样,脸同样也具有表现、表达功能,我们内心的喜怒哀乐都会写在脸上,通过脸表现出来。正是脸的这种表现性,使得他者剥除了一切伪装和保护,赤身裸体地站立在我的面前,因此,以面貌形式所表现出来的他者是一个失去了自我保护能力的寡妇、孤儿,他者通过面貌向我们提出吁求,"汝勿犯杀",从而把自己的生死存亡托付给了我们。面对他者的吁求,不论我们是否乐意,我们都必须作出回应,"言说就是对他者作出回应"。① 列维纳斯在这里是有意使用了双关语,当他讲回应的时候,实际上就是强调自我对他者的责任,因为责任(responsibility)和回应(respond)在拉丁语中拥有共同的词根,二者同根同源就决定了二者相伴而生,"你对脸的反应就是一种回应。不仅仅是一种回应,而是一种责任。这两个词(reponse,responsabilite)密切相关"。② 在回应或责任关系中,他者变成了一个绝对的他者,他者不再像独白中那样低于我,也不再像对话中那样与我相等,而是高于我,我是被他者所劫持的人质,我不但要为他者的生死存亡负责,甚至为了他者可以付出我的一切直至生命。

从列维纳斯对回应的论述中我们可以看出,回应并不仅仅是一种言说方式,更是自我与他者之间的一种伦理关系:自我不是与他者共在,而是为了他者而存在,自我对他者承担着无穷无尽的责任。正因如此,回应道德教育也不简单地是一种教学方式,而更是教师与学生在道德教育中的伦理关系,当然围绕这种伦理关系,必然会发生教学方式方法上的系列变革。

既然回应意味着责任,那么,在回应道德教育当中,就必然会高度

---

① Levinas, *Otherwise Than Being or Beyond Essence*, MartinusNijhoff Publisher and Duquesne University press1981, p.47.
② 童庆炳:《文化与诗学》(第一辑),上海:上海人民出版社 2004 年版,第 199 页。

重视教师对于学生的责任问题。道德自古以来就被看成是人的本质属性。像在先秦儒家那里,道德就被看作人区别于世间万物、高出于世间万物最为重要的特性,"水火有气而无生,草木有生而无知,禽兽有知而无义,人有气、有生、有知亦且有义,故最为天下贵"(《荀子·王制》)。正因如此,人们又把道德看成立身成事之本,"人无礼则不生,事无礼则不成"(《荀子·修身》),认为人类如果失去了道德,就会堕落到禽兽不如的地步。既然道德直接关系着人能否成为人,那么,道德教育就不是成才教育,不是知识教育,而是成人教育,就是要把学生培养成为一个真正的人,"道德教育从其根本指归来说是成人(使人成为人)的教育,就其具体目标来说是成就人的德性的教育(德性是人性的自觉,它使人成为人)"。① 这也就意味着,学生走进学校,接受学校的道德教育,实际上学生就已经向学校、向教师们提出了要求:你们要把我培养成人。教师必须对学生的这种吁求做出回应,也就是必须承担起把学生培养成人的责任。如果学生没有成人,而是走上了歪门邪道,甚至违法乱纪了,那么,教师是有责任的。虽然学生所犯下的错误并非教师的过失所致,但是按照列维纳斯的说法,他者所犯下的所有罪行,都是与我有关的,因为他者已经将自己全盘托付给了我,他者犯罪就是因为我没有尽到自己的责任,所以,我就是他者所犯罪行的幕后黑手,我就是罪犯的同谋,我理所当然地负有不可推卸的责任。因此,为了学生能够健康地成长、成人,教师不能成为纯粹的知识灌输者,不能成为学生成长过程的旁观者,而是要真正成为学生成人过程的守护者,教师不仅要为学生灌溉施肥,提供精神滋养,同时也要防止各种害虫的侵袭,而不是奉行没有任何实质内容的宽容,从而让学生在堕落的泥潭里越陷越深。

---

① 鲁洁:《当代德育基本理论探讨》,南京:江苏教育出版社2010年,第60页。

由于回应不是旁若无人的自说自话，也不是两个平等主体之间的沟通交流，而是对于他者呼求的应答，是对他者责任的承担，所以，回应不应停留在语言上，变成空洞的口头允诺，而是要落实到行动上，用自己实际的行动来担负起他者成人的责任重担。因此在开展回应道德教育的过程中，教师不是一个口若悬河的布道者，而是全心全意为学生付出的责任承担者。教师用自己的一言一行、一举一动为学生铺设通向成人的道路，并时时关注学生是否偏离了他所呼求的道路，随时准备指出学生所犯的错误，帮助其纠偏，以免背弃了帮助学生成人的美好承诺。这也就是说，回应道德教育并不主要是通过课堂道德教育模式来展开的，而主要是通过亲身躬行的模式来展开的。在独白道德教育和对话道德教育当中，道德教育都被看成了是一种知识的传播，是一种仅仅针对学生的教育，然而教师本身始终没有参与到学生成人的过程中来，对于学生的成长来说，教师不过是一个可有可无的看客，所以，教师的德行是无关紧要的。而在回应道德教育当中，教师开始作为学生成人的责任承担者进入学生成长成人的过程之中，所以，教师本身就是以道德人的身份而存在的，并且他必须以实际的行动来证明他的道德人身份，否则他就有名不副实之嫌。这也就是说，在回应道德教育中，最为重要的，不是教师讲授了哪些具体的道德内容，而是他所有的教育活动都是符合道德的，或者说，他所开展的教育是符合道德的教育。在回应道德教育中，学生所面对的教师，不再是一个傲慢的知识权威，也不再是一个平和的闲聊伙伴，而是一个平凡的道德榜样，他努力地在用自己朴实无华的行动改善文化环境，为学生们的道德成长提供滋养。

三、回应道德教育的价值

回应道德教育要成为道德教育的未来发展方向，它不仅需要历史发展的逻辑根据,同时它还必须能够解决先前道德教育所遗留下来的历史问题。因此,为了说明道德教育应该走向回应道德教育,我们不仅需要对回应道德教育的内涵进行介绍,我们还要探讨回应道德教育的独特价值。

第一,回应道德教育的提出顺应了言说方式的历史发展逻辑。在人类社会早期,由于受到宗教神学的影响,人们认为真理掌握在少数人的手里,因此这部分人以人类导师的身份向人们发布真理,而普罗大众则被当作忠实的听众,因而这时的教育和言说主要采取了独白的方式。那时,如果普罗大众胆敢喋喋不休,就会被看作对权威的侵犯,就会受到惩罚,甚至会像苏格拉底和布鲁诺那样遭受灭顶之灾。在现代社会中,伴随着上帝死亡而来的是权威的没落,没有人因为接受了上帝的恩典而享有至高无上的特权,所有的人都站在同一个起点上,都享有平等的权利和义务,因此,没有人能够独断专行地向他人发布命令,每一项决定的作出都必须建立在共同商谈、对话的基础上,而这导致对话理论在现代社会中大行其道,在政治、经济、文化教育等领域,对话都开始普遍流行。不过,如果我们细心地观察,我们将会发现,就在对话铺天盖地之际,回应已经悄然兴起。正如前文所言,列维纳斯的贡献在于他从哲学的高度把言说等同于回应,从而把回应当成了唯一重要的言说方式,并赋予回应以责任的内涵,实际上,他这些思想是对前人思想的继承和发展,在他之前,有些思想家已经对于回应做出了相似论述。像马丁·布伯在论述对话时就提到了回应,"真正的责任只存在于真正有回应的地方。对什么做出回应呢?对某人发生的事情作出回应,对所见、所闻、所感作出回应";[①]"责任不是一种从外部强加在人身上的义务,而是我需要对我所关心的事情作出反应。

---

① 马丁·布伯:《人与人》,张健、韦海英译,北京:作家出版社1992年版,第26页。

责任与反应具有同样的根基:反应='回答';负有责任意味着准备作出反应",①这里的"反应"就是列维纳斯所讲的回应。从历史过程当中我们就可以看出,回应是独白、对话之后第三种重要的言说方式,并且日益受到思想家们的重视。

第二,回应道德教育解决了教育中争论不休的主体问题。对于教育和道德教育来说,主体问题一直都是个非常复杂的问题,长期以来都没有得到妥善解决。道德是以爱和尊重为基础的,而爱与尊重是以确立他者的主体地位为前提的,一个自我的附庸和奴仆不值得主人爱和尊重,因此,以道德作为教育内容和建构目标的回应道德教育同样也离不开确立学生的主体地位。在传统的独白道德教育当中,教师处于主体地位,是教育过程中至高无上的权威,而学生则处于客体地位,是教师发号施令,加以征服改造的对象,彻底地被看作教师的附庸。也正因如此,弗莱雷把这种教育称为"压迫者教育学","压迫者的兴趣在于'改变被压迫者的意识,而不是压迫他们的现状',因为被压迫者越是可以被引导去适应这一状况,他们越是容易被统治。为了达到这一目的,压迫者利用灌输式的教育以及家长式的社会行动机制"。② 正是为了打破这种主客对立的教育模式,把学生从教师的压迫下解放出来,实现现代人所追求的平等关系,教育学开始引入现象学中的交互主体性理论,而对话道德教育的前提就是建立在这样一种交互主体或双主体的基础之上,因为只有两个平等的主体才能顺利展开一场对话,如果一方拥有特权,对话就无法进行下去。然而两个平等的主体之间是一种并列关系,二者不但无法达到统一,甚至会走向冲突,前者

---

① 弗罗姆:《为自己的人》,孙依依译,北京:生活·读书·新知三联书店1988年版,第105页。
② 保罗·弗莱雷:《被压迫者教育学》,顾建新译,上海:华东师范大学出版社2001年版,第26页。

的结果是冷漠,后者的结果是斗争。正是为了化解这一矛盾,后又对其进行了各种变形,但是都没有真正解决这一矛盾。前面各种教育模式之所以产生问题,就是因为它们都被主体当作了一种权利的主体,从而使得主体之间为了争权夺利而走向分裂甚至冲突。在回应道德教育中,教师与学生虽然也同样居于主体地位,但是他们已经不再是两个势同水火的主体,而是相互依赖的两个主体:责任主体和权利主体,在道德教育过程中,学生是无声的命令者,而教师则是回应者,是责任的积极承担者,二者之间不但没有冲突,而且相互支撑。

第三,回应道德教育真正突出了"育人为本"的教育理念。《国家中长期教育改革和发展规划纲要(2010—2020年)》中明确提出要"把育人为本作为教育工作的根本要求",强调在教育过程中要"坚持以人为本"。"育人为本"对于道德教育具有尤其重要的意义,因为像一些自然科学教育虽然是成才教育,但是未必是成人教育,因为一个具有丰富自然科学知识和科学技能的人也可能是一个生产的工具,但却不是一个真正意义上的人,而道德教育则与成人密切相关,道德教育的成败将会直接影响学生能否成人。道德教育是否能够成功的一个重要影响因素就是教师心里是否装着学生,是否把学生当作人来对待,心里是否装着把学生培养成人的责任感。在独白道德教育当中,正像弗莱雷所说的那样,学生根本就是一个客体,就是一个知识的储存器,因而学生已经从人被降格为物。虽然对话道德教育已经肯定了学生的主体地位,学生已经被当作了一个独立的人,但是这个人与教师之间是一种"肩并肩"的"共在"关系,因而二者具有本体上的独立性——"我是我,他是他",彼此外在。虽然教师和学生具有职业上的关联,但是内心当中却存在着无法跨越的鸿沟。这就决定了教师不可能迈出自身封闭的圆圈,为了学生的成长成人而真正地走进学生内心,去为学生的成长成人担责,而这恰恰也就是对话道德教育中充满着形式化和道德冷漠的原因之所在。回应道德教育突破了师生在传统独白道德教育中所形成的压制关系和对话道德教育中所形成的共在关系，把师生关系看作"为……而存在"的回应关系，也就是说教师是为了学生而存在的，不仅是为了学生的成才，更是为了学生的成长成人。为了回应学生的吁求，兑现自己的责任承诺，教师就必须时时刻刻把学生放在心里，全心全意地为学生付出。

第四，回应道德教育转变了传统的道德教育模式。虽然回应道德教育不简单的是一种道德教育的模式、方法，而主要是一种道德教育关系，但是师生关系的变革必然也会反过来影响到教育模式的变革。在独白道德教育当中，道德是一种单向的知识传递，教师以灌输的方式把道德知识传授给学生。在对话道德教育过程中，道德知识不再简单地由一方流向另外一方，而是教学双方的共同开发和创造，或学生在教师的指导、启发下发现道德知识，而其典型的形式就是苏格拉底的"精神助产术"。这两种道德教育模式之间虽然存在着专制与民主的巨大差别，但是二者也存在着共同的缺陷，那就是把道德的教育培养看作一种纯粹课堂式的语言运作或知识教学，忽略了道德培养的环境因素和实践性。回应道德教育突破了课堂的局限，真正把道德教育渗透于日常生活中，教师通过对学生吁求的回应和担责，不仅为学生树立了生动的道德榜样，同样也为学生创造了一个良好的道德环境，而学生生活在这样一种道德环境当中，就必然会受到潜移默化的影响，从而使道德教育不再是枯燥的知识灌输和夸张的形式表演，而是润物无声的体贴关怀。

正是因为回应道德教育的提出顺应了历史发展的逻辑，且其自身具有独特的价值，所以，我们必须对回应道德教育进行更加深入的研究，从而为解决道德教育中存在的诸多问题，提高道德教育的实效性做出积极的贡献。

面貌伦理与情景化道德教育

在知识经济时代,一切都已经变得高度知识化了,似乎任何事物唯有向知识靠拢,才能获得自身存在的合法性。在知识化大潮的裹挟之下,道德教育也被剥离了真情实感,开始变得高度理性化、抽象化,逐渐成为抽象的科学知识传授。然而问题在于,道德教育的抽象化不仅使得道德教育中出现了人的空场,更为重要的是,它无法把教师所传授的道德知识有效地转化为学生的德性和德行,从而严重削弱了道德教育的实效性。为了扭转这一不利局面,我们需要向面貌伦理学汲取营养,从而对道德教育做出必要的调整。

一、面貌伦理概述

为了更好地利用面貌伦理来调整我们当前开展的道德教育,从而提高道德教育的实效性,我们有必要首先来了解一下面貌伦理。

面貌伦理是人们对法国哲学家列维纳斯伦理思想的概括,因为列维纳斯特别强调伦理与面貌(脸)之间的关系。在列维纳斯看来,正是因为我与他者碰面了,我看见了他者的脸,所以我才对他者负有了不可推卸的责任,因而列维纳斯的伦理思想是围绕着他者的面貌或脸而展开的。

在通常的意义上,面貌(Visage)或脸(Face)是一个物质性的概念,它主要指一种物质器官。因此,当我们一讲到面貌或脸的时候,我们就自然而然地会想到两颊、额头、眉毛、鼻子、眼睛等等面部器官。不过需要提出的是,列维纳斯并不是在通常的物质器官的意义上来使用面貌或脸这个概念,而是要发掘面貌或脸的另一方面。《朗文当代英汉双解词典》是这样来解释 visage 的,"人的脸,尤其是考虑到它的表达或表现功能"。而在中国人的日常生活中,我们也经常会通过一个人的面部表情来判断一个人的心理状态:当一个人脸色阴沉的时候,估计他心情有些低落;当他脸色舒展的时候,估计他心情放松。这也就是说,人们经常会把喜怒哀乐写在自己的脸上。通过对词典释义和日常生活的观察分析,我们就可以看到,面貌或脸具有表达性的功能,因此,列维纳斯说,"脸向我言说"。① 正是因为面貌或脸的表达性,所以,面貌或脸不是面具,它不是对于内在自我的一种遮蔽,而是对于内在自我的一种裸呈,它剥离了自我的一切遮羞布,让自我一丝不挂地呈现在他者面前,"所谓脸是存在者作为存在者的显示、存在者人格的显示。脸既不显示出存在者,也不加以遮掩。超逾了各种各样的形态的特征暴露、隐蔽,就是脸的露出,一个实体,一个人其实体的存在"。② 因此,我们通过他者的面貌,看见的不是他者的强悍,而是他者的柔弱,他者通过面貌或脸变得一无所有,无依无靠,所以,面貌或脸是赤贫,他者通过脸所呈现出来的完全是鳏寡孤独等贫弱者的形象,也正因如此,列维纳斯经常用"悲惨"、"饥饿"、"寡妇"、"孤儿"等词汇来形容面貌或脸以及作为面貌展现在自我面前的他者。

按照著名的列维纳斯研究专家柯亨的说法,列维纳斯与其师海德

---

① Levinas, *Totality and Infinity*, translated by AlphonsoLingis, Martinus-Nijhoff Publishers and Duquesne University Press 1979, p. 198.
② 孙传钊编:《〈耶路撒冷的艾希曼〉:伦理的现代困境》,长春:吉林人民出版社 2003 年版,第 309 页。

格尔不同,不是一个乡村哲学家,而是一个城镇哲学家。城镇乃是一个人员汇聚的地方,在城镇当中,我们无法真正做到独居独处,无法脱离他者而存在,我们已经置身于他者之中,不管我们是否愿意,我们都会遭遇各种各样的人。列维纳斯利用我们日常生活的经验,把与他者的遭遇称为"碰面",这也就是说,他者与面貌或脸之间具有相互替代性,他者是作为面貌或脸而与我遭遇的。因此,在碰面过程中,我与他者之间就建立起了"面对面"(face to face)的关系。由于按照列维纳斯的观念,自我在与他者碰面的过程中,当我面对他者的时候,他者就已经通过他的面貌或脸把自己的所有一切伪装都抛弃了,从而将自己变成了一张纯正的脸,也就是说,他者除了这副面貌或这张脸以外,已经变成了一无所有的赤贫者,无以保护自身,无法维持生存。在这样一个贫弱的他者面前,自我乃是一个强者。在历史上,弱肉强食的现象经常发生。在列维纳斯看来,历史上之所以会经常发生弱肉强食的事件,是因为人们之间是一种"肩并肩"(side by side)的关系,而不是一种面对面的关系。在肩并肩的关系当中,自我对他者视而不见,置若罔闻,因而人们心目中只有自我,没有他者;在面对面的关系中,他者已经深深地植入我的内心之中,他者的贫弱形象已经触碰到了我的良心之弦,我们已经将自我与他者彻底地割裂开来,而且已经与他者开始同呼吸、共命运。

在这种自我与他者面对面的关系中,由于他者不是与自我无关的他者,而是与自我休戚相关的他者,他者已经将自身彻底地呈现在自我面前,已经将自己彻底地托付于我,因此,我们对面对面的他者的生死存亡负有不可推卸的责任,这也就是说,我们在他者的面貌或脸当中所看到的不是一个物质的器官,而是自我对于他者的内在责任。像中国古代孟子说的,当人们看到一个孩子将掉落井中的时候,就会忍不住伸手去救;即使像齐宣王那样的暴君,当他看到牛被用来祭钟,也忍不住会"以羊易之",这些实际上都是自我对他者负责任的重要表现。自我之所以对他者负责任,实际上是由于他者的面貌或脸对于自我良心的一种触发作用。当他者通过面貌或脸将自己赤裸地呈现在自我面前,实际上就不仅是已经将自身呈递给了我,更是将自己的命运、生死存亡托付给了我,已经在请求我对他的生死存亡负起责任,一旦我放弃了对他者的责任,那么我就必将会遭受内心的煎熬、良心的谴责。因为责任(responsibility)不是别的,责任就是对他者请求的回应(respond),当我面对他者的时候,实际上我与他者之间通过面貌或脸就已经有了请求和回应,因此我对他者也就负有了不可推卸的责任。

综上所述,列维纳斯的面貌伦理,实际上就是一种责任伦理,我们通过他者的面貌所建立起来的实际上就是对他者的无限的责任。

二、道德与情景

从对面貌伦理的概述中,我们可以看出,道德离不开情景,因为我们在与他者碰面、见面的过程中,实际上我们所碰到的、所见到的,都是一个个具体的情景。

在面貌伦理当中,这个情景首先是"情",然后才是"景",因为面貌伦理归根结底是一种责任伦理,它是要唤醒人们内心中沉睡的不忍之心,是要激发人们对于他者的责任感,从而主动地对他者负起责任来。面貌伦理对于"情"的高度关注,实际上准确地抓住了道德的核心。在当前的道德研究和道德教育中,人们往往都过分地关注道德的知识性和规范性,把道德当成一门知识向学生进行传授,实际上这违背了道德的本来面目,忽视了道德的情感性。

道德由"道"与"德"结合而成,"道"本指道路,后被引申为规范,因此道德确实具有规范性。不过仅仅从规范的角度来理解道德是不够的,我们必须还要关注道德之"德"。"德"在金文中写作"惪",因此,"德"就是正直人心。怎样才能正直人心呢?按照孔子和孟子的说法,就是率性而行、顺情而行。人生下来,就有"不安"、"不忍"之类的天然情感,人如果能够顺着这种天然的情感立身行事,那么,他就会成为道德的人。像孔子认为,人们正是因为出于内心的"不安",才会排除一切困难而为父母守孝三年,成为孝子;孟子认为,人们正是出于内心的"不忍",才会扶危济困,主动地去帮助他人。因此,在中国,人们普遍地将道德与情感联系在一起,像人们一般把那些乐于助人的人称为"热心人",这个"热心"就是情感炙热,人们认为只有情感炙热的人才会成为道德的人,反之,情感冷漠的人就不仅不会成为道德高尚的人,反而会成为不道德的人,因此,俗语叫作"麻木不仁","不仁"就是不道德,而这个不道德的根源则在于情感的麻木,可见,在中国人的心目中,情感对于道德的形成具有至关重要的作用。不但中国人强调道德与情感的关联,西方人同样也高度重视道德的情感性,像休谟在《人性论》当中就详细地论述了情感与道德之间的紧密关系,后来亚当·斯密又专门著有《道德情感论》一书对此问题展开论述,可见道德不能脱离情感而存在。正是基于道德与情感之间的内在关联,人们在对道德进行界定时,都会主动将情感作为一个重要因素纳入其中。像魏英敏教授就这样来界定道德,"道德,是人们在社会生活中形成的关于善与恶、公正与偏私、诚实与虚伪等观念、情感和行为习惯,并依靠社会舆论和良心指导的人格完善与调节人与人、人与自然关系的规范体系",[①]在这个界定中,魏英敏教授十分明确地在把道德看作一种规范的同时,也把道德看作一种人生情感,同时,当他将"良心"看作一种指导和调节手段的时候,他不仅强调了情感对于道德形成的基础性,而

---

① 魏英敏:《新伦理学教程》,北京:北京大学出版社2003年版,第99页。

且也强调了情感对于道德形成的规约性,道德是在情感的约束下形成的。

在道德形成过程中,"情"具有基础性的作用,但是这并不意味着道德完全是内在的,道德同样需要外在的条件。因为"情"是能力基础,它为人们提供了成为道德人的可能性,但是可能性要想变为现实性,一个人要想真正成为道德的人,他还需要更多的内外部条件。在这些外在条件当中,"景"就是其中的一个重要方面,因为"情"与"景"毕竟密不可分,我们经常说情景交融、触景生情、因情生景就是此意。在伦理道德形成过程中,道德情感虽然具有基础性,但是它的发挥同样离不开"景"的触发作用。像面貌伦理强调碰面、见面,这实际上就是创造一种触发道德情感的情景,我们正是面对柔弱他者这样一个具体的情景,我为他者负责的责任感才油然而生。这种触景生情的道德案例,在现实生活中大量存在。像孟子曾经讲过一个古代的故事,从前有一个不孝子,亲人死了也不埋葬,就直接把尸体抛到荒郊野外,直到有一天,他路过抛尸地点,看见狐狸、蚊蝇等在叮食尸体,心中感到非常不安,回家找来工具把亲人埋葬了。而在现代社会中,人们因为看到别人遭受苦难而出手相救的道德案例也不胜枚举,像最美女教师为了学生的安危而奋不顾身的案例就是其中最好的代表。而这些都是面对不利情景而激发出来的道德行为。实际上,在现实生活中,不仅这些负面的情景有利于激发人们的道德情感,而那些积极的道德情景同样也会激发人们的道德情感,从而促使人们去行道德之事,做道德之人。譬如,大街上如果有一个人救助伤者、勇斗歹徒,那么就会有更多的人参加进来;电视上播放了一个道德楷模的光荣事迹,也会激发观众去进行学习和模仿。

情景对于道德形成的作用,我们不能仅仅将其限定在道德情感的激发上,实际上,更为重要的是,情景能对道德情感起到定型和固化的作用,使其逐渐成为一种稳定的心理倾向,从而形成一种稳定的思维模式和行为模式。情感的一个重要特点,就是它的变化性、不稳定性,情感会随着时间地点等外部条件的变化而发生变化,像俗语中的激情也会退去、死灰也会复燃,就生动地告诉了我们情感的变动不居的特点。情感这种变动不居的特点,导致它无法作为一个恒常的力量来发挥作用,就像一个人今天可能古道热肠,乐于助人,但是明天他也有可能冷若冰霜,见死不救。因此,情感需要稳定化、固化,而这也就需要情景的反复刺激。如果一个人反复面对和处理同一场景,他就会形成一种习惯,当他在下次面对类似场景的时候,他就会不假思索地做出类似反应,从而把偶然情感和行为变成了一种固定情感和行为,做到"终身由之",而这有助于使偶然的道德情感和道德行为变成稳定的道德品质,从而真正地成为一个道德高尚的人。

三、情景化道德教育

既然按照面貌伦理,情景对于伦理道德的形成具有至关重要的作用,那么,以培养人的道德品质作为目标的道德教育活动更应该重视和利用情景,从而开展情景化道德教育。

情景化道德教育与知识化道德教育相比,具有一定的自身优势。第一,情景化道德教育克服了知识化教育中人的空场问题,更加关注人、关心人。道德是人的道德,唯有人才有道德问题,因此,道德教育必须将教育的对象作为一个人来看待。而在知识化道德教育中,教师见物不见人,不考虑学生在面对具体的场景时所产生的情感体验,而只考虑抽象的道德原则和规范。情景化道德教育在重视道德原则和规范的同时,更加重视学生在面对具体的场景时所产生的情感态度和价值体验,从而对其开展更有针对性的道德教育。第二,情景化道德教育克服了知识化道德教育中理论与现实相脱节的问题,实现了理论与现实的统一。不能解决现实问题、不能发挥实际效用的道德只是一种空头道德，是一种伪道德，真正的道德必须能够指导人们在现实生活中应该如何立身行事。知识化道德教育更加重视系统知识的传授，但是却忽视了这些知识到底该如何在社会现实中加以应用的问题，更没有为人们应用道德知识提供必要的训练。情景化道德教育所创设的情景，实际上就是学生作为道德主体所面对的一个特定的社会现实，它不仅告诉学生在这种特定场景中自己应该怎么做，更要激发学生去思考，当我面对这种情况的时候自己应该怎么做，甚至会直接动手让学生去做，从而鼓励学生将理论应用于现实，从而锻炼了学生分析问题、解决问题的能力。第三，情景化道德教育克服了知识化道德教育中情感缺乏的问题，丰富了学生的情感体验。道德与情感密不可分，一个情感丰富的人，才比较容易行道德之事，做道德之人，反之，如果情感麻木，冷酷无情，那么他就难于成为道德的人。由于知识是高度理性化的，与情感是格格不入的，所在知识化道德教育中，教师比较重视知识的理性分析，而比较容易忽视学生独特的情感体验，甚至有意扼杀学生的情感体验，将其作为不适应于知识普遍性要求的特殊性予以剔除。情景化道德教育更加重视学生在面对不同场景时所产生的情感体验，从而将其作为道德教育的契机，激发学生对于道德的认同感，从而在内心中保留道德的冲动，这不仅增强了学生对于学习伦理道德的兴趣，更加有利于学生去做道德之事，成为道德高尚之人。

既然情景化道德教育与知识化道德教育相比，具有众多的优势，那么，我们在现实生活中应该更加广泛地开展情景化道德教育，从而更加充分地发挥情景化道德教育的优势。

第一，创设更加科学的情景。实际上在知识化道德教育中也会经常利用情景化，而我们之所以不把它称为情景化道德教育，不仅是因为其没有将情景化作为一个重要的教育手段加以利用，更是因为其在情景的设计上没有倾注足够的精力，从而使情景流于形式，缺乏科学性。为了使情景更有利于发挥出道德教育的效果，我们需要更加科学地设计情景。首先，情景要贴近生活。要想让学生在接受道德教育的过程中真正做到触景生情，那么，这个场景就必须贴近学生生活实际。因为只有这样，学生才能产生移情作用，才会有设身处地之感，感觉到自己就在此情景之中，自己就是此场景中的主人公，才会产生一种道德的责任担当意识，所以，它有利于学生道德意识和道德品质的培养。其次，情景要具有典型性。情景的设计不是为了形式的丰富，而是为了教育的效果，所以，情景的设计一定要有利于提高道德教育的效果。为了做到这一点，情景的设计要有典型性，而这个典型性实际上就是具有极致性，它能够把现实当中某些矛盾冲突推向极端，从而便于加深学生的感受。像小悦悦事件、挟尸要价等如果被设计为教育情景，那么，它就更能增加学生的共鸣。再次，情景要具有冲突性。道德教育不仅要培养情感，而且要教会学生如何正确地处理自己的情感，所以，学生在受教育过程中，要学会正确地认识问题、分析问题和解决问题，而具有矛盾冲突的情景适应了学生发展能力的需要。像刻章救妻这类案例如果被设计成教学情景，那么，就会引发学生思考应该如何正确地处理公德与私德、道德动机与道德效果之间的关系问题，从而有效地提高学生处理道德问题的能力。最后，情景设计的形式要多样化。单一的情景设计形式会使学生产生习以为常的感受甚至是厌倦心理，所以，在道德教育过程中，情景设计要趋于多样化。我们既可以通过视频播放、学生表演的方式来再现特定的道德情景，我们也可以通过组织道德实践活动来直接面对一些真实的具体社会情景，也可以通过艺术的手段创设一些虚拟的道德情景，从而使情景的呈现更加立体、更加丰富、更加动人。

第二，更加充分地利用情景。在以往的道德教育过程中，人们也会通过讲故事、学生表演等方式来模拟一些情景,但是这些情景更多地是被当作了一种附加的、可有可无的教育形式,因此,在道德教育过程中并未得到足够的重视,不仅设计上不完善,而且对情景的发掘也不够充分,从而使情景化道德教育流于形式,没有真正发挥出情景化道德教育应有的效果。为了弥补这一不足,充分地发挥情景的道德教育功能,我们就必须在道德教育过程中合理有效地利用情景。首先,教师要与学生进行充分的对话交流。按照面貌伦理理论,人们在面对某一具体情景时,会有丰富的情感体验,而这些情感体验会对道德行为的发生和道德品质的形成产生至关重要的作用,所以,教师要紧紧地抓住这些特殊的情感体验,利用其对学生开展道德教育。当学生在面对具体场景的时候,一般都会有一些自然的情感随之发生,但是这些情感有些可能较为强烈,有些较为微弱,如果教师每次面对具体的情景都与学生充分地对话交流,可能就有助于学生提升自己的情感体验,使得那些比较强烈的情感得到稳固,而那些相对微弱的情感可以得到进一步强化。其次,教师要适时地对学生的情感进行总结和引导。学生在面对具体的情景时,尤其是具有强烈的矛盾冲突性的情景时,往往会经历情感的煎熬,在是与非、善与恶、做与不做之间摇摆不定。在主张知识化道德教育的学者看来,像西方有些学者就认为,价值判断应当由家庭来做出,学校道德教育不应当涉及价值判断,从而放弃了对学生进行价值引导的责任。实际上,这是一种不负责任的做法,"师者,所以传道、授业、解惑也",人非生而知之者,而是学而知之者,在道德问题上也不例外,人需要通过学习来获得道德品质,学习就离不开老师的教育和引领。因此,教师在面对学生的疑虑和困惑的时候,在引导学生进行积极思考和投身实践的同时,也要及时地指出其中存在的问题和不足,从而使得学生能够及时地做出修正和调整,从而避免走弯路与错路。唯其如此,才能在道德的道路上越走越远。

大学生道德教育要关注情感

2004年中共中央国务院在《关于进一步加强和改进大学生思想政治教育的意见》中指出,"学校教育要坚持育人为本、德育为先",把大学生道德教育提升到一个至关重要的地位。在中央的推动之下,学者们开始高度关注大学生道德教育问题,并围绕这个问题发表了大量的研究成果,其中有些专门论述了加强大学道德情感教育的方法和途径。不过在笔者看来,虽然这些成果对于如何增强大学生道德教育的实效性具有非常重要的指导意义,但是这些成果都存在一个共同的问题:在没有对"大学生道德教育何以要关注情感"进行研究之前,就直接研究"如何对大学生进行道德情感教育",从而使对策缺乏理论支持。本文试图弥补这一不足,回头去探讨这一问题,从而为大学生道德情感教育提供一个理论基础。

一、道德与情感联系紧密

由于我们讨论的是大学生道德教育何以要关注情感,要搞清楚这个问题,我们首先要从我们所要教育的内容——道德——入手,看看道德与情感之间的关系。

按照中国著名的伦理学专家魏英敏教授的理解,"道德,是人们在社会生活中形成的关于善与恶、公正与偏私、诚实与虚伪等观念、情感和行为习惯,并依靠社会舆论和良心指导的人格完善与调节人与人、人与自然关系的规范体系"。① 在这个界定里我们可以清楚地看到,道德不仅是一种规范体系,同时也是一种有关善与恶、公正与偏私、诚实与虚伪等的情感。实际上,将道德与情感联系起来,并非是魏英敏教授的首创,这在古今中外早已有之。早在先秦时代,孟子就已经说过,"乃若其情,可以为善矣"(《孟子·告子上》),就讲一个人只要顺着自己的自然情感,就会做道德的事,成为道德的人。而在西方,休谟在《人性论》当中就论及了道德与情感之间的紧密联系,后来亚当·斯密则专门著有《道德情感论》一书,对道德情感展开了系统的研究。从这些例子里我们可以清楚地看出:道德与情感之间具有紧密联系已经是学术界一个普遍的观念。二者之间的联系是不容置疑的,不过需要进一步追问的是:二者之间到底有哪些联系呢?概括起来,主要有三个方面。

第一,情感是道德的一个重要基础。道德的行为是一种善举,这个善意的举动离不开善心的支持,而这个善心实际上就包含了道德的情感,在孟子看来,这种道德的情感就是诸如"恻隐之心"之类"不忍人之心",在亚当·斯密看来,就是对他人的同情(利他之心)。正是因为在"不忍人之心"或"同情"的作用之下,我们才采取了道德的行为,并因此而成为一个道德的人。正是因为有了这些道德情感,当我们在现实生活中面对一些凄惨场景的时候,我们都会对他人的痛苦感同身受,都会觉得于心不忍,会忍不住去伸手帮助别人。马克思曾经说过,"对于没有音乐感的耳朵来说,最美的音乐毫无意义","因为任何一个对象对我的意义恰好都以我的感觉所及的程度为限"。② 马克思说的是音乐,实际上道德也与此相似,如果我们没有这些道德的情感作为

---

① 魏英敏:《新伦理学教程》,北京:北京大学出版社2003年版,第99页。
② 《马克思恩格斯全集》(第三卷),北京:人民出版社2002年,第305页。

基础,如果我们是一个消灭了一切道德情感的冷血动物,面对任何凄惨的场景,我们都能够从容地做到心如死水,那么,任何凄惨的场景都不能在我们的内心造成丝毫的道德冲动,促使我们去伸手帮助别人。在汉语当中有一个词叫作"麻木不仁",就从反面充分直观地说明了情感之于道德的基础地位:如果一个人情感麻木,那么,他也就不会是一个道德的人。

第二,道德行为的选择和判断离不开情感。我们经常说一个人是否道德,不仅要看他的动机,也要看他的结果,就是要将动机与效果统一起来进行评价。动机是观念,效果是现实,观念如何变为现实?这其间离不开行为,行为是联系动机与效果的纽带。这也就是说,一个人要真正成为道德人,不仅要有道德的观念,更要有道德的行为,否则他就是空想家、伪道学,而不会是一个道德的人。然而问题在于,在现实生活中情况纷繁复杂,当我们面对一些凄惨情景的时候,我们到底该如何决断呢?是帮还是不帮?是这样帮还是那样帮?当然,人们经常说要进行理性的选择,但是实际上,人在作为一个理性的存在物的同时,又是一个非理性的存在,人有喜怒哀乐等七情六欲,而且这七情六欲往往对于我们的道德决断具有至关重要的影响作用,这也就是人们常说的感情用事,而在道德行为的选择和判断中这种感情用事恰恰是一个非常普遍的现象。这也就是说,在现实生活中,我们之所以会采取一些道德的行为,是因为这种行为受到了情感的指引,它使我获得了情感满足,用孔子的话说,就是"心安"与"不安",用孟子的话说就是"悦"与"不悦"。在先秦时代,尽孝道的一个重要方式就是厚葬久丧,但是墨家认为这太过铺张浪费,主张薄葬并缩短服丧的时间,而这也影响了儒家的一些门生,从而对儒家的主张提出了批判。孔子对此的回答则是,"夫君子之居丧,食旨不甘,闻乐不乐,居处不安,故不为也"(《论语·阳货》),居丧是一个道德的行为,人们之所以会选择这个行为,认为这个行为是正确的,是因为这个行为让他们感到心安。实际上对于道德行为的选择与判断来说,其中一个非常重要的根据就是情感,因为只有"心安"才能"理得","道德宁可以说是被人感觉到的,而不是被人判断出来的"。①

第三,道德规范的维持离不开情感。正是因为人类行为的选择经常受制于情感,而且情感本身也多种多样,既有"利他"这种道德的情感,又有"自利"这种非道德的情感甚至是"贪欲"这种不道德的情感,而且情感本身又因其复杂多变而具有不稳定的特点,所以人类在根据情感进行行为选择的时候,有时可能会选择道德的行为,有时也会利欲熏心、一时冲动而选择一些不道德的行为。像在别人遭遇困难的时候,我们也有可能会选择袖手旁观,甚至是落井下石,从而突破了道德底线,使道德规范遭到破坏。道德规范该如何得到维持呢?虽然同为维持社会正常运转的重要规范系统,但道德却不能像法律那样借助于国家的强制力来使自身道德贯彻执行,而主要是依靠社会舆论、风俗习惯和人们的良心。而在这三者当中,最终发挥作用的还是内在的良心,因为社会舆论和风俗习惯作为一种外在的制约最终要通过内在的良心才能发挥作用,如果一个人良心尽失,外在任何批评与指责他都会置若罔闻,那么社会舆论和风俗习惯就无法使他重新回到道德轨道上来。"良心"实际上也就是孟子所说的"不忍人之心"或亚当·斯密所说的"同情之心",它是与道德情感联系在一起的。如果一个人良心未泯,尽管他可能由于一时糊涂、一时冲动而做出了有违道德规范的事情,但是当他遭遇社会舆论批评的时候,就会产生无地自容的羞愧感,内心就会觉得"不安"、"不悦"。为了"心安",为了"心悦",他就会痛改前非,重新回到道德的轨道上,以弥补从前由于糊涂、冲动所犯下

---

① 休谟:《人性论》,关文运译,北京:商务印书馆1980年版,第510页。

的过错。

二、道德教育也是情感教育

正是因为道德与情感之间具有密不可分的联系,所以道德教育就命中注定也是情感教育,这也就是说,道德教育在一定程度上也就是道德情感的教育。然而问题在于,人们对此一直都缺乏清醒的认识,从而忽视了道德教育中的情感教育。

虽然自中华人民共和国成立以来,我们国家一直非常重视共产主义道德教育,早在1982年,教育部就印发了《关于在高等学校逐步开设共产主义品德课程的通知》,道德教育正式纳入了思想政治理论课课程体系,成了高校日常教学的一个重要内容。而且从此以后,道德教育也处在不断被加强的过程之中,像在2004年又进一步提出了学校教育要以"德育为先"。不过值得注意的是,虽然随着时间的推移,道德教育受重视的程度越来越高,高校开展道德教育的力度也越来越大,但是道德教育的效果却并没有随之而得到明显的提高,反而给人一种道德教育效果日渐削弱的感觉。这里的原因可能是多方面的,但是我们的道德教育自身确实也存在严重的不足。

长期以来,我们都把大学看作知识传授与学习的场所,大学生来到大学就是进行专业知识的学习与深造,从而掌握立足于社会的本领,因而教师的主要任务就是向学生传授知识,提高学生的专业水平。在这样一种重视知识的背景之下,我们这些教师也因此而忽略了道德与道德教育的特殊性,顺理成章地把道德理解为众多知识门类中的一种,把道德教育变成了一种知识教育。把道德看成知识、把道德教育看成道德知识教育的做法,隶属于理性主义道德阵营,而这个阵营的创立者是苏格拉底。早在2000多年前,他就提出了一个非常著名的命题——"美德即知识"。按照苏格拉底的理解,在这个世界上本来也没有所谓的恶人（不道德的人），也没有人愿意做恶（不道德的事）并希望自己成为恶人。然而在现实生活中，之所以有人会做不道德的事，并因此而成为不道德的人，那并不是因为这个人本质上是不道德的，而是因为他缺乏道德的知识。因为人的行为都受到知识的指导，所以，如果一个人具有丰富的道德知识，那么，他就会认识到道德是美好的，他就会努力去做道德的事情，竭尽全力去成为一个道德的人；相反，如果一个人缺乏道德知识，那么，他就无法区分善恶，从而莽撞地进行视听言动，在不经意之间就会做出一些不道德的事情来，并把自己变成一个不道德的人。因此，如果要想让人们弃恶从善，那么，就必须对人们进行道德知识的教育。而苏格拉底终其一生的工作就是对他人进行教育，在西方开创了学园讲学之风。

理性主义道德教育的一个重要特点，就是重知识轻行动，重理性轻情感，而这恰恰使道德教育半途而废。道德教育的目标是培养道德的人，或者说道德高尚的人。什么样的人才是道德的人或道德高尚的人？显然，道德高尚的人未必一定是具有丰富道德知识的人，否则的话，我们国家的道德楷模就应该全部都是那些大学的伦理学教授和思想政治理论课教授，因为他们道德知识最为丰富。具有讽刺意味的是，我们国家历年来评选的道德楷模当中，不乏接受文化教育较少的工人农民，而大学伦理教授和思想政治理论课教授很少有人当选，而且更有甚者，具有丰富道德知识的教授群体当中经常也会有人做出学术剽窃等不道德的事情来，这就像法官有时也会违法乱纪、作奸犯科一样。知识较少的工人农民也有可能做出惊天动地的道德事迹，而知识丰富的大学教授也会做出蝇营狗苟之事。这种社会现象就清晰地说明，道德与知识之间不具有必然的联系。所以，我们按照理性主义的路径，无法培育出道德高尚之人。

丰富的道德知识之所以不能换来高尚的道德，这是因为道德不是纯粹的认知问题,而是更加关乎实践、行动的问题。像康德把自己研究道德的著作题名为《实践理性批判》,是别有一番深意的,就是要突出道德的实践特征。道德不是停留在思想上、书本上、口头上,而是要落实到行动中。一个人之所以是道德的,不是因为他阅读了大量有关伦理道德的著作,掌握了大量有关伦理道德的知识,说出了许多有关道德的豪言壮语,而是因为他做出了实实在在的道德行为,去帮助了那些需要帮助的人们。因此,对于道德来说,行为重于知识,满腹的经纶抵不上一个实实在在的行动,敏于言而讷于行的人注定只能成为道德上的侏儒。因此,我们的道德教育在注重道德知识教育的同时,更应该关注如何让学生把"知"变为"行",让学生用学来的道德知识去指导自己的行动,从而通过行道德之事把自己变成道德高尚之人。

如何让学生把道德知识变成道德行动,使学生由我知道什么样的人是道德的人、知道如何成为一个道德的人变成一个做道德事情的真正意义上的道德的人,这样一个由"知"到"行"的过程需要经历哪些阶段、哪些中间环节?那就是"情"与"意",因为一个人的道德品质结构就包含了知、情、意、行四个方面,四个方面的协调统一、和谐发展才能造就一个道德高尚的人。"意"是意志,"情"则是情感。在道德品质结构中,这个"情"主要是指道德情感,是人们对某些行为进行善恶判断而引起的内心体验,包括赞成、喜悦、反对、悔恨等等。在道德品质结构中,"情"具有承上启下的重要作用,一方面,它立足在道德知识的基础上,是在道德认识的基础上产生出来的,另一方面它又是道德认识进一步深化的巨大推动力,是产生道德意志乃至道德行为的内在动力。因为道德知识只是告诉人们为什么要成为一个道德的人以及怎样成为一个道德的人,而知识只是成为道德的人的一个必要条件,但并不是一个充分必要条件。知识只是为我们成为一个道德的人提供了必要的能力储备,具备了成为道德的人的可能性,但是正如孟子所言,我们到底会不会成为一个道德的人,往往不是"能不能"的问题,而是"为不为"的问题,"挟泰山以超北海,语人曰,'我不能。'是诚不能也。为长者折枝,语人曰,'我不能。'是不为也,非不能也"(《孟子·梁惠王章句上》)。"为长者折枝"作为一个道德的行为实际上往往不是能力够不够的问题,只要人们想做、愿意做,所有人都有能力做到这一点;人们之所以在现实当中没有做到,从根本上讲,主要是人们不想做、不愿做,"想"与"愿"虽然有认知上的原因,而主要则是情感上的原因,有关这点,我们可以在汉语当中"情愿"一词中得到验证,"情愿"就清晰地说明了"愿意"是与"情感"联系在一起的。

通过对道德品质结构和道德行为养成的分析,我们可以看到,我们要想把学生培养成一个道德高尚的人,不仅要对学生进行道德知识教育,更要培养学生的道德情感,只有学生道德情感丰富了,才会产生把知识变成行动的动力,才会不仅知道怎么去做道德之事,而且愿意去做道德之事,从而使学生把行道德之事、做道德之人变成一个自觉自愿的行动,那么,我们培养道德高尚之人的道德教育目标庶几也就能够实现了。

三、大学生情感性特征突出

虽然道德与情感之间的密切联系决定了所有的道德教育都应该关注情感问题,但是对于大学生这个特殊的群体而言,情感问题尤其需要关注,因为大学生的情感具有自身的特殊性。

根据有关研究,人类的情感要经历过一个不断的发展过程。在婴儿阶段(1~3岁),人类开始仅有愉快与不愉快两种简单的情感,后来逐渐有了害怕、害羞之类的简单情感。随着年龄的不断增大,心智的日益发展,情感也会越来越丰富,到了童年期(3~14岁),道德感、美感等相对高级的情感逐渐形成和发展。而青年期(14~25岁)是人类情感发展的高峰时期,在这个时期中,各种情感都获得了迅猛的形成和发展,情感体验非常发达、丰富,而且由于情感还处于形成发展过程之中,各种情感还未获得固定的形态,所以青年人情感波动性比较大。及至从壮年期开始,人们的心智逐渐成熟,情感也随之渐趋平稳。从人类个体情感发展的过程我们可以看出,青年期在人生情感发展过程当中地位最为重要,因为这个时期是人类情感发展最为迅速、内容最为丰富复杂的时期。而当前我国大学生基本上处于18~23岁这个年龄区间,因此也就是处于情感迅速形成和发展的青年期,恰当的道德情感教育必然会对大学生道德情感的形成和发展发挥至关重要的影响。而且,这个年龄段恰恰也是大学生走向独立、走向社会的起始阶段,在这个年龄段,大学生们将开始尝试着走向社会,在实践中摸索如何待人接物,为人处事,因此这时候对大学生进行道德情感教育,是培养他们道德情感,提升他们道德修养、道德素质的最佳时期。

大学生所处的人生阶段是人类情感最发达、最丰富的阶段,因此我们经常用热情洋溢、激情四射之类的词汇来描绘大学生的精神面貌。与大学生迅速发展的情感相比,大学生的理性发展虽然还算迅速,但还是难以跟上情感发展的节奏,所以经常会被情感远远地抛在后面,只能是跟在情感后面亦步亦趋。理性与情感发展速度之间的这样一种对比关系,就决定了在大学阶段,人们还很难做到用理性来指导情感,在处理问题的时候,也往往不能够冷静理智地进行分析,更加倾向于感情用事。这也就是说,在现实生活中,大学生经常是感情战胜理性,经常是以感情而非以理性来指导自己的行动。大学生这种发达、丰富的情感正好契合了道德和道德教育的需要,正如前文所言,道德行动的做出、道德教育目标的实现都离不开发达、丰富的内在情感。因此如果我们抓住了大学生情感发达、丰富的特点,在对大学生进行道德教育时,不仅仅只是进行知识的传授,而且重视道德情感的激发、感化,那么就必然会调动学生对道德的情感认同,激发学生把道德的认知转化为道德行动的积极性。相反,如果我们仍然采取传统的道德教育模式,重视知识传授,而忽视学生的情感因素,那么,我们的道德教育就会被学生认作是道德说教,无法赢得学生的情感认同,这样一来,不但难以获得道德教育的预期效果,而且甚至会导致学生对道德教育产生反感,从而不利于学生道德素质的培养、提高。

情感发达、丰富也就意味着情感的组成比较复杂,各种情感都会集于一身,这些情感当中就不仅会有道德的情感,而且也会有不道德的情感。因此,在大学生丰富的情感宝藏当中,既有像同情、友爱、谦卑等这样道德的情感,也有像冷酷、怨恨、骄傲、嫉妒等这些不道德的情感。如果大学生在日常生活中用道德的情感指导自己的行动,那么他就会做出一些道德的事情,他就会成为一个道德人;反之,如果大学生用不道德的情感指导自己的行动,那么他就会做出一些不道德的事情来,他也就因此而成为了不道德的人。这也就决定了大学生的道德教育必须要关注大学生的情感本身。一方面,教师要充分利用大学生丰富的道德情感来加强对大学生的道德教育,通过诱导、肯定、鼓励等方式使大学生原本具有的道德情感得到巩固和加强,从而提升大学生道德教育的效果;另一方面,教师不仅要对学生的情感进行认识和甄别,而且也要帮助大学生正确地认识和区分自身的情感,让学生了解自身的情感当中哪些是道德的情感,哪些是不道德的情感,增强他们的荣誉感和羞耻感,从而帮助他们有意识地去克制不道德的情感,发展丰富道德的情感,并在现实生活中自觉地运用道德的情感来指导自己的言行举止。如果教师不指导大学生对情感进行区分,那么,大学生们就会误把不道德情感作为自己行动的指南,任由不道德情感自由地发挥作用,从而做出一些伤天害理、违背道德的事情来。

大学生虽然情感发达丰富,但是大学生的情感并不成熟,尚未获得一种稳定的形态,再加上情感本身就具有不稳定、变化迅速的特点,因此大学生的情感表现出波动性大、容易冲动的特点。对于大多数大学生来说,只要稍微受到强一点的外界刺激,其情感就有可能发生天翻地覆的变化:昨天还是豪情万丈,今天就有可能心灰意冷;昨天还是热情似火,今天也有可能冷若冰霜;昨天还是谦敬卑躬,今天就有可能骄傲自大,……因此,虽然大学生情感丰富的特点,为大学生成为一个道德高尚的人提供了良好的契机,但如果任由情感自行发展、自由运用,那么,就会有可能导致大学生因为激情而做出一些不道德的事情来,像在现实生活中,很多大学生就是由于在遭受了情感挫折之后,又不能正确地调适自己的感情,从而产生了厌恶人生、仇视社会的心理,结果导致激情犯罪。面对大学生这种情感波动性大、容易冲动的特点,尤其需要我们的教师教会学生如何处理感情的波动,加速其情感走向成熟,从而避免学生由于情感波动而做出一些有违道德的事情。

既然情感对于大学生道德教育如此重要,那么我们的道德教育就必须关注情感性,让学生在增加道德知识的同时,也能丰富自身的道德情感体验,从而促进学生由要我学向我愿学、我想学的转变,并使学生在道德上做到知与行的统一,自觉自愿地将道德付诸行动,从而真正将自己由一个满口仁义道德的学生变成一个真正的道德的践行者,变成一个真正的道德高尚的人。

下篇 儒家的回应

对话抑或回应？
——比较视野中的孔子道德教育正名

孔子曾经专门讨论过"名"的重要性,"名不正,则言不顺;言不顺,则事不成"(《论语·子路》),把名实相副看作事业成败的关键,主张修身、齐家、治国、平天下都要从"正名"做起。不过由于岁月风霜的侵噬和时代潮流的剥蚀,孔子思想学说中有些内容已经变得模糊不清,因而人们在对其命名时很容易出现名不副实的情况,像现代学者用"对话"来概括孔子的道德教育思想就是其中一例。本文将以苏格拉底为参照,分析孔子的道德教育到底该如何命名,并揭示其现代价值。

一、对话:名不副实

自从保罗·弗莱雷出版《被压迫者教育学》以来,"对话教育"不仅成了教育领域中的关键词,而且也成了教育领域中的时尚潮流。在这股时尚潮流的裹挟之下,几乎所有的历史人物和教育流派都被对话化了。不仅西方的苏格拉底由于"经常和手工艺匠、政治家、艺术家、智者和艺妓讨论",[①] 而被认作对话教育的代表,就连中国的孔子也与苏格拉底一起被供奉为对话教育的先锋,"对话在孔子和苏格拉底那里

---

① 雅斯贝尔斯:《什么是教育》,邹进译,北京:生活·读书·新知三联书店1991年版,第11页。

是自觉应用的,而且的确产生了教学效益,因而是当之无愧的教学对话"。①"对话品性是教学交往最原初的品质和性格。这在教育教学的初始期,以及古希腊苏格拉底的教学和我国古代孔子的教学实践中都得到了充足的反映"。②

将孔子与苏格拉底放在一起,用"对话"来概括和命名孔子的道德教育,虽然有利于中西、古今教育思想的对接,从而为中国教育的现代转型提供历史支撑,但是它似乎并不符合孔子道德教育思想的本来面目,给人以名不副实之感。

按照《辞海》的解释,对话为"二人或二人以上之相对谈话,曰对话。在戏剧中,对话常为其主要部分。又修辞学上,作者立于第三者地位,假托二人以上人物互相问答,借以阐明事理者,称曰对话法"。简而言之,"对话是人们的一种特定的交流和沟通方式"。③既然对话是一种"交流和沟通方式",那么,它就必然具有形式性的一面。从形式上来看,第一,对话是两个或两个以上的人之间的交流沟通,否则对话就成了自说自话;第二,对话是各方都共同参与进来,发表自己的观点,指出别人的不足,不是一方说,其余各方听,也不是各方提问,一方回答,否则对话就变成了演讲、答记者问;第三,对话展开为一个循环往复的过程,正是通过各方的反复探讨,对话各方在把对话不断推向深入的同时,逐渐达成共识。这种有关对话形式的概括,在有关苏格拉底的对话中得到了生动体现。从形式上看,苏格拉底的对话犹如一场扣人心弦的集体辩论赛,在你来我往、唇枪舌剑的碰撞之中闪烁出无数的智慧火花,从而为晦暗不明的真理拂尘导航。

---

① 刘庆昌:《对话教学初探》,载《教育研究》2001年第11期。
② 张增田:《教学交往"对话"品性的迷失与回归》,载《首都师范大学学报》2011年第1期。
③ 王松涛:《译丛总序》,见戴维·伯姆:《论对话》,北京:教育科学出版社2004年版,第8页。

虽然孔子的道德教育活动也经常会有多人参加,而且在此过程中人们也都有自由发表见解的机会,但是孔子的道德教育活动与苏格拉底的对话教育相比,二者在形式上还是存在着较大差别。第一,即使我们把《论语》中所记录的孔子所有布道活动都看作道德教育活动,而实际上孔子的道德教育活动主要也就两种:一种是道德宣讲;一种是道德答疑。前者主要是向学生讲解道德理论的主要内容、道德实践的要求以及自己对伦理道德的理解等;后者则是针对学生所提出的各种道德疑难问题进行解答,从而帮助学生提高对于道德的理解和认识,提升他们的道德境界和道德实践能力。无论是这两种道德教育活动中的哪一种,学生都没有真正参与到对话中来,学生要么是安静的听众,要么是疑难的发问者,但都没有真正发表对于问题本身的看法,更谈不上与孔子就某个问题展开深入的探讨。第二,正是因为在孔子的道德教育活动中,学生们并没有真正参与进去并发表自己的见解,所以,孔子的道德教育主要是随机指点性的。孔子要么针对某个人、某件事、某个情景等发表自己的看法和观点;要么是针对学生的问题进行解答。即使有些学生由于对孔子的讲解存在疑问,以至会继续追问,孔子也会继续讲解,不过都不会像苏格拉底对话那样展开为一个循环往复的过程,更不会出现与学生之间开展诘难辩驳的情形,而是直奔主题。基于形式上的巨大差别,我们很难将孔子的道德教育归于对话教育的范畴之中。

如果仅仅从形式上考察什么是对话以及孔子的道德教育是否是对话,这是非常不合理的。第一,形式不过是本质的外在表现,唯有本质才是某物之为某物的内在根据,我们不能用形式来判定本质。第二,有的研究者已经明确反对把对话教育限定在形式上,"对话教学不是一种具体的教学模式、方法或技术"。既然决定对话和对话教育的不是形式而是本质,那么这种本质是什么呢?按照马丁·布伯和保罗·弗莱雷等人的观点,对话和对话教育的本质主要在于关系,所以,后来学者们据此提出:"对话(dialogue)是一种教学关系"。① 关系有很多,对话关系的独特性则在于:它颠覆了世俗社会中尊卑贵贱的等级关系,从而"突出了参与者各方的平等性",尊重"参与者表达意见和观念的自由和权利"。因此,对话教育的本质特征是其所建构的师生之间的平等关系。苏格拉底的教育之所以能够被当作对话教育的典型,就是因为"教师和学生处于一个平等地位","师生之间只存在善意的论战关系,而没有屈从依赖关系"。②

既然对话教育的本质特征是师生之间的平等关系,那么,要想确定孔子的道德教育是不是对话的,我们就必须看看孔子在道德教育过程中,是否真正实现了师生之间的平等。如果我们仔细地阅读《论语》,我们就会发现:孔子的地位是不断地变化的,虽然孔子有时确实把自己和别人平等对待,但他有时又会把自己的地位放得很低,而有时又自视甚高。像孔子强调"己欲立而立人,己欲达而达人"(《论语·雍也》)、"己所不欲,勿施于人"(《论语·颜渊》)的时候,实际上孔子就把自己放在与学生平等的位置上,反对在教师与学生之间区分出高低贵贱、是非彼此。不过,现实中的孔子有时又非常谦虚谨慎,把自己的地位贬得很低,时常"虑以下人"(《论语·颜渊》)。他不仅认为自己不如那些往圣先贤,以及具有一技之长的农夫工匠,甚至就算与自己的学生都有差距。当子贡夸奖颜回能够触类旁通、举一反三时,孔子就十分谦虚地说,"弗如也;吾与汝弗如也"(《论语·公冶长》)。正是因为孔子把自己的地位放得很低,他觉得自己应该向所有人学习,所以,在现实生活中孔子"学无常师",随时随地都能向包括弟子在内的其他

---

① 张华:《对话教学:涵义与价值》,载《全球教育展望》2008年第6期。
② 雅斯贝尔斯:《什么是教育》,邹进译,北京:生活·读书·新知三联书店1991年版,第8页。

人学习。不过在孔子谦卑的外表之中,又孕育着一颗清高脱俗之心,这使得他在天下滔滔的时代里超越于尘俗之上,不与凡俗为伍,"士志于道,而耻恶衣恶食者,未足与议也"(《论语·里仁》),"道不同,不相为谋"(《论语·卫灵公》),因此,他觉得学生应该与他保持一致,成为同道中人,否则就会招致孔子的严厉批评。宰予就因为贪图安逸而遭致孔子严厉的批评,"朽木不可雕也,粪土之墙不可杇也"(《论语·公冶长》);樊须则因为重视种庄稼而被孔子贬斥为"小人"。由此可见,孔子并不总是与学生处于平等关系之中,这使得孔子的道德教育在本质上与对话之间存在着差距。

通过从形式到本质的比较,我们不难发现:孔子的道德教育与对话教育之间存在着明显的差别,因此我们不能将孔子的道德教育比附为苏格拉底式的对话,我们需要重新为孔子的道德教育寻找一个合适的名称。

二、回应:名副其实

既然"对话"不能很好地概括和反映孔子的道德教育活动,那么我们用什么词来代替对话呢?在笔者看来,这个词就是"回应"(response)。

"回应"由"回"和"应"结合而成。在汉语当中,"回"不仅有答复的含义,而且特别强调与"来"之间的相对性,"回"是相对于"来"而言的,有"来"才有"回"。"应"不仅有回答的涵义,与"呼"相对,而且它还有顺从的含义。合而言之,回应就是顺应他者的呼吁、要求进行应答。因此,从形式上看,在回应中,他者的呼吁、要求在前,然后我再根据他者的呼吁、要求进行应答,从而形成一呼一应、有求必复的关系形式。而英文当中对于 response 的解释,与汉语的解释基本相同,可见,中外对回应形式的理解保持着高度统一。

我们仔细阅读《论语》这部记录孔子言行的著作,就会发现:孔子并不是一个喜欢说三道四、喋喋不休的人。孔子曾经告诉弟子:自己不想说话,孔子之所以会产生这样的想法,一方面他是想效法天道和古人,"天何言哉?四时行焉,百物生焉,天何言哉?"(《论语·阳货》)"古者言之不出,耻躬之不逮也"(《论语·里仁》);一方面是因为他觉得多言少德,"巧言令色,鲜矣仁","巧言乱德"(《论语·卫灵公》),反过来,只有少说多做才是道德高尚的人之所为,"刚、毅、木、讷近仁"(《论语·子路》),所以,一个道德高尚的人应该"讷于言而敏于行"(《论语·里仁》)。正因如此,孔子曾经多次因为弟子多言而批评弟子。既然孔子如此反对言说,那么,他为什么还要言说不休呢?这是因为孔子是不得已而为之,他要回应他者的要求,就像弟子们所说的那样:如果你不说话了,那么我们传述什么呢?既然他者有来言,那么,我就得有去语;既然他者向我提出了要求、问题,那么,我就得对他者的要求、问题做出回应。

打开《论语》,我们不难看到,孔子的大部分言论都是针对他者发问的回答,因此,《论语》中一个非常重要的表述格式是:某某问……,子曰……。如果我们不把回应狭隘地理解为对言说的回应,而是把他宽泛地理解为对于外来信息、影响的回应,那么,《论语》中孔子的所有言行基本上都可以被看成回应。值得注意的是,孔子的回应不是千篇一律的机械式的反应,即使是面对同样的问题,他也经常会针对不同的对象采取不同的回应方式。像"仁"只有一个,但他在子贡、颜渊、仲弓、司马牛、子张等不同人来问的时候,他就给出了完全不同的回答;像冉有和子路虽然都向孔子询问是否应该听到一个理论之后就立即将其付诸行动,但他却根据两个人的性格特点给出了截然不同的回答。因此,孔子不仅是对他者提问作出回应,而且这种回应顺应了他者的独特性。正是因为回应是顺应他者的提问,所以,回应的进程并不是由回应者所掌控的,而是由提问者所掌控的,一旦他者由于自己的提问得到了有效回应就不再提问,那么,回应过程就会戛然而止,而这就是《论语》当中孔子没有像苏格拉底那样与弟子往复辩驳的原因之所在。

就像我们不能局限于形式来思考对话和对话教育一样,我们有关回应和回应道德教育的探讨同样要深入到它们的内在本质之中。虽然从形式上看,回应仅仅是因为他者有来言,所以我才有去语,但是事情并非如此简单。实际上在现实生活中,我们经常会看到有人身陷危难之中而不得不向他人寻求帮助,他人却经常会对这些危难和恳求视而不见、听而不闻,不仅没有做出必要的回应,甚至连条件反射式的反应都没有。因此,回应不是一种"有求有应"的实然关系,也不是"因为有求,所以有应"的因果关系,而是一种"有求当应"、"有求必应"的应然关系。在汉语当中,"回应"之"应"不仅是"应答"之"应",而且也是"应该"、"应当"之"应",这样一来,"回应"在某种意义上就是"应回",我们应该、应当对他者的呼吁、需求做出回应。"应该"、"应当"所揭示的是一种道德责任,因此,我们每个人都有对他者的呼吁、要求进行回应的道德责任。在西文当中,回应与责任之间的联系体现得更加明显,因为在西文当中,二者都以 respond 为词根,这说明二者具有同源共生的特点,回应本身就是对于责任的承担。正是基于此,西方思想都特别强调回应的责任性,像马丁·布伯就曾说过:"真正的责任存在于有真正回应的地方","我们对那个时刻作出回应,同时也是为那个时刻回应,我们为它负责";①后来列维纳斯说得更加清楚:"你对脸的反应就是一种回应。不仅仅是一种回应,而是一种责任。这两个词

---

① 马丁·布伯:《人与人》,张健、韦海英译,北京:作家出版社1992年版,第26页。

(reponse，responsabilite)密切相关"。① 因此，回应当中所突出的乃是一种责任感，没有责任感就没有回应，这就决定了它与强调平等权利的对话之间存在根本的区别。

  对于传统中国人来说，责任意识强盛，权利意识淡薄，一个人在家里下有抚养教育子女的责任，上有赡养孝敬父母的责任，中有关爱妻子或丈夫的责任，而其心目中所缺少的就是他（她）自己，因此更不用说自己的权利。而中国人的这种责任意识的形成与儒家传统有关，而儒家传统又深受儒家鼻祖孔子的影响，像孔子与其弟子都特别重视责任的承担，"士不可以不弘毅，任重而道远。仁以为己任，不亦重乎？死而后已，不亦远乎？"（《论语·泰伯》）正是在责任感的驱使之下，我们无法做到面对他者的呼吁、要求而无动于衷，如果我放弃了自己的责任，没有对他者进行回应，而他者又偏离了正道，那么，我就会受到内在良心的谴责，"德之不修，学之不讲，闻义不能徙，不善不能改，是吾忧也。"（《论语·述而》）正是在强烈道德责任感的驱使之下，孔子才不顾罪恶泛滥的社会现实，奔走于各诸侯国之间，教学布道，做到"诲人不倦"，并希望借此来激发和培养整个社会的责任意识，从而构建起一个"老有所终，壮有所用，矜寡孤独废疾者皆有所养"的大同之世（《礼记·礼运》）。可以说，责任构成了孔子道德教育的核心和灵魂。一方面，孔子开展道德教育本身就是一种承担责任的方式，希望通过自己的教育活动来正人心，移风易俗，从而达到挽狂澜于既倒、扶大厦之将倾的目的，因此，孔子的道德教育活动是在回应社会需求；另一方面，孔子生活的时代是一个"礼崩乐坏"的时代，"君不君，臣不臣，父不父，子不子"（《论语·颜渊》）不仅是指人们社会角色的混乱，更是指由

---

① 童庆炳：《文化与诗学》（第一辑），上海：上海人民出版社 2004 年版，第 199 页。

于社会角色混乱而导致的社会责任感的失落,因此,孔子开展德仁义礼方面的教育,也是在培养和重新树立人们的责任意识,让他们承担起自己的道德责任,从而在全社会创造一种勇于承担责任的氛围。

综上所述,孔子的道德教育不论是从形式上,还是在实质上,都与对话相去甚远,而与回应高度一致,因此,孔子的道德教育更应该被称为回应道德教育,而不是对话道德教育,只有这样,才真正做到了名副其实、实至名归。

三、回应:道德教育的可能方向

孔子说,"名不正,则言不顺;言不顺,则事不成","名"不仅是形式性的名称、名分,更重要的是,"名"会影响人们的判断和态度,并最终决定行为的效果、事情的成败。因此,正名的目的不仅是为了形式的完善,更是为了行为的效果和事情的成功。当然,这个行为、事情都具有即时性,也就是说具有当代性,正如克罗齐所言,"一切历史都是当代史"。我们之所以通过将孔子与苏格拉底进行对比来讨论孔子的道德教育到底是对话还是回应,并不是为了还原历史的真相,而是为了解决现实中的道德教育问题,帮助当代道德教育走上健康发展的道路。

正如前文所说的那样,在现代社会中,由于对话教育成了教育领域中的关键词和时尚潮流,所以,现代社会中教师基本上都成了对话教育的追随者,道德教育基本上都演变成了对话道德教育。对于中国的教育工作者来说,虽然"他山之石,可以攻玉",西方的成功经验可以为我们开展道德教育提供有益的殷鉴,因此在中国开展道德教育要学习借鉴西方的优秀历史成果,但是我们绝对不能直接将其从西方移植到中国来,从而将中国历史中的思想文化变成西方历史成果的注脚。实际上,每个民族、每个国家的思想文化都是特定历史土壤里生长出来的智慧之花,简单地将西方文化中的某些思想成果移植到中国文化土壤中来,势必会造成水土不服,从而导致畸形和夭亡。因此,在中国开展道德教育还必须充分地发掘中国传统思想中的文化遗产,尤其是像孔子这样对中国思想文化产生了深远影响的历史人物,他的某些思想观念随着儒学意识形态化已经逐渐渗透进了中国文化的血液当中,成了非常稳定的文化基因,所以,充分发掘和发挥孔子的回应道德教育,并将其与现代道德教育进行有机的结合,必将提高中国道德教育的实效性。

实际上,从对话道德教育走向回应道德教育不仅考虑到水土不服的问题,更重要的是对话道德教育与回应道德教育相比,对话道德教育具有自身的局限性,回应道德教育更加适合现代道德教育的需要。对话与灌输或独白相比,其本质特征则在于强调对话者之间的平等性,实际上,在现代社会中,平等不仅意味着人性上的平等,更是意味着以此为基础的权利的平等,平等与权利之间具有密不可分的联系,"创造权利的东西(我指的是今天的权利)恰恰就是确认人们的平等。"[①]以平等作为本质特征的对话之所以在现代社会中受到人们的热烈推崇,最主要的原因就是它顺应了现代人日益增强的权利意识,"尊重人类理性和人权几乎是一切近代哲学思想的特征,这在十八世纪普遍流行;人性、善意、天赋人权、自由、平等和博爱脍炙人口"。[②] 权利固然重要,个人只有拥有了权利才能够满足自己的基本需要,才能够在这个世界上独立自主地生存发展。然而这并不意味着人们要不分时间地点地将目光聚焦在权利及权利的满足上,如果所有人脑子当中只有权利,那么,这个世界就有可能会变成一个"人对人像狼"的争权夺利的世界,最理想的状态也就是一个"天下熙熙,皆为利来;天下攘攘,

---

① 皮埃尔·勒鲁:《论平等》,北京:商务印书馆1988年版,第14、22页。
② 梯利:《西方哲学史》,北京:商务印书馆1995增补修订版,第394页。

皆为利往"的各逐其利、各安其利的世界,而这实际上也就是现代民主社会的原型。这样一个世界虽然满足了人们对于权利的要求,实现了社会的整齐有序,但是这决不是一个理想的生活世界,因为其间只有利益的交换,而无真情的付出和交流。如果将这种以权利平等作为本质特征的对话应用于道德教育中,那么教师与学生实际上就是两个平等的市场主体,二者之间只能进行形式上平等的利益交换,而不会产生真正精神上的交流和沟通,更谈不上为对方有所付出和奉献,试想这样只有形式而无本质根基的道德教育怎么能够打动学生,使学生愿意做一个道德高尚的人呢?因为道德不是形式的做作,也不是利益的交换,而是真诚地奉献和付出。

既然以权利平等为基础的对话具有自身的局限性,那么我们不妨借鉴中国传统中孔子以责任为基础的回应道德教育。虽然"21世纪将是中国的世纪"、"用中国文化来拯救世界"之类的话语有些夸大其辞,但是中国传统文化在现代社会中仍然具有它的意义和价值,仍然能够为人们思考和解决现实问题提供有益的参考。现代社会中对于权利的过度关注所导致的必然结果,就是对于责任(指道德上的 responsibility,而非法律上的 obligation)的遗忘。因为道德责任意味着奉献,而非索取,就像康德所言,"人类行为在道德上的善良,并不是因为出于直接爱好,更不是出于利己之心,而是因为出于责任"。① 虽然康德对于道德责任的理解由于过于纯粹而受到人们的普遍诟病,但是我们确实也很难说一个完全出于个人利益的行为是道德的。既然道德是以责任为中心的,那么道德教育实际上就是要在学生身上培养起一种道德意识以及在现实生活中对道德责任的承担。如何能够做到这一点呢?中国人经常说言传身教,从而把道德教育分为道德讲授

---

① 康德:《道德形而上学原理》,苗力田译,上海:上海人民出版社2002年,第98页。

和率先垂范两种途径,不过中国人更加强调的是身教,"身教重于言教"。在中国历史上,孔子高度强调身教的重要性,譬如他讲"其身正,不令而行;其身不正,虽令不从"(《论语·子路》),就是告诫统治者要做道德的表率,而且孔子本人之所以在中国古代被奉为"万世师表",就是因为自己在道德修养和道德践履中始终做到率先垂范,譬如人们都知道颜回箪食瓢饮、安贫乐道,实际上这都是受到了孔子的影响,因为孔子本人就是一个安贫乐道、仗义疏财的榜样,"饭疏食饮水,曲肱而枕之,乐亦在其中矣。不义而富且贵,于我如浮云"(《论语·述而》)。实际上,孔子给学生乃至世人所树立的就是勇于承担责任的典范,像孔子说"默而识之,学而不厌,诲人不倦,何有于我哉?"(《论语·述而》)"诲人不倦"就已经明确地表达了孔子对于学生那种深沉的责任感。中国古代的学者们都胸怀天下,具有一种强烈的社会责任担当意识,要"为天地立志,为生民立道,为往圣继绝学,为万世开太平",①可以说是与孔子所开创的学统、道统密不可分的。

教师本身就是一个道德的职业,就已经被赋予了"传道、授业、解惑"的道德责任,而从事道德教育的教师的道德责任就更加沉重。如果一个老师数学、物理、化学之类的课程没有教好,学生最多也就不能成为数学家、物理学家、化学家等科技人才,但是道德没有教好,问题就要严重得多。因为道德不仅涉及成才的问题,更涉及成人的问题,像孔子的道德教育就是成人教育而非成才教育。成人与成才相比,成人更为根本、更为重要。马克思说,人在本质上"不是单个人所固有的抽象物",而"是一切社会关系的总和"。② 人的社会性就决定了人必须立足于社会之中,要在社会中站稳脚跟,维持好社会关系,而要做到这一点,就必须承担起自己的社会责任。就像一个人在家里要想成为名

---

① 《张载集》,北京:中华书局1978年版,第320页。
② 《马克思恩格斯选集》(第一卷),北京:人民出版社1995年版,第56页。

副其实的父亲、儿子、丈夫,他就必须承担起抚养子女、赡养父母、养家糊口等等的家庭责任;在学校里要想成为一名合格的教师,他就要承担起教书育人的责任……人们正是通过承担各种各样的社会责任,才获得了在社会关系之网中的稳定位置,才真正地成了一个挺立于社会关系中的人。因此,对于道德教育工作者来说,由于我们承担的责任非常重大,所以我们尤其需要孔子那种战战兢兢、如履薄冰的危机感、紧迫感,认真地回应国家、社会、家长和学生所发出的把学生培养成人的呼吁、要求,在道德教育过程中,在提升学生道德水平的同时努力提升自身的道德境界,为学生树立一个承担责任的榜样,以期对学生产生潜移默化的影响。

孔子回应道德教育论析

近年来,随着中国在世界上居于越来越重要的地位,中国人的文化自信、自觉也日渐提升。其具体的表现就是:上至政府,下到个人,都在积极地发掘和整理中国优秀传统文化遗产,希望它们能为中国的现代化建设乃至世界的和平发展作出积极贡献。由于长期深受西方思想文化的影响,中国传统文化的发掘存在着明显的比附西方文化的痕迹,像近年来的孔子道德教育研究就存在着以西方的对话理论来诠解孔子相关思想实践的倾向,从而模糊了孔子道德教育的独特性。为了区分于西方的对话道德教育,凸显孔子道德教育的独特本性,本文将以"回应道德教育"来概括孔子道德教育思想与实践,并对其展开研究。

一、回应:孔子道德教育模式

在中文当中,"回应"是个合成词,由"回"和"应"组合而成。《说文》中说,"回,转也"。从这个解释当中我们可以看出,"回"带有明显的指向性,它相对于"来"而言,顺着与"来"截然相反的方向返回去。这也就是说,"回"不能独立存在,它依赖于"来",有"来"才有"回",因此尽管现实生活中存在有来无回的现象,但是绝不存在有回而无来的现象。当然来回既可以在一个人身上发生,像一个人来了又回,也可以在两个或两个以上的人身上发生,如他人有来言我有去语,而"回应"当中的"回"是在两个或两个以上的人之间发生的。"应"的涵义有很多,像《集韵》中说,"应,答也",而这也是回应一词中"应"的主要涵义,回应就是针对别人向我提出来的问题进行回答、应答,像《论语·子张》中说:"子夏之门人小子,当洒扫应对进退,则可矣,抑末矣",这个"应"就是回答、应答。当然,回应的"应"不是随便的,而是针对"来问"、"来言"的,因此,"应"又被来言所限制,它必须顺应来言,不能随心所欲,胡乱应答,所以,"应"又有顺应、响应的意思,像"同声相应"中的"应"就是此意。合而言之,回应就是要顺应别人的来言做出恰当的回答。当然在现实生活中,针对他人的来言,我们既可能回应,也可能不予回应,那么,我们到底要不要回应呢?这里实际上涉及到"应"的另一个重要涵义。《说文》中说,"应,当也",强调"应"的必要性、理所当然性,所以,汉语中又有"应当"一词。"回应"之"应"与"应当"之"应"的同根同源性就意味着:人们应当对他者的来言作出回应,回应是一种义不容辞的责任,因此,"回应"也是"应回",就是应当甚至是必须对他者作出回应。

综上所述,回应有三个重要的特征:第一,回应是针对他者的来言或提问的;第二,回应是顺应他者及其来言的;第三,回应是不可推卸的责任。对照回应的三个主要特征,我们就不难发现,孔子道德教育的主要模式就是回应。

第一,回应学生的提问是孔子开展道德教育的一种重要模式。在中外历史上,虽然孔子与苏格拉底同为善于问答法进行教育的典范,但是二者之间还是存在着重要的差别。苏格拉底更多地是向他人提出问题,让他人进行回答,然后再针对他人的回答提出新的问题,如此循环往复,直至达到自己满意的结果为止。孔子虽然在日常道德教育活动中也偶尔会向他人提出一些问题,但是次数甚少,而学生向孔子提出问题的次数则很多。根据陈桂生教授的统计,在《论语》中,孔子向弟子提问仅有 12 次,而弟子向孔子提问则多达 70 次;而且孔子提问的范围也比较狭窄,主要涉及弟子情况及弟子对自我的认识等,而弟子所问则涉及历史、经典、身份地位、道德品格等 9 类问题,涉及面非常广。[①] 从陈桂生教授的统计中,我们就可以看出,孔子主要是通过回应他者提问的方式来开展道德教育活动,而不是像普通教师那样向他者简单地灌输道德规范,也不是像苏格拉底那样通过师生辩驳的方式让道德真理自行呈现。

第二,孔子道德教育中的回应是顺应他者及其问题的。孟子在儒学发展史上的地位仅次于孔子,享有亚圣之美誉,所以人们经常孔孟并称,但在道德教育问题上,情况并非如此。孟子虽然深受孔子道德教化思想与实践的影响,在道德教育过程中也经常采用回应之法,但是孟子的回应与孔子有所不同。面对学生的提问,孟子并不像孔子那样有问必答,而是经常不予回应。孟子曾经列出了几条原则,凡是提问者触犯这些原则,他都不进行回应,"挟贵而问,挟贤而问,挟长而问,挟有勋劳而问,挟故而问,皆所不答也"(《孟子·尽心下》)。即使学生没有触犯这些原则,孟子对问题进行了回应,但孟子也不会注意学生提问题的背景以及学生的特殊情况,从而给出针对性的回答,而是一律按照统一的标准进行回应。因此,在《孟子》中,只要问题相同,孟子的回答也基本相似,这也就是孟子所说的"大匠不为拙工改废绳墨,羿不为拙射变其彀率"(《孟子·尽心上》)。孔子就像学生所概括的那样,放弃了对于统一性的执著,"毋意,毋必,毋固,毋我"(《论语·子罕》),做到了"无可无不可"(《论语·微子》),从而将自己的回应与学生的实际情况结合起来,不像孟子那样以统一的答案示人。《论语》

[①] 陈桂生:《孔子授业研究》,北京:教育科学出版社 2012 年版,第 60—64 页。

中记载了众多弟子问仁、问孝、问政的事例，孔子每次都会根据学生的不同而做出不同的回答；即使是同一个学生，也会根据时势的变化而做出不同的回答。程颐总结孔子道德教育的特点："孔子教人常俯就"，①可谓一语切中要害。

第三，孔子的回应道德教育是对责任的积极承担。孔子自始至终都有一种强烈的责任意识，"天生德于予"就意味着责任是自我不可推卸的重任，"士不可以不弘毅，任重而道远。仁以为己任，不亦重乎？死而后已，不亦远乎？"（《论语·泰伯》）尽管自我对于他人、社会的责任很沉重、很艰难，但是我也不能推脱逃避，而是要勇敢地将其担当起来。正是出于对责任的自觉意识，在那样一个礼崩乐坏的时代里，孔子从容面对洁身自好的隐士们的冷嘲热讽和刚愎自用者的人身威胁，置个人的安危于不顾，殚精竭虑，东奔西走，试图挽救生民于水深火热之中。孔子开展道德教育，是其用以挽救生民的一个重要途径。在孔子看来，现实中虽然存在着君子与小人、贤与不肖的差别，但是人们在刚生下来的时候，并无明显的差别，而是十分相近，后来之所以会表现出明显的差别，主要是接受了不同的教育，"习相远也"。后来荀子把教育的重要作用说得更加明白，"干、越、夷、貉之子，生而同声，长而易俗，教使之然也"（《荀子·劝学》）。既然道德教育对于个人具有变化气质、对于社会具有移风易俗的重要作用，那么，我们就必须要主动地将道德教育责任承担起来，而回应恰恰是孔子通过答疑解惑为他人成人承担责任的一种方式。

二、爱与责任：孔子回应道德教育的基础

孔子生活在一个"礼崩乐坏"的时代，在那个时代里，天下乱道，诸

---

① 程颢、程颐：《二程集》，北京：中华书局2004年版，第144页。

侯乱义,人与人竞,国与国争,从而闹得民不聊生。即使像孔子这样一代大儒,尽管在身后高居"至圣先师"之位,但是在那个时代里也同样过着穷愁潦倒的生活,"饭疏食饮水,曲肱而枕之"(《论语·述而》)。李零以"丧家狗"来形容孔子,尽管受到了无数人的批评,但那却是孔子生活的真实写照。在孔子生前,一个郑国人在子贡面前直言孔子"累累若丧家之犬",孔子听到后不但没有反对,反而觉得非常贴切,"谓似丧家之狗,然哉!然哉!"① 虽然生活得如此落魄,但是孔子却能教书不辍,"诲人不倦",只要是弱发齐冠、年满十五岁的人,他都能够对其施行教育,而且不但不以此为苦,反倒以此为乐。这其中的原因值得推求。

现代学者沈善增在解释《论语》第一篇第一章中"有朋自远方来,不亦乐乎"一语时,对于孔子为什么能以教育为乐进行了大胆的解析,"他根据自身的经验,告诉弟子,你教得好,远方的人都会前来拜师求学。远方的学子前来求学,不仅带来了钱,更表示你的价值得到了社会的承认,因此令人特别高兴"。② 这种解释非常具有现代气息,现代人基本上都把教师当作一个职业。现代很多教师在教育活动中并不能体会到教书育人的快乐,而只有在领取工资、奖金的时候才会体会到物质利益上的满足。然而问题在于,我们不能把现代人的所思所想强加于两千多年前的孔子身上。孔子对于物质利益这些身外之物并没有特别的兴趣,他曾经明确地以利与义作为区分君子与小人的标准,"君子喻于义,小人喻于利"(《论语·里仁》),对于"利"的轻视使得他对于利很少论及,而在论及的时候也多是作为仁义的对立面,持一种批判的立场。因此,"利"并非孔子回应道德教育的基础。

在儒家看来,利益之所以不能作为回应道德教育的基础,是因为

---

① 夏松良、李敏:《史记今注》,南京:南京大学出版社 1994 年版,第 697 页。
② 沈善增:《孔子原来这么说》,上海:上海人民出版社 2008 年版,第 7 页。

利益是外在于人的，人之所以要做道德之事，成道德之人，并不是由于外在的强加，而是内在的本性使然。像孔子说，"为仁由己，而由人乎哉"（《论语·颜渊》），"人能弘道，非道弘人"（《论语·卫灵公》），"道不远人，人之为道而远人，不可以为道"（《中庸·十三》），实际上是在强调像从事回应道德教育之类的道德活动都是出自个人的内在本性，而非出于外在的强加。因此，如果我们要寻找教师们乐此不疲地对他者开展回应道德教育的原因，那么我们就必须转向人的内部，而不是把目光放在外在的物质利益上。

孔子的弟子有子曾经说过，"君子务本，本立而道生。孝弟也者，其为仁之本与！"（《论语·学而》）历代的注家都喜欢从"修身、齐家、治国、平天下"这些家国同构的方面对这句话进行理解。虽然这些理解也很有道理，但是我们也不能忽视理解这句话的另一个重要维度。《皇侃义疏》中论及此语时是这样说的，"自然亲爱为孝，推爱及物为仁也"。① 这里强调的就不再是家国之间的相似性，而是自然情感的贯通性，因为孝悌不仅是一种孝亲敬长的具体行为，而且也是这些具体行为的情感基础，一旦人们把这种自然的道德情感向外推扩，那么，我们就是一个仁义道德的人。正是有见于此，李泽厚总结概括出了儒家的情感性心理原则，"儒学之所以不是某种抽象的哲学理论、学说、思想，其要点之一正在于它把思想直接诉诸情感，把某些基本理由、理论，建立在情感心理的根基上，总要求理智与情感交融，至今中国人爱说'合乎情理''合情合理'，便是它的表现"。② 总而言之，儒家思想的核心是"仁"，而"仁"又与"爱"这种自然情感密不可分，因此，当樊迟向孔子询问何谓仁的时候，孔子直接答以"爱人"。实际上，不仅在理论探讨和教学活动中，孔子高度强调爱人，就是在实际生活中，孔子也以自己的

---

① 楼宇烈：《王弼集校释》，北京：中华书局1980年版，第621页。
② 李泽厚：《论语今读》，合肥：安徽文艺出版社1998年版，第31页。

行动践行仁爱。孔子家马厩失火，他最关心的还是人的生命安全，而不是财产损失，这就鲜明地体现了孔子对于人的仁爱之心。

既然仁爱构成了孔子思想的核心，而"爱"又是仁的情感基础，那么，孔子谈论教师为什么要对学生进行回应道德教育，也就离不开这个核心、基础。虽然在现代教育史上，由于受到爱默生"敬爱儿童"和亚米契斯"爱的教育"等思想观念的影响，"爱"在教育中的重要作用和地位受到了人们的广泛重视，像苏霍姆林斯基甚至提出："没有爱就没有教育"。实际上，早在两千多年前，孔子就已经意识到并高度强调了爱在教育中的基础地位。孔子说，"爱之，能勿劳乎？忠焉，能勿诲乎？"（《论语·宪问》）就已经明确地告诉人们：我们之所以会劝勉、教育他人，就是因为我们心里对他人有爱，从而从正面肯定了教育与爱之间的紧密关联：爱赋予了我们教育他人的责任。苏霍姆林斯基说："爱，就是不采摘乐园里的花朵，而要关怀备至地建设这个乐园"，[①]这也就意味着爱是承担责任，爱是付出，而不是索取，因此，教师对于学生的爱就意味着教师要对学生承担责任，全身心地付出，否则就是没有尽到责任。正是在爱心与责任感的作用之下，孔子对于时人的道德水平、社会风气忧心忡忡，"德之不修，学之不讲，闻义不能徙，不善不能改，是吾忧也"（《论语·述而》），并为了改变现状而东奔西走、举办私学，诲人不倦，"民可，使由之；不可，使知之"（《论语·泰伯》），希望能够凭借一己之力，通过"成人之美"来达到移易社会风俗的目的。

由于孔子对于他人充满着仁爱之心，所以，他非常注重承担对于他人生命的责任，特别反对人与人之间的互相残杀，尤其是其极端的表现形式——战争，从而积极地回应人们求生的需求。因此，孔子一贯主张统治者要像尧舜禹汤那样勤修德行，从而达到天下归心的目

---

① 苏霍姆林斯基：《关于爱的思考》，桂林：广西师范大学出版社2005年版，第118页。

的，而不是通过攻城掠地的方式来强人从己。不过在孔子所生活的那样一个诸侯争霸、战乱不断的时代里，要想完全避免战争，是非常不现实的。战争就意味着流血，就意味着生命的消逝。对于道德高尚的圣贤来说，每个人所遭受的痛苦，每个人生命的消逝，我们都负有不可推卸的责任，"禹思天下有溺者，由己溺之也；稷思天下有饥者，由己饥之也"（《孟子·离娄下》）。大禹和后稷是如此，孔子又何莫不然呢？既然爱无法将人们从战争的泥潭里超拔出来，那么，就要想方设法让人们在战争中少流血、少牺牲。实现这一目标的一个重要途径，就是对百姓进行教育，让人们做到训练有素，"善人教民七年，亦可以即戎矣"（《论语·子路》）；如果置百姓的生死于不顾，将未经训练的百姓直接推上疆场，就是等于放弃了对于百姓所负的责任，"以不教民战，是谓弃之"（《论语·子路》）。当然，战争作为极端情况，并不是生活的常态，在现实生活中，人们更多遭受的伤害是来自刑法的处罚，在那个严刑峻法的时代，许多残暴的君主只要百姓犯了一点错误就施以残酷的刑罚，甚至杀戮生命。孔子觉得，人们犯了错误就直接处死，而不是进行教育以帮助其改正错误，是对于生命的一种冷漠，也是极端不负责任的表现，所以，他批评说："不教而杀谓之虐，不戒视成谓之暴"（《论语·尧曰》）。有人觉得刑罚本身也是一种教育的方式，所谓杀一儆百说的就是这个道理。孔子认为，刑罚绝对不是一种好的教育方式，它作为一种强制措施虽然可以暂时地阻止人们犯错，但是并不能从根本上认识错误，从而以犯错为耻；最好的教育方式就是仁义教育、道德教育，它能变化气质、化名成俗，一切都会变得高度自然，"道之以仁，齐之以礼，有耻且格"（《论语·为政》）。

正是在爱和责任的支撑之下，孔子才能不顾生活的艰难困苦，才能不顾社会的动乱险恶，积极地投身于"有教无类"的道德教育实践之中,并取得了"弟子盖三千焉,身通六艺者七十有二人"的骄人佳绩。①

三、差异:孔子回应道德教育的原则

由于"回应"中的"应"有顺应之意,这就意味着回应道德教育不像传统的灌输道德教育和对话道德教育那样执著于权利主体,不再特别强调自我的主体地位。根据孔门弟子的记载,孔子戒绝了"意、必、固、我"这四种常见的毛病,不以己度人,不主观武断,不固执己见,不自以为是。实际上前三种毛病的病根都在"我"上,都离不开自以为是或对自我的执著,一旦我们自以为是,那么我们就会固执己见、主观武断、以己度人,因此,"子绝四"的核心在于"毋我",也就是不再自以为是、唯我独尊,不再戴着自我的有色眼镜来看待他人,从而强迫他人以从己,而是更多地站在他人的立场上,根据他人所处的时势来思考问题,对他人展开回应道德教育。

既然回应道德教育要求放弃对于自我的执著,顺应他人的特殊情况,那么,这也就意味着:回应道德教育不是一味地从自我的主观愿望和理想追求出发,而是能够做到与时应变。强调"时"是中国文化的一个重要特点,像我们日常生活中的"机不可失,时不再来"、"识时务者为俊杰"等,都是强调时机的重要性。实际上,中国人对于"时"的重视与孔子不无关系。中庸之道是中国人立身行事所奉行的一个重要原则,而中庸又是孔子所创立的儒家学派所传授的心法,因此中庸与孔子尤为契合。中庸的含义有很多,其中很重要的一条就是"时中",也就是合时合宜,也就是说,中庸不是固定僵化的,而是合乎时宜的。在孔子之前及其生活的时代,伯夷、叔齐、柳下惠等都是名噪一时的道德楷模,但是在孔子看来,他们最大的问题在于:要么过度地拘泥于

---

① 夏松良、李敏:《史记今注》,南京:南京大学出版社1994年版,第703页。

原则;要么与世浮沉,放弃原则。孔子则与他们迥然不同,"我则异于是,无可无不可"(《论语·微子》)。这不是说孔子没有原则,而是孔子顺应了时势的变化,不再执著于固定的标准,事先就确定什么可以什么不可以,而是与时应变地来判断什么可以什么不可以。正是基于孔子顺应时势、合乎时宜的特点,孟子评价孔子是"圣之时者"。

  孔子之所以高度重视"时"或时机,是因为孔子在时间之流中洞悉了世界的变化,"子在川上,曰:'逝者如斯夫!不舍昼夜'"(《论语·子罕》),孔子在奔涌的大河中看到:世界大势日新不已,世间万物时过境迁。既然万物代序、势易时移乃是不可抗拒的历史潮流,那么,我们要做的就不是逆潮流而动,而是顺应时势的变化,用发展变化的眼光去看问题,注意世间万事万物之间的差异性。孔子教育的主要内容是礼仪道德规范,而且这个"礼"主要是周礼,因为在孔子心目中,周乃是理想国家的原型,"周监于二代,郁郁乎文哉!吾从周","如有用我者,吾其为东周乎?"(《论语·阳货》)不过,孔子并不是不加分析地照搬周礼,而是主张根据时势的发展变化来变革周礼,"殷因于夏礼,所损益,可知也;周因于殷礼,所损益,可知也"(《论语·为政》),从而使传授的内容跟上时代发展的步伐。实际上,不仅要用发展的眼光来看待礼的变化差异,而且要用发展的眼光来看待人的变化差异,要意识到今日之人不同于昨日之人,所以,我们不能用老眼光来看待我们的学生。在孔子时,互乡的民风不好,外乡人对他们都是避而远之,而孔子却热情地接待了一个互乡的年轻人,并对其进行教诲。弟子们对孔子的做法普遍感到不解,而孔子给出的解释是:"人洁己以进,与其洁也,不保其往"(《论语·述而》)。孔子所强调的,是要看到人的发展变化,不要紧抓住别人的过去不放,今日之人不同于昨日之人。缘此之故,孔子很少作一般性的定义,而更多作随机性指点,"《论语》之体,悉是应机适会,教体多方,随须而与,不可一例责之",①"由于孔子并不关心抽象的一般的概念,其言论大都有针对性"。②

由于"时"是指时机,所以,它不仅包含时间差异,而且也包含对象差异,当教师在面对不同的教学对象的时候,他所面临的道德教育的机会也不一样,一个好的教师就要善于把握不同的道德教育机会。当然,要想把握住不同的道德教育机会,对于不同的对象开展最适合于他的道德教育,从而使道德教育发挥出最佳的效果,那么,教师就必须对于学生进行研究、认识、了解。正因如此,孔子把对别人的了解当作头等大事,害怕自己由于不了解而误解了别人,"不患人之不己知,患不知人也"(《论语·学而》),所以当樊迟问知的时候,孔子就直接答以"知人"(《论语·颜渊》)。孔子直接了解别人的途径主要有两条。第一是观察。当孔子看到宰予大白天睡懒觉的时候说,"始吾于人也,听其言而信其行;今吾于人也,听其言而观其行"(《论语·公冶长》)。从"听其言而观其行"可以看出,孔子通过观察学生的言行举止来了解学生的人品。第二是发问。孔子经常询问学生的志向、为政的理念、自我评价等,让学生根据自己的所思所想如实地进行回答。孔子通过对这些回答进行分析判断,并结合自己的观察,从而对于学生有了比较全面的认识和了解,在《论语》中曾多次对学生进行了准确的界定,像"由也果"、"赐也达"、"求也艺"(《论语·雍也》)、"师也过,商也不及"(《论语·先进》)这样的评价意见,在《论语》中可谓俯拾皆是。除此之外,孔子也经常通过学生的互相评价等间接的方式来了解学生。

孔子之所以劳精费神地去认识了解学生,是为了对学生展开具有针对性的道德教育活动,因为只有抓住了学生的优点与缺点,我们的教育活动才能有的放矢,才能扬长避短和取长补短,从而最大限度地

---

① 陈桂生:《孔子授业研究》,北京:教育科学出版社2012年版,第40页。
② 陈桂生:《孔子授业研究》,北京:教育科学出版社2012年版,第59页。

发挥道德教育的功效。正是为了适应学生的差异性,在进行回应道德教育的过程中,即使是同一个问题,孔子也不会给予相同的回应,而是精心地针对不同的学生作出不同的回应,从而使回应更加贴近学生的生活实际。像在《论语》中经常会有不同的学生针对同一个问题进行发问,像仁、孝、为政等就是如此。有一次,子路和冉有都向孔子询问:"闻斯行诸?"就是说:如果听到一个好的建议、学说等,是否要立即将其付诸行动呢?问题虽然相同,但是提问题的人之间却存在比较大的差距。根据《论语》的记载,冉有这个人性格比较内敛,对自己信心不足,做事畏首畏尾;子路是一个相对鲁莽的人,做事比较草率,做事之前不太会深入思考。正是针对两个人不同的特点,孔子给予二人以不同的回答:为了鼓励冉有勇敢地迈出第一步,孔子答以"闻斯行诸";为了防止子路急躁冒进而犯下大错,孔子则答以"有父兄在,如之何其闻斯行之?"(《论语·先进》)可见孔子的回应道德教育不是机械僵化的教条式灌输,而是因时、因人而异的灵活导引,从而达到了润物无声的高超境界。

结　语

孔子的回应道德教育以爱与责任为基础,以尊重差异性为原则,强调顺应不同的道德教育对象而回应他们的道德需求,从而既区别于过去的灌输道德教育,也不同于现代的对话道德教育,而是呈现为一种独特的道德教育形态。这种道德教育形态既有利于克服灌输道德教育中的师生间的主客体对立,从而弱化学生对教师开展道德教育的抵制,也有利于克服对话道德教育过度强调的师生平等权利,强化教师的责任意识,使教师主动地承担起教书育人的道德责任,从而构建起和谐的师生关系。因此,孔子的回应道德教育并不是一种过时的传统,而是对于现代社会道德教育仍然具有积极的意义,需要我们加以认真地学习和汲取。

通才·义务·责任
——"君子不器"的三重教育意蕴

"君子不器"语出《论语·为政》,是孔子对于君子这一理想人格所做的一个界定,历代注家对此多有论述。从历史上的相关注释来看,人们更加关注的是"君子不器"的具体内涵,以及由此内涵所反映出来的儒家思想中的君子形象。本文将通过梳理"君子不器"所包含的多重内涵,从而揭示其中所蕴含的现实教育意义,为中国当代教育提供有益的借鉴。

一、"用无不周"与通才教育

根据考古发现,"器"最初都是作为铭文出现在卣、簋、盘等祭祀用器上,然后被扩展于生活用器,最后被用来泛指各种具体器物,像《易经》当中"形而上者谓之道,形而下者谓之器",[①]这个"器"就已经宽泛地指称有形有相的具体事物。不管是祭祀用器,还是生活用器,抑或是其它任何具体事物,"天生我材必有用",每个器物都有其自身的特定用途。因此,"器"的一个重要特点,就是有用性,而且这种有用性是某种特定的功用,就像我们日常中的每件生活器具都承载着某种特定的功用,我们做饭需要"一套"餐具、耕田需要"一套"农具,这是因为具

---

① 惠栋:《周易述》,北京:中华书局2007年版,第295页。

体的餐具、农具之间的功用是不同的,是不能相互取代的。古人正是从"器"的这种特点出发,突出"器"的功用的单一性,包咸说:"器者各周其用";熊埋说:"器以名可系其用。……用有定施,故舟车殊功也";朱熹则言简意赅地指出:"器者各适其用而不能相通";①说法一致。

在"君子不器"当中,孔子通过"不器"所描绘的是君子这一理想人格。对于儒家来说,理想人格不是仅仅具有一技之长的单向度的人,而是多才多艺的全面发展的人。像孔子就曾经说过,一个"成人"要集众多才艺于一身,"若臧武仲之知,公绰之不欲,卞庄子之勇,冉求之艺,文之以礼乐",②并且呼吁人们为此而努力,"志于道,据于德,依于仁,游于艺"。③ 孔子作为儒家理想人格的代表,本身就是一个博学多能的人,像子贡就说孔子是"故天纵之将圣,又多能也",孔子虽然反对"天纵之圣"的说法,但对于"多能"本身则予以肯定,"吾少也贱,故多能鄙事"。④ 因此,后世学者抓住儒家理想人格全面发展的特点,认为"君子不器"是指君子不只有一种才能,而是多才多艺、全面发展。朱熹说,"成德之士体无不具,故用无不周,非特为一材一艺而已",许谦在《读四书丛说》中进一步以具体事例对朱熹的解释进行了诠释,"体无不具,谓明尽事物之理以全吾心之所具。用无不周,则事物之来皆有以应之,而无纤毫之差失。用之周,如赵魏老、滕薛大夫无不可。大之则成田委吏,以至立道绥动所存,皆神体之具也。用之不周,如黄霸长于治民,为相功名损于治郡时;庞统长于治中别驾,而不能为邑令,全体不具也"。⑤ 按照"君子不器"的要求,孔门之学就分为德行、言语、政事、文学四科,对人开展全面化的教育。

---

① 程树德:《论语集释》,北京:中华书局1990年版,第96页。
② 朱熹:《四书章句集注》,北京:中华书局1983年版,第151页。
③ 朱熹:《四书章句集注》,北京:中华书局1983年版,第154页。
④ 朱熹:《四书章句集注》,北京:中华书局1983年版,第110页。
⑤ 程树德:《论语集释》,北京:中华书局1990年版,第96—97页。

虽然中国现代教育早就以马克思自由而全面发展的人格作为培养目标，追求人的德智体美全面发展，但是在现实生活中，尤其是近些年来，中国的教育离这种目标已经越来越远。在过去，教育尚不普及，只有少数人能够有机会进入校园，接受系统的知识教育，而且这些受教育者为国家社会的繁荣发展做出了重要贡献，因此，知识受到人们的高度重视，知识分子受到人们的爱戴，"十字街头"（世俗社会）主动向学校这座象牙塔靠拢，向其寻求前进的方向。在市场经济条件下，商品拜物教盛行，学校既不是生产商品的工厂，也不是商品流通的市场，学校逐渐失去了对于社会的引领作用，沦为"十字街头"的附庸，唯"十字街头"马首是瞻，以"十字街头"为榜样，逐渐将自身变成了知识工厂、人才工厂。因此有人说，在当前，"大学最流行的形象不是'象牙塔'，而是'服务站'了。社会要什么，大学就给什么；政府要什么，大学就给什么；市场要什么，大学就给什么"，在这种背景下，大学"成为即产即用的知识工厂"、人才工厂。① 因此，在当今学校中，老师与学生越来越注重于学习知识的实用性、功利性。不论是为了应付各种类型选拔人才的考试，还是为了应对进入社会后谋生的需要，学生基本上都将全部精力放在所谓"有用"知识的学习上，对于那些与自己专业无关的、"无用"的知识敬而远之。譬如，为了在"3+X"高考模式中考取高分，很少有考生去选取物理这么重要的基础学科作为考试科目；在大学中，各个学科之间壁垒森严，文科生基本上不会选修理工科课程，理工科学生虽然会选修一些文科课程，但是他们也仅仅将其当作一种混学分的手段，不会投入大量精力认真学习。

为了改变这种教育的过度专业化、过度狭窄化的发展趋势，我们必须要树立"君子不器"的观念。人才之为人才，不仅在于他具有专业

---

① 金耀基：《大学之理念》，北京：生活·读书·新知三联书店 2000 年版，第 23 页。

的才能，而且在于他有健全的人格，也就是说，他只有先成人，才能成才。人所面对的生活问题是多样性的、多面性的，而作为人才的专业才能所面对的则是单一的工作。工作既建立在生活的基础上而又服务于生活，没有健康的生活理念和美好的现实生活，我们就没有办法全身心地投入到工作之中，充分发挥自身的潜能和创造性，我们也就很难在专业上做出卓越的贡献。为了解决生活中面临的各种各样的问题，我们不仅需要各种各样的专业知识，我们也需要良好的世界观、人生观、价值观，以及与人相处的情商和技巧，这都不是我们所学的专业所能给予我们的，我们需要大量的课外阅读，需要大量的社会交往，需要各种各样的人生实践。因此，对于一个完美的理想人格而言，不能只有一才一艺，而要全面发展，"不全不粹不足以为美"。同时，即使对于专业知识、专业技能而言，它们的发展同样离不开丰富知识的基础，过度的专业化同样不利于知识的创造。譬如在现代教育中，各个大学的哲学专业基本上都是招生最为困难的专业，在日常学习中，也很少有学生选修哲学课程，问题就出在学生觉得它"无用"。冯友兰早就说过哲学是"无用之大用"，不过这是针对人生日用而言的，实际上，就是对于科学知识的创造，哲学也是高度有用的，如果一个科学家没有高深的哲学修养，那么，他就很难进行杰出的科学创造。如果我们有兴趣去翻一翻那些杰出科学家的传记，我们就会发现，很多伟大的科学家对于哲学都有很深的研究，有些人甚至同时就是杰出的哲学家，有些杰出的科学发现、科学创造就是在哲学的指导下做出的，像李约瑟、汤川秀树、卡尔纳普等科学家，就受到中国道家哲学的深刻影响。因此，对于现代教育来说，专业知识是必须的，但又是远远不够的，我们必须在通才教育的基础上开展专业教育，从而培养出既博又专的通才。

二、"角色功能"与义务教育

过去人们把"君子不器"解释为君子不只有一才一艺,不只有一种功用,而是多才多艺,全面发展,然而问题在于,这样一种理解存在着某种程度的不足。因为对于任何一个人来说,其知识才能都是有限的,不可能无所不知,无所不能,就连孔子都说"君子多乎哉?不多也"。① 况且我们学得太多,就难免会有博而不精的问题,从而导致专长缺乏,像孔子知识丰富,但是孔子却因无一技之长而在现实生活中无法安身立命,从而招致达巷党人的慨叹,"大哉孔子!博学而无所成名"。② 因此,这种理解受到了质疑,清人李光地就在《论语劄记》中给出了不同的理解,"器者,以一能成名之谓。如子路之治赋,冉有之为宰,公西华之治宾客,以至子贡之瑚琏皆是也。君子之学,德成而上,行成而先,事成而后。颜子视听言动之间,曾子容貌辞气颜色之际,而皋夔稷契伊傅周召之功勋德业在焉,此之谓不器。若以无所不知无所不能为不器,是犹未离乎器也"。③ 按照李光地的说法,"君子不器"是指,对君子而言,首要的问题应是道德的问题,而不是知识才能的问题,否则"不器"与"器"就没有根本性的区别,这也就是说,道德是主要的,知识才能是次要的,而这样一种解释同样符合儒家"太上以立德,其次以立功,再次以立言"的传统。

李光地的解释非常笼统,他没有明确地指出君子的道德到底是什么,因此,我们需要继续深究。在儒家看来,人的本质特性在于社会性,因此,孔子说,"鸟兽不可与同群,吾非斯人之徒与而谁与?"④后来

---

① 程树德:《论语集释》,北京:中华书局1990年版,第583页。
② 程树德:《论语集释》,北京:中华书局1990年版,第568页。
③ 程树德:《论语集释》,北京:中华书局1990年版,第97页。
④ 朱熹:《四书章句集注》,北京:中华书局1983年版,第184页。

荀子同样也说，人类"力不若牛，走不若马，而牛马为用，何也？曰：人能群，彼不能群也"。① 人生下来都是单独的个体，为什么能够结合成群体呢？就要依靠道德，"人何以能群？曰：分。分何以能行？曰：义"。② 荀子就非常明确地告诉人们，社会作为一个整体，其间必然存在分工与合作，而分工与合作的顺利进行，必须依靠个体道德的保证。如果每个人都不服从社会分工，不承担自己的角色义务，那么，合作就没有办法进行下去，社会就会走向解体。因此，作为个体的人，就必须自觉服从社会分工，完成自己应尽的角色义务。孔子虽然没有讲得如此清楚明白，但他也比较含蓄地表达了这一观点。齐景公向孔子询问治国理政之道，孔子回答说"君君，臣臣，父父，子子"，齐景公将此理解为"善哉！信如君不君，臣不臣，父不父，子不子，虽有粟，吾得而食诸？"③这也就是说，君臣父子都要尽心尽力地完成各自的角色义务，否则，每个人都没有办法维持社会的整体并从社会整体当中获得供养。君子的道德就是主动地将自己融入到社会整体中，完成社会分配给我的角色义务。据此，芬格莱特将"君子不器"理解为：人们不要成为只具有一般用途的器具，而要把自己培养成为一件超乎日用的"圣器"，即"礼器"。礼器"之所以神圣，不是因为它有用或者精美，而是因为它是礼仪祭典中的一个组成部分。它之所以神圣，是由于它参与了礼仪、参与了神圣的典礼。如果将它在礼仪活动中的角色分离出来，那么，这个礼器就只不过是一个盛满谷物的昂贵钵盂而已了"，因此对于君子也就是要主动承担起自己的角色功能，"个体的人由此也具有终极的尊严、神圣的尊严"。④

---

① 王先谦：《荀子集解》，北京：中华书局 1988 年版，第 14 页。
② 王先谦：《荀子集解》，北京：中华书局 1988 年版，第 164 页。
③ 朱熹：《四书章句集注》，北京：中华书局 1983 年版，第 136 页。
④ 芬格莱特：《孔子：即凡而圣》，彭国翔、张华译，南京：江苏人民出版社 2002 年版，第 65 页。

现代世界个人主义盛行，而与个人主义相伴而行的乃是自我中心主义，人们习惯于以自我为中心，时刻关注自我的个人利益，为了个人利益不择手段。尤其是在"金钱是我们时代的上帝"的现代社会里，①人们往往高度地重视个人的社会地位、经济利益，也就是个人的权利，忽视了个人对于社会的法定义务。因此，在当今的校园里，活跃着大量的"精致的利己主义者"（钱理群语）。及至这些人走向社会，他们也会千方百计地以最少的代价去谋取个人的最大利益，也就是严格地遵循利益最大化原则。在现代社会中，权利与义务之间具有严格的对应关系，而且义务又是以权利为中心的，"权利的基础是利益。人们之间的权利义务关系，本质上是一种利益关系。"②这也就是说，在权利与义务之间，现代人追求的核心乃是个人权利的实现，而非义务的承担。人们之所以愿意承担法律义务，是出于法律的强制和对违法后果的畏惧。因此，人们承担义务具有严重的被动性。如果人们有机会既能享受权利，而又不用承担义务，而且又不用因为没有承担义务而必须承担相应法律的惩罚，那么，人们就会去钻法律法规的漏洞，从而实现自己的利益最大化。在这种个人利益至上的思想指导之下，即使面前有法律的铜墙铁壁，只要利益巨大，人们也会不惜以身试险，就像马克思所说的那样，"如果有10%的利润，它就保证到处被使用；有20%的利润，他就活跃起来；有50%的利润，它就铤而走险；为了100%的利润，它就敢践踏人间一切法律；有300%的利润，它就敢犯任何罪行，甚至冒绞首的危险。"③而这也就是当前社会中假冒伪劣、坑蒙拐骗等各种损人利己违法犯罪行为屡禁不止的一个重要原因。

---

① 西美尔：《金钱、性别、现代生活风格》，顾仁民译，上海：学林出版社2000年版，第12页。
② 安靖如：《人权与中国思想——一种跨文化的探索》，黄金荣、黄斌译，北京：中国人民大学出版社2012年版，第238页。
③ 《马克思恩格斯选集》（第一卷），北京：人民出版社1995年版，第871页。

教育不仅是为个人提供技能培训,不仅是为社会培养所需要的各种技术人才,而且也是培养合格的公民,帮助学生融入社会,从而实现社会的和谐健康发展。因此,教育就要对学生进行个人与社会关系的教育,对学生开展恰当的权利义务观念教育,使学生在享受个人权利的同时,自觉地承担起自身所必须担负的法律义务。正如马克思所言,"人的本质不是单个人所固有的抽象物,在其现实性上,它是一切社会关系的总和。"①既然社会性构成了人的本质规定性,那么,人就不能脱离社会而存在,也不可能脱离社会而存在,"在本性上而非偶然地脱离城邦的人,它要么是一位超人,要么是一位恶人;就像荷马指责的那种人:'无族、无法、无家之人',这种人是卑贱的,具有这种本性的人乃是好战之人,这种人就仿佛棋盘中的孤子。"②人类之所以要结成群体,就是因为每个人都不是全知全能的,都具有自身的局限性,都不可能凭借自己的自然本能达到自给自足,所以,我们需要结成群体,相互合作,相互支撑,我们才能在残酷的自然竞争中为自己赢得一席生存之地,因此,社会群体不仅构成了自我展示自身的舞台,也是自我生存发展的源泉,我们与社会整体之间乃是一个有机的命运共同体,一荣俱荣,一损俱损,因此,从自私自利的角度去考虑,我们仍然要维护社会整体的利益。为了维护社会整体的利益,我们就不能仅仅从社会当中索取,也要对社会有所贡献,去承担起自己应当承担的义务,从而使得社会整体更加稳固。

三、"道德身份"与责任教育

前面所讲的是人们对于"君子不器"的两种解释,不过在笔者看

---

① 《马克思恩格斯选集》(第一卷),北京:人民出版社1995年版,第56页。
② 颜一编:《亚里士多德选集·政治学卷》,北京:中国人民大学出版社1999年版,第6页。

来，这两种解释没有穷尽孔子所要表达的全部内容，也没有体现孔子思想的核心要义。前面的两种理解都带有很强的功利化、实用主义的色彩。儒家虽然也重视个人利益的满足，但是这不过是对于普通民众或者说"小人"而言的，而对于"君子"则并非如此，因此，孔子说"君子喻于义，小人喻于利"，①"君子上达，小人下达"。② 从"君子"与"小人"的对比之中，我们可以看出，"君子"之所以为"君子"，不在于他的功用，而在于其道德性，唯有道德才构成了其本质的规定性，"君子义以为质"，③"君子义以为上"。④ 似乎第二种解释也是讲君子的道德性的，实际上，这种解释的局限性在于其所讲的道德类似于法律，我们也可以说它所讲的是一种法律义务，因为它要求人们承担的乃是一种角色义务。这种解释是受到现代社会中道德的法律化、法律的道德化的影响，抹杀了道德与法律之间的界限，从而以一种法律的契约思维来思考道德的结果，每个社会角色都在社会整体中享受了特定的权利，因此你就必须承担相应的法律义务。这对于儒家伦理道德来说无疑是一种矮化。

虽然儒家承认每个人对于社会对于家庭的角色义务，但是又绝不会让角色义务成为人们身上的一道枷锁，从而对于人们的道德之心进行束缚。每个人有很多的角色身份，而其首先拥有的身份就是家庭成员的身份，就是子女的身份。这个角色身份就决定了我们有孝顺父母、礼拜父母的义务，不过这种角色义务又不是僵化的，是可以为道德所突破的。如果父母的行为不义，我们完全可以起而与之争，"父有争子，不行无礼"；⑤如果子女的德行高过父母，也可以接受父母的礼拜，

---

① 朱熹：《四书章句集注》，北京：中华书局1983年版，第73页。
② 朱熹：《四书章句集注》，北京：中华书局1983年版，第155页。
③ 朱熹：《四书章句集注》，北京：中华书局1983年版，第165页。
④ 朱熹：《四书章句集注》，北京：中华书局1983年版，第182页。
⑤ 王先谦：《荀子集解》，北京：中华书局1988年版，第530页。

就像舜在尚未得位的时候,就接受了尧带领群臣的朝拜,并且其父瞽叟也侧身其中。可见对于儒家而言,角色义务并未扼杀道德的活力,从而使得人们被动地承担所谓的角色义务。儒家更加呼吁人们要积极地承担一种道德责任。对于儒家来说,道德之为道德,并不在于被动地承担角色义务,如果仅止于此,是没有道德可言的。就像父母抚养子女,子女赡养父母,教师认真上课,学生刻苦学习,警察保卫人民生命财产安全,这都是一种岗位职责,不能称为真正高尚的道德;只有我们超越了自己的角色义务,去做那些不属于自己职责范围且对社会对他人有利的事情,我们才真正称得上是道德高尚之人。就像历史上的大禹、后稷、伊尹都是道德高尚之士,他们在并未具有特定角色义务的时候,就出于一种强烈的道德责任感,决定治理洪水、教民稼穑、推行仁政,"禹思天下有溺者,由己溺之也;稷思天下有饥者,由己饥之也",①伊尹"思天下之民匹夫匹妇有不被尧舜之泽者,若己推而纳之沟中"。② 据此我们可以看出,"君子不器"另一重要含义,就是君子具有一种无偿奉献的精神,不仅消极地承担角色义务,而且积极地担当道德责任。

当今时代中国的中学生、大学生基本上都是独生子女,从出生开始一直都是家庭的中心,从小就过着众星捧月般的"太上皇"的生活,衣来伸手,饭来张口,从来都是享受别人的服务,而不曾对别人有所付出,因此,根本就不懂得自己对于他人对社会的义务,也不懂得对他人对社会的道德责任,更谈不上为他人为社会承担义务与责任。上一节我们已经谈了法律义务的问题,现在我们接着来讲讲道德责任,因为一切教育说到底都是道德教育,"我们可以将教育唯一的任务和全部的任务概括为这样一个概念:道德","道德,普遍地被认为是人类的

---

① 杨伯峻:《孟子译注》,北京:中华书局1960年版,第199页。
② 杨伯峻:《孟子译注》,北京:中华书局1960年版,第225页。

最高目标,因此也是教育的最高目标。谁否认了这一点,谁肯定并不真正知道何为道德,至少他在这里没有发言权。"①尤其对于中国人来说,虽然承担法律义务很重要,但是法律是以权利为中心的,因而,承担义务是不得已而为之,一旦人们没有义务去帮助他人,那么人们就会置他人的生死于不顾,对他人的困难处境冷眼旁观或者视而不见,这必然导致人与人之间的冷漠。因此,法律虽然能够帮助人们建立起一个整齐有序的社会,但是人们之间是没有内在联系的,这就像祭祀中被强行摆放在一起的器物,它们只是冰冷地处在自己应该出现的位置上,彼此之间没有任何交流与关怀,就像老子所说的那样,"鸡犬之声相闻,老死不相往来"。道德则与法律不同,道德的理想不是建立一个整齐有序的社会,而是建立一个充满温情的社会,每个人不再仅仅关心自己权利的满足,而且同样关心他人的幸福,要"老吾老,以及人之老;幼吾幼,以及人之幼",②从而使得天下达到一片和乐状态,"人不独亲其亲,不独子其子,使老有所终,壮有所用,幼有所长,矜寡孤独废疾者皆有所养。男有分,女有归。货恶其弃于地也,不必藏于己,力恶其不出于身也,不必为己。"③这也就是说,我们作为一个道德的人,就必须超出个人的一己私利,去为他人承担起自己本不必承担的对于他人的道德责任,这也就是儒家所说的"仁以为己任",只有这样,社会才会变得充满温情,不再显得异常冷漠。实际上道德不仅对于社会很重要,对于个人也很重要。人是社会关系中的人,每个人都是社会关系之网上的一个纽结,正是通过纵横交错的各种关系之线,我们获得了在这个社会中的身份定位,维持这张网的主要力量有两种:一种是法

---

① 彭正梅、本纳编:《赫尔巴特论著精选》,李其龙等译,杭州:浙江教育出版社2011年,第11页。
② 杨伯峻:《孟子译注》,北京:中华书局1960年版,第16页。
③ 朱彬:《礼记训纂》,北京:中华书局1996年版,第331—332页。

律的外在张力,一种是道德的内在收缩力。如果法律的张力过强,人与人之间的距离就会越来越疏远,甚至有关系破裂的风险,道德的收缩力,在一定程度上缓和了法律的张力,使得人们之间的距离相对靠近,从而使得关系之网能够延续下去。因此,在一个高度强调法治的社会中,道德显得尤为重要。孔子说过"不学礼,无以立",①这就是强调"礼"是人得以在社会当中挺立的条件,有了"礼",人才能真正成为一个人。这个"礼"就是仁义,就是道德,"仁者人也"。② 人如何成为一个人? 就是讲道德,"己欲立而立人",③自我成人的前提是要帮助他人作为人挺立于世界上,如果他人都不存在,我们如何与他人建立关系,如何来确定自己的身份呢? 因此,道德构成了人之为人的一个重要特性,我们要在社会中努力践履道德,确立自己的道德身份,只有这样,我们才真正是一个人,才真正是一个大写的社会中的人。

虽然本文所阐述的是有关"君子不器"的三种不同解读,但是这三种解读之间并不是毫无内在逻辑关联的,而是呈现为一个内涵不断深入、层次不断提高的过程,第一种解读主要强调的是自我的知识修养,后两种解读强调的是自我与社会的关系问题,第二种解读强调的则是底线伦理——社会义务,第三种解读强调的是伦理的高级追求——道德责任。而这恰恰与教育的追求之间具有内在的一致性,从而为我们确立教育目标提供了重要的参照,我们不仅要培养多才多艺的人,不仅要培养遵纪守法的人,更要为社会培养具有责任担当意识,具有奉献精神的道德之人。

---

① 朱熹:《四书章句集注》,北京:中华书局1983年版,第174页。
② 朱熹:《四书章句集注》,北京:中华书局1983年版,第28页。
③ 朱熹:《四书章句集注》,北京:中华书局1983年版,第92页。

"从心所欲,不逾矩"的道德教育意蕴

"从心所欲,不逾矩"出自《论语·为政》,"子曰:'吾十有五而志于学,三十而立,四十而不惑,五十而知天命,六十而耳顺,七十而从心所欲,不逾矩。'"由于这段话是孔子自述一生治学的历程,所以后世学者都把研究重点放在学习和自我修养上。实际上,"学"与"教"是相互依存的,尤其是在现代社会里,教育已经变得专业化了,自学、自修的情况已经大为减少,我们所学的都是接受了别人教育的结果。因此,要想发挥"从心所欲,不逾矩"的现代价值,我们就不仅要挖掘它的学习启示,更要挖掘它的德育意义。

一、约束与解放

"从心所欲,不逾矩"这句话是由"从心所欲"和"不逾矩"构成的。按照《说文》的解释,"从,随行也",就是追随……而行动,因此,"从心所欲"实际上就是按照自己心里所思所想而行动,而不受外部因素的影响。这实际上就已经将自己从外部世界的束缚下解放出来,完全凭借自己的主观意愿来决定自己的视听言动。这也就意味着,"从心所欲"所描绘的是一种高度自由的状态。按照一般的理解,自由就是要从一切外在的约束下解放出来,自我做主,不是"由他"而是"由自"。与"从心所欲"强调解放和自我做主不同,"不逾矩"则更加强调主动地接受外在规范的约束。"逾"就是逾越;"矩"就是规矩、规范,不过这在中国古代主要指道德规范;因此,"不逾矩"就是主动地遵守道德规范,接受道德规范的约束,从而不逾越、违反道德规范。在这里,我们看到了一种奇妙的结合:自由与规范、约束与解放两个看似尖锐对立的方面被有机地统一在了一起,这尤其值得现代道德教育工作者进行深思和总结。

在现代社会中,严重影响道德教育实效性的一个重要因素就是:人们普遍地将道德理解为一种约束性的规范,认为道德以牺牲自由为代价。在现代社会中,自由已经被树立为至高无上的价值,人类的一切所作所为都要以自由为目标。更为重要的是,自由被理解为一种无限的自由,或者说,现代人所理解的自由是不受限制、不受约束的自由,自由就意味着为所欲为、想干什么就干什么,"就是能够完全地、不负责任地自由",自由就意味着"我行我素",意味着"可以狂欢,可以痛饮,可以把东西烧掉"。[①] 因此,一切对人类的自由有所约束、有所限制之物都是应该被抛弃的,而道德恰恰不幸位列其中。

道德是什么?在所有的词典和教材中,道德几乎都被打上了强烈的规范印记。在《西方哲学英汉对照辞典》中,道德被解释为"体现在文化和历史传统中的、支配人们的品格和行为的社会规则"。在罗国杰主编的《伦理学名词解释》中,道德被界定为"主要指调整人们相互关系的行为准则和规范"。[②] 不管表述上如何变化,"规则"、"规范"都会赫然在列。当然,这种界定并无错误,道德本身就是社会两大规范系统之一,确实对于人们的行为具有指导和约束作用。不过这并不意味着我们在道德教育的过程中只需紧紧地抓住道德的规范性,然后简

---

① 雅赛:《重申自由主义》,陈茅等译,北京:中国社会科学出版社1997年版,第25页。

② 罗国杰:《伦理学名词解释》,北京:人民出版社1984年版,第13页。

单地告诉学生:道德和道德教育就是要求我们"什么该做"、"什么不该做",从而把道德真正地变成冷漠无情的条条框框。然而令人遗憾的是,这恰恰就是我们当前道德教育的现实。在这样一种道德观念的影响之下,学生对道德充满着畏惧心理,对道德敬而远之甚至是唯恐避之不及,"有一些人不喜欢讲道德,他们一听到道德就好像孙悟空听见紧箍咒一样,浑身不自在"。① 导致这种局面出现的一个重要原因,就是我们的道德教育片面地强调了道德的规范性、约束性,让人感觉道德是对于自由的一种伤害。

为了解决当前道德教育中所出现的问题,我们就必须妥善地处理、讲解规范与自由、约束与解放之间的关系,让学生感受到道德的积极意义,而这正可以从孔子的论述中获得启示。

第一,"从心所欲,不逾矩"在强调自由的同时,又强调要积极主动地遵守规范,接受规范的约束,这说明无限的、为所欲为的自由完全出于主观的虚构,在现实生活中是不存在的,真正的自由必须接受规范的约束,就像西方启蒙主义者卢梭也不得不承认,"人是生而自由的,但却无往而不在枷锁之中"。② 在近代中国,有些人主张意志绝对自由,完全可以不受限制地"忽君主,忽民主",冯契指出这恰恰是不自由的表现,"一个人自以为可以随心所欲地'忽而这样、忽而那样',这正是没有意志自由的表现。坚强的意志具有自由和专一的双重品格,一个人在行动上忽而往左,忽而往右,正说明他既缺乏坚忍不拔的毅力,又缺乏自由选择的胆略"。③ 因此,"从心所欲"必须要守"规矩"。

第二,反过来说,正是对于规范的遵守、接受规范的约束,成就了

---

① 牟宗三:《中国哲学十九讲》,上海:上海古籍出版社1997年版,第75页。
② 卢梭:《社会契约论》,何兆武译,北京:商务印书馆2003年版,第4页。
③ 冯契:《中国近代哲学的革命进程》,上海:上海人民出版社1989年版,第341页。

人的自由,使人自身获得了解放。面对着道德规范,实际上人们有"逾矩"和"不逾矩"两种选择。如果顺应人的本能(欲),那么人们极有可能选择"逾矩",而这种顺应本能恰恰是人类没有自由的表现,像动物就是顺应本能的,而动物没有自由可言。人在面临抉择的时候,摆脱了本能的束缚,利用心智进行积极主动的选择,恰恰是人类自由意志的发挥。因此,道德作为规范,它并不只是用来约束人的,同时也是用来解放人的,帮助人从物质世界的束缚当中解放出来,真正做到自我做主,所以,牟宗三说,"道德并不是来拘束人的,道德是来开放人,来成全人的"。[①] 只有理解了这一点,我们才能够明白孔子一辈子过着颠沛流离的窘迫生活,甚至屡次身陷险境,他仍然不为所动,自尊其心,过着优游自在的生活。

二、个体与整体

"从心所欲"里的"欲"是中国人非常关心的。"欲"是人类与生俱来的自然本能,所以荀子说人"生而有欲"。既然"欲"具有自然性,那么它就必然离不开自然个体,因此,在中国古代,"欲"经常被称作"私欲"。这也就是说,"从心所欲"所讲的是个体性的自由或个体欲望的追求。"不逾矩"中的"矩"则不是个体性的,而是整体性的。我们之所以会制定规范、规矩,是因为有各种关系的存在,我们希望通过规范、规矩来协调各种关系,从而达到社会整体的和谐稳定,所以"矩"所代表的是社会的整体性。因此,"从心所欲,不逾矩"反映了个体与整体的辩证关系:个体欲望的满足必须受到社会整体的约束。这对现代道德教育颇有教益。

在古代,个人缺乏独立的价值,被消融在各种各样的群体之中:

[①] 牟宗三:《中国哲学十九讲》,上海:上海古籍出版社1997年版,第75页。

在西方,这个群体是城邦;在中国,这个群体是家庭,个人的价值体现在城邦的繁荣或家族的兴旺之中。到了现代,个人开始凸显出来,个人不仅挣脱了群体的束缚,而且"开始被赋予了直接的地位和价值,而且也成为了真理的最终裁断者"。① 对于个体的过度强调导致个人主义盛行,人们开始只关心个体利益,"人不为己,天诛地灭"被当成处理个人与社会关系的信条,而"各人自扫门前雪,休管他人瓦上霜"则成为普遍的社会现象。

个人主义的盛行,对于道德及道德教育的影响是致命性的。道德本来是社会之"道"与个人之"德"("得")的统一,是个人把社会规范内在化,并体现于自己的言行举止之中,从而实现社会的和谐稳定,因此,道德的起点与终点都离不开社会的整体。然而个人主义的盛行,使得人们更加关注个人之"得"("德"),而且这个"得"所得到的不再是社会之"道",而是个体物质欲望的满足,这就不但把"德"与"道"分离开来,甚至将二者尖锐对立起来,从而使个体视整体为畏途,而这也使得集体主义、爱国主义等强调整体利益的道德教育在现代社会中变得异常困难。为了解决这个问题,我们有必要重温孔子"从心所欲,不逾矩"的教诲。

正如前文所言,"从心所欲,不逾矩"没有因为个体而否定社会的整体性规范要求,而是要求个体的所作所为必须受到社会整体规范的制约,所以个体与社会整体之间并没有像现代那样处于尖锐对立之中,而是实现了有机的和谐统一。这种统一不是整体对于个体的服从,而是个体对于整体的服从,个体主动接受整体的约束、限制,从而将个体融入到整体之中。为什么个体必须接受整体性道德规范的约束呢?这不仅是我们需要向孔子进行追问的问题,同样也是现代道德

---

① 丹尼尔·沙拉汉:《个人主义的谱系》,储智勇译,长春:吉林出版集团有限责任公司2009年版,第28页。

教育必须解决的问题。

第一,社会性构成了人的本质的规定性。马克思说,"人的本质不是单个人所固有的抽象物,在其现实性上,它是一切社会关系的总和",[①]从而科学地揭示了人的本质属性。虽然孔子还不能对人的本质属性做出科学概括,但是他已经洞见到了人的社会性。当孔子说道:"鸟兽不可与同群,吾非斯人之徒与而谁与?"(《论语·微子》)他就已经揭示了人的社会属性,人要生活于社会群体之中,人要依赖社会整体而存在。后来荀子把这点说得更加明白,他直接就把是否"能群"作为区分人与动物的标志,"人能群,彼不能群也"(《荀子·王制》)。既然社会性构成了人的本质属性,那么人的非本质属性就必须服从于本质属性,个体性必须接受整体性的约束,否则人就不成其为人。

第二,个体要想在社会整体中立得住、站得稳,就必须遵守道德规范,做一个道德的人。一方面,社会性构成了人的本质属性,人是社会中的人,这也就决定了我们要精心地编织和呵护社会整体这张网,这就需要我们主动地遵守道德规范,承担起自己应负的道德责任,从而为社会整体的和谐稳定、繁荣富强而添砖加瓦。另一方面,只有遵守了道德规范,把自己的行为举止与自己在整体中的位置统一起来,我才能真正地明确"我是谁",我才能为自己找到安身立命之所。因此,无论是从整体还是个体的角度,个体都要主动地遵守道德,做到"非礼勿视,非礼勿听,非礼勿言,非礼勿动"(《论语·颜渊》)。

第三,和谐整体的建构不能仅仅依靠法律,也要依靠道德。现代人的法制观念较强,觉得我们必须遵守的是法律而非道德,因此,只要接受法律教育就够了,没有必要接受道德教育。这是一种错误的观念。首先,法律是以权利为中心的,道德是以责任为中心的,道德强调

[①] 《马克思恩格斯选集》(第一卷),北京:人民出版社1995年版,第60页。

的是付出而非索取,这就避免了为争取权利而引发人与人之间的尖锐对立。其次,法律是低要求的,道德是高要求的,道德不仅要求人们不侵犯他人的合法权益,甚至要求为了他人而牺牲自我的合法权益,因而它能够赢得社会的认可和尊重,能够化解自我与他人之间的冲突与矛盾,从而帮助建构起一个充满感动和温情的和谐社会。

三、沉沦与超越

不管是讲约束与解放,还是讲个体与整体,这里面都有一个对人的理解的问题,这也就是人的实然与应然的问题,如果人的实然状态与应然状态存在着分离与断裂,那么人就不能沉沦于实然状态之中,而要实现从实然到应然的超越。

"从心所欲"是人们对于生活的一种追求,但这种追求却是一种人类生活的实然状态,而非应然状态,因为它是出自人类的自然本性的。"欲"在现代社会里,经常被理解为贪欲,已经被赋予了某种精神性的含义,但是在古代"欲"更多地是与人的自然本性相连。徐灏在解释"欲"的时候就说,"人心所欲,皆感于物而动,故从欠。欠者,气也。欠之义引申为欠少,欲之所由生也"。[①] 在中国古代,气就相当于现代人所讲的物质。从徐灏的解释中我们就可以看出,欲的产生是因为人在物质上有所欠缺。人在物质性的肉体上有所欠缺,需要依靠外部物质来填饱肚子、补充能量,所以人类就有了"饥则思食,寒则思衣"的欲望。这种欲望是人类的自然本性,所以说"人生而有欲"。如果人类完全顺从自然欲望向前,那么社会就会变得争夺不断、混乱不堪,"欲而不得,则不能无求,求而无度量分界,则不能不争,争则乱,乱则穷"(《荀子·礼论》)。为了避免社会混乱,为了构建一个"人不独亲其亲,

---

① 《汉语大字典》,武汉:湖北辞书出版社、四川辞书出版社1992年版,第897页。

不独子其子"的理想世界,就需要用"礼义"等道德规范来对人们的物质欲望强加约束,"先王恶其乱也,故制礼义以分之,以养人之欲,给人之求"(《荀子·礼论》)。因此,"从心所欲"实际上所代表的是人类沉沦于实然性的一个生活状态,而"不逾矩"则是利用道德规范将人类从实然性的状态中超拔出来,使人类进入一个理想之境。

对于现代人来说,沉沦与超越是一个事关人类生死存亡的大问题,福柯有关"人死了"的断言,就是建立在现代人过度沉沦于物质欲望而忽视了超越追求的诊断的基础上。现代人似乎已经满足于沉沦在物质欲望之中而无法自拔,他们已经开始津津乐道于"渺小和粗鄙的快乐"(托克维尔语)和"可怜的舒适"(尼采语)。过度重视物质欲望导致现代人疏忽了超越性的追求,走向了虚无主义,推崇消费至上、娱乐至死,"现代主义的真正问题是信仰问题。用不时兴的语言来说,它就是一种精神危机,因为这种新生的稳定意识本身充满了空幻,而旧的信念又不复存在了。如此局势将我们带回到虚无"。①

超越性赋予人类生活以意义与价值,超越性的丧失就意味着人的堕落甚至是死亡。按照古希腊时代柏拉图的创世说,人一方面像动物一样拥有可朽的肉体,另一方面又像神一样拥有不朽的灵魂,"一半是天使,一半是野兽"。人的二重性决定了他既可以堕落如野兽,也可以超越如神明,当然人既不能为野兽,也不能为神明,而是处在从野兽向神明不断超越的过程中。中国人不讲神明,而讲道德,像儒家后学荀子曾经指出,人在身体上还不如动物,"力不若牛,走不若马",而人类超越于动物的地方在于人类有道德,"水火有气而无生,草木有生而无知,禽兽有知而无义。人有气、有生、有知,亦且有义,故最为天下贵"(《荀子·王制》),人类正是凭借道德超越世界万物之上;如果人类没

---

① 丹尼尔·贝尔:《资本主义文化矛盾》,赵一凡等译,北京:生活·读书·新知三联书店1989年版,第74页。

有了道德,那么他就会堕落到与禽兽为伍甚至是禽兽不如的地步。因此,为了实现人之为人,人类就要摆脱沉沦状态,实现超越,而这就需要借助于道德教育。

第一,教育是超越性的。按照德国教育家布雷钦卡的解释,"教育是一种努力改善、完善或提高受教育者的人格的尝试"。① 从"改善、完善或提高"中就可以看出,教育是建立在对自然人格或现实人格不满的基础上,人们希望通过教育而拥有新的人格。人们之所以对自然人格心存不满,那是因为他在心目中已经拥有了一个新的理想人格,正是在理想人格与现实人格的比较当中,他才有了进行教育的愿望,因此,理想人格既是教育的动力,也是教育所追求的目的,"从内容上来看,教育目的就是人格理想,是一种对应然人格的观念。只有那些被群体认为是其成长中的成员有必要拥有的并要求其教育者加以促进,以帮助受教育者尽可能实现的人格理想,才能成为教育目的"。② 无独有偶,中国教育家鲁洁同样也肯定了教育的超越性,"总之,教育所要培育的还包括人的应然性。教育既要使人是其所是,又要使人是其所不是"。③

第二,道德是超越性的。按照赫尔巴特的观念,教育本身就是道德性的,"我们可以将教育唯一的任务和全部的任务概括为这样一个概念:道德"。④ 赫尔巴特的论述虽然有点绝对化之嫌,但道德必定是教育的题中应有之义。道德与教育之间的密切联系,就决定了道德必然也是超越性的。像"道德"的"道"本身就是超越性的,正所谓"形而

---

① Wolfgang Brezinka:《信仰、道德和教育:规范哲学的考察》,彭正梅等译,上海:华东师范大学出版社 2008 年版,第 2 页。
② Wolfgang Brezinka:《信仰、道德和教育:规范哲学的考察》,彭正梅等译,上海:华东师范大学出版社,2008 年版,第 4 页。
③ 鲁洁:《当代德育基本理论探讨》,南京:江苏教育出版社 2010 年版,第 9 页。
④ 彭正梅、本纳编:《赫尔巴特教育论著精选》,李其龙等译,杭州:浙江教育出版社 2011 年版,第 11 页。

上者谓之道"(《易经·系辞》)。因此道德是人们的一种超越性的追求，像后来冯友兰说人生四境界，而道德境界是超越于自然境界和功利境界之上的。人们之所以需要这样一种超越性的追求，是因为它能够为人们指引前进的方向，使人们在丑陋的社会现实当中看到美好的人类未来，从而赋予现实生活中的所作所为以意义。

四、飞跃与进阶

"从心所欲，不逾矩"告诉人们：道德不是对于人类的约束，而是对于人类的解放，帮助人们突破个体的束缚，从动物世界当中超越出来而脱身为人。不过"从心所欲，不逾矩"向我们所展示的是解放和超越的结果，而这个结果的实现则经历了一个"十有五而志于学"、"三十而立"、"四十而不惑"、"五十而知天命"、"六十而耳顺"这样一个漫长的过程。这也就是意味着：道德和道德教育目标的实现是一个渐进的过程。

与西方有些国家把道德教育排除在学校教育之外，而将其纳入家庭教育范围不同，现代中国一直都把道德教育作为学校教育的一个重要内容，而且贯穿始终，从小学到大学都有专门的道德课程。值得注意的是，从小学到大学，尽管道德教育在对象上发生了变化，但是其内容和目标却并无多大差别，都是要向学生传授社会主义和共产主义道德，从而把学生培养成"先天下之忧而忧，后天下之乐而乐"、"毫不利己，专门利人"之类的道德高尚之士。中国人经常讲"志存高远"，在西方也有"瞄准月亮的比瞄准树梢的人射得高"之说，都充分肯定了高远理想的动力作用。不过高远的道德理想是一把双刃剑，它既可能激发人们追求道德的积极性，也可能会由于与生活现实反差太大而显示出虚幻性，从而导致人们拒斥道德理想，"中国进入改革开放的新时期，出于对空洞、假理想主义过度渲染的矫枉过正，对理想的质疑、否定甚至拒斥成为一种倾向,务实和实用主义代替了理想的追求",在此情景下人们拒斥道德教育"就成为再自然不过的事情"。[①] 中国的道德教育之所以会遭遇欲速则不达的尴尬,就是因为我们忽视了道德教育的循序渐进,而一味地急躁冒进,所以,我们要采取渐进式的道德教育。

第一,人生是个有序的展开过程。一个正常人从出生到死亡,要经历婴幼儿、童年、少年、青年、壮年、老年等不同时期,而且在这不同时期当中他所面临的问题、他所关心的问题、他思考问题的方式以及他解决问题的能力等等都不相同。这就决定了我们的道德教育必须抓住这些受教育者所面临的现实问题,结合他们具体年龄阶段的特点来进行;如果我们不顾这些差异而进行同一化的道德教育,那么我们的教育就脱离了学生的人生实际,就无法取得良好的现实效果。

第二,人的道德呈现为不断发展的过程。美国著名心理学家在结合杜威、皮亚杰等人研究基础上,提出了道德认知发展理论,将人的道德发展概括为六个阶段,在这六个阶段当中,道德水平呈现出不同的特点。实际上孔子在对自己为学历程的描述当中,实际上也以10年为一个阶段,概括了人的道德发展的不同特点——"志于学"、"立"、"不惑"、"知天命"、"耳顺"、"不逾矩",从而把人生道德的发展概括为一个循序渐进并最终实现飞跃的发展过程。因此综合理论和现实,人的道德的发展是一个渐进的过程,我们的道德教育也要循着道德发展的进程而不断展开,不能盲目地进行跨越和飞跃。

第三,教育就是不断成长的过程。著名教育家杜威曾经说过,教育就是成长,而成长表现为一个连续的过程,所以"教育过程是一种不断成长的过程,每个阶段的目标都是要提增成长的能力"。[②] 杜威的贡献在于:他不是把一个终极的目标作为人生追求的终点,那种遥不可

---

① 郭凤志:《德育文化论》,北京:中国社会科学出版社2008年版,第197页。
② 杜威:《民主与教育》,薛绚译,南京:译林出版社2012年版,第49页。

及的终极目标不过是一个脱离人生实际的空洞抽象符号,人们应该在人生的每个时刻都有现实的人生追求,从而凸显了片断、过程的特殊意义。既然教育展开为一个过程,那么道德教育作为教育的一个重要分支,它同样也要展开为一个过程。

这种渐进式的教育具有两个优点。第一,它遵循了人生、道德和教育发展的规律,只有按规律办事,才能取得良好的教育效果。第二,它更加贴近受教育者的生活、生命。在人生不同的阶段,人们所遭遇的生活问题,他们对生活、生命的理解都会存在一定的差异,这种渐进式的道德教育就是要遵循人们不同阶段的特点展开教育。只有这样,他们才会觉得道德教育不是空洞的口号,不是外在的强加,而是生活本身的真正需求,才会调动学生的积极性和创造性,从而把被动的道德学习变成积极主动的道德追求,从而使道德教育取得事半功倍的效果。

后　记

虽然我们经常会说要将命运掌握在自己的手中，但这落实起来往往非常困难，因此，我们更多的时候要服从命运的安排。

我在博士期间一直攻读的是中国哲学，虽然方向是中西比较哲学，但对西方哲学的了解是非常有限的，结果被评聘为硕士导师的时候，却在西方哲学点。为了加强自己的西方哲学修养，2005年不得不到中国社科院哲学所跟随西方哲学方面的大家叶秀山先生进行学习。我本来的想法是要好好读读利科的著作，有一次与叶先生无意的闲聊，彻底改变了我的想法，叶先生说，"做中国哲学的人要好好读一读列维纳斯的著作"。虽然那个时候我对于列维纳斯一无所知，在国内也很少有人研究列维纳斯，列维纳斯的著作也只有两本（《从存在到存在者》、《上帝·死亡与时间》）被翻译成了中文，但是我相信，既然叶先生这么说，就一定有他的道理。此后，我用了三四年的时间潜心阅读列维纳斯的《整体与无限》、《别于存在或超本质》等主要著作，开始考虑如何利用列维纳斯作为一个进路来研究中国哲学，发表了一系列的论文和著作。

正当我准备在列维纳斯和中国哲学的沟通上下些功夫的时候，却因为单位的发展需要，我被评聘为思想政治教育博士点博士生导师。虽然我本科的专业是思想政治教育，但是对于思想政治教育理论并不熟悉。为了尽快进入角色,我选了一个比较符合自身特长的方向:道德教育。由于自己在道德教育方面积累较少,因此在开展道德教育研究之初,我仔细地阅读了西方的一些有关教育和道德教育方面的经典著作,也仔细地拜读了鲁洁教授、檀传宝教授等国内相关专家的著作,了解国内外有关道德教育研究的现状和发展方向。正是在了解了道德教育的前世今生之后,我开始发挥自己的特长,利用列维纳斯的他者伦理思想思考我们当前道德教育中的问题,以及未来道德教育如何发展,在《华东师范大学学报(教育科学版)》、《湖南师范大学教育科学学报》、《江苏高教》、《江苏教育研究》等期刊上发表了有关道德教育的系列论文。本书实际上就是我在这方面思考成果的一个总结,其中部分成果是与我与他人合作的成果,这次出版征得他们的同意,并未将他们列入作者之中。

　　教育、道德教育是一个漫长的过程,虽然前路漫漫,但是我们唯有继续前行。

2018 年 10 月 30 日

图书在版编目(CIP)数据

他者伦理视野中的道德教育/吴先伍著.—上海:上海三联书店,2019.12
ISBN 978-7-5426-6762-5

Ⅰ.①他… Ⅱ.①吴… Ⅲ.①德育－研究－中国 Ⅳ.①G41

中国版本图书馆CIP数据核字(2019)第176556号

他者伦理视野中的道德教育

著　　者 / 吴先伍

责任编辑 / 张大伟
装帧设计 / 徐　徐
监　　制 / 姚　军
责任校对 / 项行初

出版发行 / 上海三联书店
　　　　　(200030)中国上海市漕溪北路331号A座6楼
邮购电话 / 021-22895540
印　　刷 / 上海惠敦印务科技有限公司

版　　次 / 2019年12月第1版
印　　次 / 2019年12月第1次印刷
开　　本 / 640×960　1/16
字　　数 / 220千字
印　　张 / 15.75
书　　号 / ISBN 978-7-5426-6762-5/B·647
定　　价 / 65.00元

敬启读者,如发现本书有印装质量问题,请与印刷厂联系 021-63779028